MACROECONOMICS

標準｜マクロ経済学

第3版

笹倉和幸

東洋経済新報社

はじめに

この本はマクロ経済学の教科書です。読者としてはおおよそ、経済学の初歩を学んだ文系の学生を想定しています。ただしこの本はこの本で完結しています。マクロ経済学の基礎から説明を始めていますので、この本からマクロ経済学を学び始めても何も問題ありません。とくに数式がそれほど苦にならない人は、この本から始めることがむしろ「近道」になると思います。

さて、マクロ経済学はその名のとおり、マクロ経済を論理的に理解するための経済学です。マクロ経済などと言うと難しそうですが、マクロ経済とは一国経済のことであり、日本に住んでいる人にとっては要するに日本経済のことです。日本に住んでいる人は必ず日本経済と関係があります。日本にある企業に勤めている人はもちろんですが、そうでない人も日本で買い物をしたその瞬間に日本経済と直接結びついたことになります。マクロ経済は誰にとっても身近な存在です。したがって、マクロ経済学を学ぶことはとても自然なことです。

しかし、紛らわしいのですが、マクロ経済学を学ぶこととマクロ経済を知ることは必ずしも同じではありません。マクロ経済のなかで生活しているとマクロ経済の知識はある程度自然と身につくものです。日本に住んでいれば、バブル崩壊後デフレが長く続いていたとか、アベノミクスによって大規模な経済政策が実施されたといった日本経済についての知識は、テレビや新聞などの日々の報道や友人との日常会話のなかで何となく身についていると思います。

他方、マクロ経済学を学ぶということは、そのような現実のマクロ経済を論理的に理解するための考え方を修得するということです。「考え方」は漠然とした表現ですが、それは通常「理論」あるいは「モデル」といった抽象的な形をとります。そしてそれらを確実に自分のものとするためには、みずから求め、努力する必要があります。なぜなら、それらは日常生活のなかで自然に身につくものではないからです。マクロ経済学の学習が必要なのはそのためです。

この本の初版は2008年、第2版は2017年に刊行されましたが、この第3版で

は統計データを更新し，また以下のような5つの工夫をしています．

(1) 序章を除くすべての章は，5つの節，5つの「本章のまとめ」，5つの演習問題で統一して学びやすくしています．

(2) 5つの演習問題はすべて本文と関係があります．本文では（演習問題2参照.）のように，どの演習問題と関係する箇所であるかを示しています．演習問題の正解と詳細な解説を，以下のウェブサイトに掲載しています．

  https://store.toyokeizai.net/books/9784492315606

(3) 数式の説明を毎回，**一般形**と**具体例**の2段階で行っています．たとえば1変数関数の場合であれば，一般形は$y=f(x)$，具体例は$y=ax+b$のようになります．慣れない人は先にわかりやすい具体例で理解し，次に一般形に進んでください．具体例だけを用いた学習も可能です．

(4) マクロ経済学の「理論」や「モデル」を説明する際に用いる数学を巻末の「数学付録」に10種類の**公式**としてまとめています．公式のほとんどは高校のときに習ったものです．何度も公式を用いることにより，マクロ経済学で数学がどのように利用されているかを実感してください．上記ウェブサイトには，具体例をつけた詳しい「数学付録」も掲載しています．

(5) マクロ経済学に親しみをもっていただくためのコラム「Coffee Break」を，序章を含むすべての章末に付けています．

マクロ経済学を学ぶということは，偉大な先人たちが作り上げた知の宝物に触れるという刺激的な行程でもあります．第3版の読者のみなさんにもマクロ経済学を知的に楽しみながら学んでいただくことができれば、うれしいかぎりです．

最後になりましたが，第3版執筆に際して専門的なご助言をいただきました笠松學早稲田大学名誉教授と品川俊介神奈川大学准教授にお礼申し上げます．初版から今回まで終始お世話になりました東洋経済新報社出版局の中山英貴氏にも重ねてお礼申し上げます．

2023年12月

笹 倉 和 幸

目　次

はじめに iii

本書で用いる記号一覧 xii

序　章　マクロ経済学を学ぶ

1 マクロ経済学の特徴 1

2 ケインズ理論と新古典派理論 3

3 短期，中期，長期のマクロ経済学 9

4 本書で用いる数学について 11

本章のまとめ 13

Coffee Break　冗談じゃない 14

第 I 部　マクロ経済学のための基礎知識

第 1 章　財市場の均衡

1 政府のない閉鎖経済 19

2 政府のある閉鎖経済 27

3 開放経済への拡張 30

4 SNA との対応関係 35

5 理論分析のための単純化 41

本章のまとめ 44

演習問題 45

Coffee Break　マイナスの貯蓄率 47

第2章　マネーサプライ，マクロ経済モデル

1 貨幣の機能 ……………………………………………………………………… 49

2 マネーサプライの決定 ……………………………………………………… 51

3 日本のマネーサプライ ……………………………………………………… 56

4 マクロ経済のモデル分析 …………………………………………………… 58

5 内生変数と外生変数 ………………………………………………………… 61

本章のまとめ ……………………………………………………………………… 63

演習問題 ……………………………………………………………………………… 64

Coffee Break　マクロ経済学は役に立つか？ ……………………………… 66

第II部　短期のマクロ経済学

第3章　*IS*曲線

1 *IS-LM*モデル …………………………………………………………………… 71

2 消費関数 …………………………………………………………………………… 72

3 投資関数 …………………………………………………………………………… 75

4 財市場の均衡 …………………………………………………………………… 80

5 拡張的財政政策の効果 ……………………………………………………… 85

本章のまとめ ……………………………………………………………………… 89

演習問題 ……………………………………………………………………………… 90

Coffee Break　理論と現実，どちらが先か？ …………………………… 92

第4章　*LM*曲線

1 資産市場 …………………………………………………………………………… 95

2 資産選択 …………………………………………………………………………… 97

3 資産市場の均衡 ──────────────────────────── 104

4 国民所得と均衡利子率の関係 ────────────── 109

5 拡張的金融政策の効果 ──────────────────── 115

本章のまとめ ────────────────────────────── 121

演習問題 ──────────────────────────────────── 122

Coffee Break チャップリン対ヒックス事件 ─────────── 124

第 5 章	*IS-LM* モデル

1 財市場と貨幣市場の同時均衡 ────────────── 127

2 財政政策の有効性 ──────────────────────── 132

3 金融政策の有効性 ──────────────────────── 136

4 ポリシー・ミックス ────────────────────── 138

5 財政政策と金融政策のどちらが役立つか？ ── 141

本章のまとめ ────────────────────────────── 145

演習問題 ──────────────────────────────────── 146

Coffee Break *Y* の意味 ─────────────────────────── 148

第 6 章	マンデル゠フレミング・モデル

1 財市場の均衡 ──────────────────────────── 151

2 資産市場の均衡 ────────────────────────── 158

3 マンデル゠フレミング・モデルの構築 ──────── 162

4 変動為替相場制における財政・金融政策 ──── 165

5 固定為替相場制における財政・金融政策 ──── 168

本章のまとめ ────────────────────────────── 172

演習問題 ──────────────────────────────────── 173

Coffee Break マーシャル晩年の境地 ────────────────── 176

第Ⅲ部　中期のマクロ経済学

第7章　*AD-AS*モデル

1 *AD-AS*モデル ⋯⋯⋯⋯⋯⋯⋯⋯⋯⋯⋯⋯⋯⋯⋯⋯⋯⋯⋯⋯⋯ 181
2 総需要関数 ⋯⋯⋯⋯⋯⋯⋯⋯⋯⋯⋯⋯⋯⋯⋯⋯⋯⋯⋯⋯⋯⋯ 182
3 総供給関数 ⋯⋯⋯⋯⋯⋯⋯⋯⋯⋯⋯⋯⋯⋯⋯⋯⋯⋯⋯⋯⋯⋯ 187
4 国民所得と価格の同時決定 ⋯⋯⋯⋯⋯⋯⋯⋯⋯⋯⋯⋯⋯⋯ 195
5 財政・金融政策の有効性 ⋯⋯⋯⋯⋯⋯⋯⋯⋯⋯⋯⋯⋯⋯⋯ 197
本章のまとめ ⋯⋯⋯⋯⋯⋯⋯⋯⋯⋯⋯⋯⋯⋯⋯⋯⋯⋯⋯⋯⋯⋯ 200
演習問題 ⋯⋯⋯⋯⋯⋯⋯⋯⋯⋯⋯⋯⋯⋯⋯⋯⋯⋯⋯⋯⋯⋯⋯⋯ 201
Coffee Break　君はシュムーを見たか？ ⋯⋯⋯⋯⋯⋯⋯⋯⋯ 204

第8章　インフレーションと失業

1 期待形成と完全雇用 ⋯⋯⋯⋯⋯⋯⋯⋯⋯⋯⋯⋯⋯⋯⋯⋯⋯⋯ 207
2 ディマンドプル・インフレーション ⋯⋯⋯⋯⋯⋯⋯⋯⋯⋯ 212
3 コストプッシュ・インフレーション ⋯⋯⋯⋯⋯⋯⋯⋯⋯⋯ 214
4 自然失業率 ⋯⋯⋯⋯⋯⋯⋯⋯⋯⋯⋯⋯⋯⋯⋯⋯⋯⋯⋯⋯⋯⋯ 219
5 フィリップス曲線と自然失業率仮説 ⋯⋯⋯⋯⋯⋯⋯⋯⋯⋯ 223
本章のまとめ ⋯⋯⋯⋯⋯⋯⋯⋯⋯⋯⋯⋯⋯⋯⋯⋯⋯⋯⋯⋯⋯⋯ 233
演習問題 ⋯⋯⋯⋯⋯⋯⋯⋯⋯⋯⋯⋯⋯⋯⋯⋯⋯⋯⋯⋯⋯⋯⋯⋯ 234
Coffee Break　Money Matters. ⋯⋯⋯⋯⋯⋯⋯⋯⋯⋯⋯⋯⋯⋯ 236

第IV部　長期のマクロ経済学

第9章　新古典派理論の基礎

1 新古典派理論の特徴 ………………………………………………………… 241
2 集計的生産関数 …………………………………………………………………… 244
3 経済動学 ………………………………………………………………………………… 249
4 生産要素の供給と需要 ……………………………………………………… 252
5 労働と資本の完全利用 ……………………………………………………… 259
本章のまとめ ……………………………………………………………………………… 265
演習問題 ………………………………………………………………………………………… 266
Coffee Break　ダグラスの苦労 ……………………………………………… 269

第10章　ソロー・モデル

1 ソロー・モデルの構築 ………………………………………………………… 271
2 定常状態の分析 …………………………………………………………………… 275
3 カルドアの6つの定型化された事実 ……………………………… 280
4 貨幣数量説 ……………………………………………………………………………… 286
5 技術進歩とソロー残差 ……………………………………………………… 291
本章のまとめ ……………………………………………………………………………… 294
演習問題 ………………………………………………………………………………………… 295
Coffee Break　ピケティ『21世紀の資本』のマクロ経済学的読み方 …… 298

第11章　新古典派理論の応用

1 資本蓄積の黄金律 ………………………………………………………………… 301
2 内生的成長理論 …………………………………………………………………… 305

3 家計の効用最大化 309

4 リカードの等価定理 318

5 物価水準の財政理論 321

本章のまとめ 324

演習問題 325

Coffee Break 非自発的失業という言葉 328

さらに学習するための文献案内 331

数学付録 333

索引 339

年間スケジュール（例）

前期講義	講 義 箇 所	後期講義	講 義 箇 所
1回目	序章	1回目	7章1〜3節
2回目	1章1〜3節	2回目	7章4，5節，演習問題
3回目	1章4，5節，演習問題	3回目	8章1〜3節
4回目	2章1〜3節	4回目	8章4，5節，演習問題
5回目	2章4，5節，演習問題	5回目	9章1〜3節
6回目	3章1〜3節	6回目	9章4，5節
7回目	3章4，5節，演習問題	7回目	9章 演習問題
8回目	4章1〜3節	8回目	10章1〜3節
9回目	4章4，5節，演習問題	9回目	10章4，5節
10回目	5章1〜3節	10回目	10章 演習問題
11回目	5章4，5節，演習問題	11回目	11章1〜3節
12回目	6章1〜3節	12回目	11章4，5節
13回目	6章4，5節，演習問題	13回目	11章 演習問題
14回目	理解度の確認	14回目	理解度の確認

（注）この本を1年間の講義のテキストとして使用する場合の年間スケジュールの一例です．

本書で用いる記号一覧

Q : 産出量（＝国内最終財の生産量）．実質 GDP（＝実質粗付加価値）に等しい．

K : 資本ストック．単に資本とも言う．K^D は資本に対する需要．

δ : 資本減耗率．δK は（固定）資本減耗．$0 \leqq \delta \leqq 1$.

T : 租税．間接税 IT と直接税 DT の合計（$T = IT + DT$）．政府所得とも言う．

F : 海外からの所得の純受取．$F(AN, K)$ は集計的生産関数．

Y : 国民所得（＝$Q + F$）．単に（粗）所得とも言う．Y_F は完全雇用国民所得．

Y_D : 家計の可処分所得（＝$Y - \delta K - T$）．

C : （家計の）消費需要．単に消費とも言う．

S : （家計の）（粗）貯蓄（＝$Y - T - C = Y_D + \delta K - C$）．単に貯蓄とも言う．

I : （民間）投資需要．単に（粗）投資とも言う．

h_i : i 番目の投資の限界効率．$i = 1, 2, \cdots$

G : 政府支出．政府消費 $G_{消費}$ と政府投資 $G_{投資}$ の合計（$G = G_{消費} + G_{投資}$）．

P : 価格（国内財の）．物価，現実の価格，実際の価格とも言う．

M : マネーサプライ．貨幣供給量，マネーストックとも言う．

H : ハイパワードマネー．マネタリーベース，ベースマネーとも言う．

cd : 現金・預金比率．

rd : （預金）準備率．貨幣乗数は $\dfrac{1 + cd}{cd + rd}$.

m : 資産選択のために用意できる貨幣量（＝$M - kPY$）．

n : 債券供給量．

p : 債券価格（債券の市場価格）．

N : 労働，（労働力）人口．N^D は労働需要，N^S は労働供給．

u : 失業率．u_N は自然失業率．

P^e : 予想価格．期待価格，予想物価，期待物価とも言う．

W : 名目賃金率．

w : 実質賃金率 $\left(= \dfrac{W}{P} \right)$.

i : 名目利子率．金利，名目金利とも言う．名目収益率とも言う．

π : 現実のインフレ率．単にインフレ率とも言う．

π^e : 予想インフレ率．期待インフレ率とも言う．

r ： 実質利子率 $\left(=\dfrac{1+i}{1+\pi^e}-1\right)$．実質金利とも言う．$r_N$ は自然利子率．

EX ： 輸出（国内財の単位）．

IM ： 輸入（外国財の単位）．

P_f ： 外国財の価格（外国通貨で表示）．

e ： 名目為替レート（自国通貨で表示）．

ε ： 実質為替レート $\left(=\dfrac{eP_f}{P}\right)$．$\dfrac{P}{eP_f}$ を交易条件と言う．

NX ： 純輸出（$=EX-\varepsilon\cdot IM$）．$CA(=NX+F)$ は経常収支．

A ： 労働の効率性，技術水準，知識．AN を効率労働と言う．

k ： 効率労働 1 単位当たりの資本 $\left(=\dfrac{K}{AN}\right)$．マーシャルの k．

y ： 効率労働 1 単位当たりの産出量 $\left(=\dfrac{Q}{AN}\right)$．

ρ ： 時間選好率．$\dfrac{1}{1+\rho}$ は割引因子．

ギリシア文字の読み方

小文字	大文字	読み方	小文字	大文字	読み方
α	A	アルファ	ν	N	ニュー
β	B	ベータ	ξ	Ξ	クシー
γ	Γ	ガンマ	o	O	オミクロン
δ	Δ	デルタ	π	Π	パイ
ε	E	エプシロン	ρ	P	ロー
ζ	Z	ゼータ	σ	Σ	シグマ
η	H	イータ	τ	T	タウ
θ	Θ	シータ	υ	Υ	ユプシロン
ι	I	イオータ	$\varphi,\ \phi$	Φ	ファイ
κ	K	カッパ	χ	X	カイ
λ	Λ	ラムダ	ψ	Ψ	プサイ
μ	M	ミュー	ω	Ω	オメガ

序章

マクロ経済学を学ぶ

この章ではマクロ経済学を学ぶにあたって知っておくと便利なことを述べます。
1節ではマクロ経済学の特徴を明確にします。2節ではマクロ経済学の歴史を
概観します。それによってマクロ経済学ではケインズ理論と新古典派理論が対
立・併存してきたことがわかります。3節ではその2つの理論を統一的に理解
するための短期，中期，長期のマクロ経済モデルを直観的にとらえます。4節
では本書で用いる数学について説明します。

1 マクロ経済学の特徴

　マクロ経済学（**macroeconomics**）はミクロ経済学（microeconomics）と
ともに，経済学の基本原理や思考法を提供します。そして，それらを修得する
ことにより，さまざまな経済問題を経済学的に理解することができるようにな
ります。マクロ経済学もミクロ経済学も経済学の一分野なので，家計や企業と
いう経済主体を中心にして価格や生産量の決定を需要・供給に基づいて分析す
るというような理論的枠組みは同じです。そしてそれらの境界がはっきりしな
いような場合もよくあります。

　しかし通常は2つの経済学に分けて学ぶので，ここではミクロ経済学と異な
る点を強調してみましょう。そのような観点からマクロ経済学の特徴を挙げる
と次の4つになります。

　(1) 一国経済を集計的にとらえる。
　(2) 三面等価の原則に対応している。
　(3) 動学的性質を持っている。
　(4) 短期，中期，長期に分けて分析する。

　1番目の特徴は，マクロ経済学の分析対象に関するものです。マクロ経済学

1

の「マクロ経済」は一国経済のことであり、マクロ経済学の分析の基本単位は国です。ミクロ経済学では個々の家計や企業から説明を始めるのに対し、マクロ経済学では最初から一国の家計全体、企業全体を1つにまとめて扱います。そして個々の家計の所得や個々の企業の生産量も集計したものを用います。そのように集計された所得や生産量を**集計量（aggregate(s)）**と言います。第1章で説明する国民所得、産出量、GDPなどはその代表例です。

　2番目の特徴は、集計量の統計データとマクロ経済学の理論の対応に関するものです。一国経済の集計量といっても、むやみに足せばよいというわけではありません。経済全体を矛盾が生じることなく正確にとらえるためには、何らかの集計・推計の基準が必要になります。現在、日本が採用しているのは、2009年に国連において採択された**2008 SNA**です。SNAは**System of National Accounts（国民経済計算）**の略です。このような国際基準に従い各国が国民所得やGDPなどの推計作業を行うので、その結果を各国間で比較することも可能になります。

　日本ではその推計・分析結果は内閣府経済社会総合研究所によって毎年、**国民経済計算年次推計**という名称でウェブ上で公表されています。そこには、「一国の経済状態について、生産、分配、支出、資本蓄積といったフロー面や資産、負債といったストック面を整合的、体系的に記録」したものが掲載されていますが、その計算は一定期間のマクロ経済の大きさが、生産面、分配面、支出面のいずれから見ても同じになるという**三面等価の原則**に基づいています。

　三面等価の原則自体は統計上の計算ルールですが、マクロ経済学で重要な役割を演じる財市場の均衡条件にほぼ対応しています。そのため現実と理論のつながりを容易に確認することができます。それらの対応関係については第1章で詳しく説明します。

　3番目の特徴は、マクロ経済学の分析手法に関するものです。一般に、現在と将来というように時間の経過をはっきり意識して変数の動きを分析することを**動学（dynamics）**と言います。それに対して、時間の経過を明らかにしないで分析することを**静学（statics）**と言います。ミクロ経済学では、将来を考慮に入れない形で現在の市場を分析することがよくあります。この意味でミクロ経済学の分析は主に静学です。

マクロ経済学でも短期の分析は主に静学ですが，動学でなければ分析できない場合が多くあります．代表例は，産出量が時間とともに変化する現象である**景気循環（business cycle）**や**経済成長（economic growth）**の分析です．本書第IV部では，現在と将来の間の収益率である利子率や，現在と将来の間の価格の変化率であるインフレ率も含めて経済成長の理論を展開します．このような例からもわかるように，マクロ経済学はミクロ経済学に比べて時間の経過を強く意識する動学的性質を持っています．

4番目の特徴は，マクロ経済学の理論構造に関するものです．マクロ経済学では，同じマクロ経済を，短期，中期，長期に分けて異なるモデルで分析します．短期，中期，長期に厳密な定義はありませんが，おおよそ，1年以内，数年程度，10年以上，という期間が想定されています．そして，短期の分析には*IS-LM*モデル，中期の分析には*AD-AS*モデル，長期の分析にはソロー・モデルが用いられます．

その際，重要なのは期間の長さというよりもむしろ，価格や賃金が硬直的か伸縮的かということです．短期では価格や賃金が硬直的であると考えられています．逆にそういう状況が短期であるとも言えます．*IS-LM*モデルでは硬直的な価格と賃金が仮定されているので，短期の分析に適しているのです．反対に，長期では価格や賃金が伸縮的であり，すべての市場で需要と供給が一致しています．ソロー・モデルでは伸縮的な価格と賃金が仮定されているので，長期の分析に適しています．短期と長期をつなぐ位置にある中期では伸縮的な価格と賃金が徐々に動きます．*AD-AS*モデルでは長期に向かって徐々に調整される価格と賃金が仮定されているので，中期の分析に適しています．現代マクロ経済学の全体像を知るためには，これら3つのマクロ経済モデルを統一的に理解する必要があります．

2 ケインズ理論と新古典派理論

それでは，なぜそのような3つのモデル，すなわち*IS-LM*モデル（短期），*AD-AS*モデル（中期），ソロー・モデル（長期）からなる「3層構造」とも

呼べるマクロ経済学体系ができたのでしょうか．それは以下のようなマクロ経済学の歴史を反映しています．

古典派と新古典派

経済学は1776年のアダム・スミス（Adam Smith）の『国富論』から始まります．スミスからリカード（D. Ricardo）を経てミル（J. S. Mill）の頃までの，100年ほどの間の経済学者を**古典派**（**classical school**）と言います．そして，1870年代に**限界革命**（**marginal revolution**）が起こり，限界効用や限界生産力といった限界概念（＝数学的には微分）に基づく今日のミクロ経済学が誕生します．

限界革命以後の（そして限界概念を分析の基礎にする）経済学者を，古典派に対して**新古典派**（**neoclassical school**）と言います．初期の新古典派の代表はイギリスのマーシャル（A. Marshall），ピグー（A. C. Pigou），フランスのワルラス（M. E. L. Walras），アメリカのフィッシャー（I. Fisher），スウェーデンのヴィクセル（J. G. K. Wicksell）などです．新古典派の理論体系を，**新古典派経済学**（**neoclassical economics**）と言いますが，それは本質的にミクロ経済学と同じものです．

以上説明したように，古典派と新古典派は分析用具が大きく異なります．ところが，両派は経済に対する共通の認識を持っていました．すなわち両派とも，伸縮的な価格と賃金に基づき生産要素は完全利用されると考えていました．換言すれば市場経済への信頼であり，経済への政府介入の否定でした．この点で，限界革命を経ても経済学は変わりませんでした．

ケインズ革命

ところが，周知のように，1929年10月，アメリカのニューヨーク証券取引所において株価の大暴落が起こります．それは世界恐慌に発展し，各国において生産量の激減，大量の失業者という深刻な事態をもたらしました．労働市場の**完全雇用**（**full employment**）を前提としていた新古典派は，そのような事態に対して即効性のある解決策を持たなかったため，苦境に立たされます．

そのような状況のなか，1936年に出版されたのが，ケインズ（J. M. Keynes）

の『雇用・利子および貨幣の一般理論』（略して『一般理論』）です．ケインズ自身は，古典派と新古典派をまとめて古典派と呼びました．ケインズは，その古典派の完全雇用の仮定を非現実的なものとして，古典派の理論構造を厳しく批判しました．そしてそれにかわる「一般理論」，すなわち**非自発的失業（involuntary unemployment）**が経済の普通の状態として発生しうること，そして政府の財政政策と中央銀行の金融政策がそれを解消するために有効であることを説明できる理論を提案したのでした．

　これがマクロ経済学の始まりです．市場経済への不信感を背景に，マクロ経済学は新古典派理論とは異なるものとして誕生しました．すなわち，非現実的な新古典派理論にかわり，現実を説明できる理論として誕生したのです．そして，最初，マクロ経済学はケインズ理論そのものでした．したがって，それを，新古典派経済学に対して，**ケインズ経済学（Keynesian economics）**と言うこともあります．

　ケインズ理論，あるいはケインズ経済学，は若手の経済学者を中心に急速に受け入れられていきました．そして，新古典派に対抗する**ケインズ派（Keynesian school）**と呼ばれる一大集団を形成しました．そのような経済学体系の急激な変化は**ケインズ革命（Keynesian revolution）**と呼ばれました．ケインズ派に属する経済学者を**ケインジアン（Keynesian）**と言いますが，初期の代表的ケインジアンは，イギリスのハロッド（R. F. Harrod），ロビンソン（J. V. Robinson），カルドア（N. Kaldor），アメリカのハンセン（A. H. Hansen），サミュエルソン（P. A. Samuelson），トービン（J. Tobin），クライン（L. R. Klein），ソロー（R. M. Solow）などです．

　ケインズ理論の普及にとくに大きな役割を果たしたのは，1937年にイギリスのヒックス（J. R. Hicks）が考案した *IS-LM* モデルでした．『一般理論』ではモデルによる現代的な分析が不十分でしたが，ヒックスは『一般理論』の主張を単純な2本の連立方程式の形でモデル化しました．それは誰にとっても明快であり，また広範囲に応用できるものでした．

　さらに，ケインズ理論が全盛期の1950年代には，サミュエルソンによって**新古典派総合（neoclassical synthesis）**が提案されました．これは対立するケインズ理論（言い換えればマクロ経済学）と新古典派理論（言い換えればミク

ロ経済学）の統合を目指したもので，非自発的失業が存在するときにはケインズ理論が当てはまるが，財政・金融政策によって完全雇用が達成された後には新古典派理論が当てはまるという考え方でした．

新古典派理論の復活

ヒックスの*IS-LM*モデルに対して批判がまったくなかったわけではありません．たとえば，それは『一般理論』におけるケインズの本当の主張を表していない，という批判がありました．しかし，そのような批判も『一般理論』を否定しているわけではありませんでした．

しかし，1960年代になると，ケインズ理論，あるいは『一般理論』そのものに対する根本的な批判が新古典派の側からなされました．その頃の新古典派の経済学者は**マネタリスト（monetarist）**，そしてマネタリストの考え方は**マネタリズム（monetarism）**と言いました．その代表であったフリードマン（M. Friedman）は，当時注目を集めていたフィリップス曲線という「事実」を，新古典派のワルラスの一般均衡「理論」に基づき解釈し，市場が安定しているならば失業は徐々に解消されると主張しました．さらに，ケインジアンの主張する中央銀行の裁量的金融政策は，市場の安定を乱すものとして反対しました．そのことを述べた1968年のフリードマンの論文「金融政策の役割」は，第2次世界大戦後のマクロ経済学に最も大きな影響を与えたと言われています．

もちろんケインジアンからの反論も激しいものがあり，両者の間で**ケインジアン・マネタリスト論争**が繰り広げられました．そして，この時点でマクロ経済学は，ケインズ理論だけではなく，マネタリズムとして復活した新古典派理論をも同時に意味するようになりました．ただしそれは，サミュエルソンの提案した新古典派総合という形ではなく，相対立する2つの理論が併存するという状態でした．要するに，マクロ経済学は変わってしまったのでした．

ケインズ派に対する新古典派からの攻撃はマネタリズムで終わったわけではありません．マネタリズムに続いて，1970年代に入ると**ルーカス**（R. E. Lucas, Jr.）と**サージェント**（T. J. Sargent）を中心とした**合理的期待形成学派**が登場します．合理的期待形成学派は，マネタリストの主張をさらに数学的に精緻化し，市場が安定しているならば失業は瞬時に解消されると主張しまし

た．それゆえ，合理的期待形成学派の考え方はマネタリズム・マークⅡとも呼ばれます．あるいは，合理的期待形成学派の理論体系を**新しい古典派マクロ経済学**（**new classical macroeconomics**）と言うこともあります．

■ マクロ経済学の現状

ケインズ経済学が支配的だった頃，正確には1956年に，ソローによって純粋な新古典派モデルが構築されました．それは景気循環・経済成長の研究から生まれたもので，ソロー・モデルあるいはソローの新古典派成長モデルと言います．ソロー・モデルは，ハロッドとドーマー（E. D. Domar）の研究を出発点としていました．ソロー，ハロッド，ドーマーはいずれもケインジアンです．

1980年代に入ると，新古典派では，ソロー・モデルを精巧にした形の**実物的景気循環理論**（**real business cycle theory**，略してRBC理論）が注目を集めました．これはキドランド（F. E. Kydland）とプレスコット（E. C. Prescott）を中心に開発された数学的に高度な理論ですが，マネタリストや合理的期待形成学派が景気循環の原因を金融政策の失敗に求めたのに対し，RBC理論では技術進歩率の変動という実物的な要因に求めるという点が異なります．現在では，このRBC理論が新古典派理論において重要な役割を演じています．

他方，ケインズ派では，市場経済に対する従来からの考え方は基本的に変えることなく，マネタリストと合理的期待形成学派からの批判に答える形で，あるいはその分析手法を吸収することで，新しい理論体系を形成しました．マンキュー（N. G. Mankiw）とローマー（D. Romer）を中心に形成されたその理論体系は，**新しいケインズ経済学**（**new Keynesian economics**）と言います．そして新しいケインズ経済学に属する経済学者を**ニュー・ケインジアン**（**new Keynesian**）と言います．アカロフ（G. A. Akerlof），スティグリッツ（J. E. Stiglitz），クルーグマン（P. Krugman），バーナンキ（B. S. Bernanke）もニュー・ケインジアンになります．

1990年代以降では，RBC理論と新しいケインズ経済学の総合を目指す研究が精力的に行われています．そしてそれを新しい新古典派総合（new neoclassical synthesis）と呼んだり，そこで用いられるモデルを**動学的確率的一般均衡モデル**（**dynamic stochastic general equilibrium model**，略してDSGE

図序-1　マクロ経済学の2大潮流

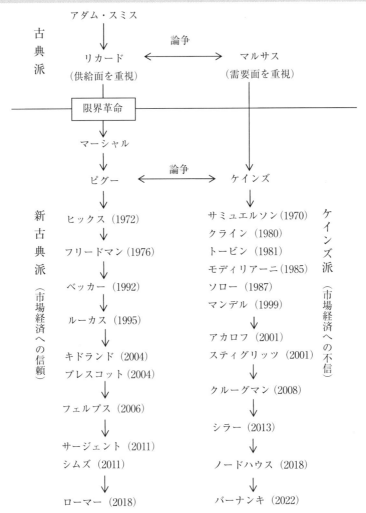

古
典
派

アダム・スミス

リカード
（供給面を重視）　←　論争　→　マルサス
（需要面を重視）

限界革命

マーシャル

ピグー　←　論争　→　ケインズ

新
古
典
派
（市場経済への信頼）

ヒックス（1972）
フリードマン（1976）
ベッカー（1992）
ルーカス（1995）
キドランド（2004）
プレスコット（2004）
フェルプス（2006）
サージェント（2011）
シムズ（2011）
ローマー（2018）

ケ
イ
ン
ズ
派
（市場経済への不信）

サミュエルソン（1970）
クライン（1980）
トービン（1981）
モディリアーニ（1985）
ソロー（1987）
マンデル（1999）
アカロフ（2001）
スティグリッツ（2001）
クルーグマン（2008）
シラー（2013）
ノードハウス（2018）
バーナンキ（2022）

（注）　ノーベル経済学賞受賞者についての詳細は次のホームページにあります.
　　　ノーベル財団：https://www.nobelprize.org/prizes/economic-sciences/

モデル）と呼んでいます．

　以上が，マクロ経済学のおおまかな歴史です．図序-1には主要なマクロ経済学者をケインズ派と新古典派に分類して並べています．（　）内の数字はノーベル経済学賞受賞年を表しています．なお，リカードの論争相手であったマルサス（T. R. Malthus）は，ケインズ自身が「一般理論」の先駆者と見なしたイギリスの古典派経済学者です．（Coffee Break 参照．）

3 ｜ 短期，中期，長期のマクロ経済学

　マクロ経済学は2つの理論，すなわちケインズ理論と新古典派理論，が対立・併存して発展してきたことがわかりました．そこで，マクロ経済学の基本を学ぶときにも，以上のようなマクロ経済学の歴史を念頭に置きながら，これら2つの理論の違いを常に意識するのがよいでしょう．

　しかしだからといって，2つの理論が水と油のようにまったく相容れないものとして学ぶことはあまり有益とは言えないでしょう．ましてや，どちらか一方だけを修得することは，マクロ経済学的視野を狭めることになるでしょう．

　そこで，現在多く採用されている方法では，IS-LM モデルに代表されるケインズ理論を短期のマクロ経済学，ソロー・モデルに代表される純粋な新古典派理論を長期のマクロ経済学として位置づけます．さらに，それらをつなぐものとして中期のマクロ経済学を考えますが，それは AD-AS モデルに基づいて解釈するマネタリストと合理的期待形成学派の理論です．本書でもそのような方法を採用しています．

　図序-2には，横軸に財の数量，縦軸に財の価格をとり，短期，中期，長期のマクロ経済がどのように異なるかを，総需要曲線と総供給曲線を用いて比較しています．ただし，マクロ経済学の総需要曲線と総供給曲線はミクロ経済学の需要曲線と供給曲線に似ていますが，第III部で詳しく説明するように，同じものではないので注意してください．

　図から明らかなように，短期，中期，長期を区別するのは各総供給曲線 S の傾きです．短期モデルにおける総供給曲線は水平です．これは短期における

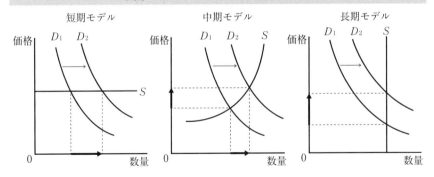

価格の硬直性を表しています．そして，総需要が増加して総需要曲線がD_1からD_2に右方シフトしたときには，価格は一定のまま，数量だけが増加しています．このことは数量の拡大に需要が決定的な役割を演じることを意味しています．さらに需給調整を数量（すなわち生産量）が全面的に担っていますが，これを数量調整と言います．数量調整はケインズ理論の特徴です．

　他方，長期モデルにおける総供給曲線は垂直です．後に見るように，これは完全雇用が成立している状態を表しています．そして，総需要が増加して総需要曲線がD_1からD_2に右方シフトしたとしても，変化するのは価格のみで，数量は影響を受けません．総需要の変化が価格のみに影響を及ぼし，数量は不変であるという考え方は新古典派理論の特徴です．

　最後に，中期モデルを見ると，それは，総需要の変化に数量だけが反応するケインズ理論と価格だけが反応する新古典派理論の両方の特徴を持っていることがわかります．すなわち，総需要が増加して総需要曲線がD_1からD_2に右方シフトしたときには，価格と数量が同時に影響を受けます．

　以上のような特徴を持つ3つのマクロ経済モデルを，第II部（3〜6章）：短期のマクロ経済学，第III部（7〜8章）：中期のマクロ経済学，第IV部（9〜11章）：長期のマクロ経済学，という構成で詳しく説明します．

4 | 本書で用いる数学について

　本書では中級マクロ経済学に必要な数学を用います．数学を用いるといっても数学そのものに踏み込むのではなく，数学の公式をマクロ経済学の説明に利用するという意味です．そうすることによって説明が簡潔かつ正確になるのはもちろんですが，何よりもみなさん自身のマクロ経済学に対する理解が深まることでしょう．

　実際に使う公式は10種類です．それらは本書の最後に数学付録（A-1）から（A-10）としてまとめています．高校までで学んだものが多いと思いますが，高校では純粋に数学として学んでいる場合が多いので，本書ではそれらがどのようにマクロ経済学に利用されるのかに注意しながら学んでください．

　ただし，偏導関数は高校までで学んでいないので，以下で簡単に説明します．まず，高校でも学ぶ導関数から始めます．偏導関数は導関数の拡張だからです．

導関数

　1変数関数 $z = f(x)$ を x で微分した結果を，$f(x)$ の x に関する**導関数**（**derivative**）と言い，$\dfrac{dz}{dx}$，z'，$\dfrac{df(x)}{dx}$，$f'(x)$ などで表します．導関数の意味は，$\dfrac{df(x)}{dx}$ の記号が表しているように，$df(x)$ と dx の比率です．dx は x のわずかな変化分，$df(x)$ はその変化分に対する $f(x)$ の変化分を表します．言葉で表現すると，導関数は x が1単位増えたときに $f(x)$ が何単位変化するかを意味しています．xz 平面に $z = f(x)$ のグラフを描くと，導関数はそのグラフの接線の傾きを表します．

　たとえば，$z = f(x) = 2x^{\frac{1}{2}}$ の導関数は $\dfrac{dz}{dx} = f'(x) = x^{-\frac{1}{2}}$ です．xz 平面におけるそのグラフは点 $(1, 2)$ を通りますが，その点における接線の傾きは，$\dfrac{dz}{dx} = f'(1) = 1$，接線の方程式は $z = x + 1$ となります．

偏導関数

x と y の2変数関数 $z = F(x, y)$ を x で偏微分した結果を，$F(x, y)$ の x に関する**偏導関数**（**partial derivative**）と言い，$\dfrac{\partial z}{\partial x}$, $\dfrac{\partial F(x, y)}{\partial x}$, $F_x(x, y)$, $F_1(x, y)$ などで表します．x に関する「偏」導関数とは，第2変数 y を定数と見なし第1変数 x「だけ」で微分した結果という意味です．たとえば $y = y_0$（定数）とすると，もとの関数は $z = f(x) = F(x, y_0)$ のように x の1変数関数として書けます．これを x で微分すれば，$f'(x) = F_x(x, y_0)$ となり，導関数と偏導関数は同じになります．

2変数関数 $z = F(x, y) = 3x^{\frac{1}{3}}y^{\frac{2}{3}}$ の x に関する偏導関数を求めるときにも，たとえば $y = 1$ とすると $z = F(x, 1) = 3x^{\frac{1}{3}}$ となるので，$\dfrac{\partial z}{\partial x} = F_x(x, 1) = x^{-\frac{2}{3}}$ となります．あるいは，y を任意の定数として $\dfrac{\partial z}{\partial x} = F_x(x, y) = x^{-\frac{2}{3}}y^{\frac{2}{3}}$ と書くこともできます．いずれにしても，y を定数と見なしているかぎり，導関数と偏導関数，あるいは微分と偏微分の間に違いはありません．

しかしもとの関数 $z = F(x, y)$ は第2変数 y の関数でもあるので，y に関する偏導関数を定義することもできます．その場合には第1変数 x を定数と見なします．$F(x, y)$ の y に関する偏導関数は，$\dfrac{\partial z}{\partial y}$, $\dfrac{\partial F(x, y)}{\partial y}$, $F_y(x, y)$, $F_2(x, y)$ などで表します．たとえば，$z = F(x, y) = 3x^{\frac{1}{3}}y^{\frac{2}{3}}$ において $x = 1$ とすると $z = F(1, y) = 3y^{\frac{2}{3}}$ となるので，y に関する偏導関数は $\dfrac{\partial z}{\partial y} = F_y(1, y) = 2y^{-\frac{1}{3}}$ となります．あるいはより一般的に，$\dfrac{\partial z}{\partial y} = F_y(x, y) = 2x^{\frac{1}{3}}y^{-\frac{1}{3}}$ と書くことができます．

本章のまとめ

1 マクロ経済学は一国経済を集計量に基づき分析する.

2 マクロ経済学はSNA（国民経済計算）と対応している.

3 マクロ経済学は1936年のケインズの著書『一般理論』から始まった.

4 マクロ経済学ではケインズ理論と新古典派理論が対立・併存している.

5 マクロ経済学は短期，中期，長期のモデルを用いて学ぶ.

冗談じゃない

「経済学は，まったく正反対のことを言っている 2 人がどちらもノーベル賞をもらえる唯一の学問である.」

これは，アメリカ経済学会の Web サイト「経済学者と経済学のジョーク集」にあるジョークです．繰り返しますが，ジョークです.

とはいえ，その「経済学」を「マクロ経済学」に置き換え，図序 - 1 をじっと見ると，ジョークだと笑っているわけにもいきません．「2 つの学派」から多くの経済学者がノーベル賞を受賞しているのは，冗談ではなく，事実です.

新古典派の理論は完全雇用という非現実的な仮定に基づいて成り立っている，とケインズが新古典派に仕掛けた論争は，ケインズ派と新古典派の 2 つの流れのなかでさまざまに形を変えながら今日まで続いています．そういう意味では，この冗談のような事態を招いた責任はケインズにあるように見えます.

しかし，ケインズ自身は新古典派を完全否定したのではなく，「もしわれわれの中央統制によって，できるかぎり完全雇用に近い状態に対応する総産出量を実現することに成功するなら，古典派理論はその点以後再びその本領を発揮するようになる.」（『一般理論』，381 ページ）と述べています．これは本文で説明したケインズ派のサミュエルソンの新古典派総合の考え方でもあります．だから，両派は「総合（synthesis）」により仲良くできるはずです.

それにもかかわらず，論争は続きました．新古典派側の合理的期待形成学派のルーカスは，"The Death of Keynesian Economics" と題する1980年の論文で，「ケインズとサミュエルソンは，相互に相容れない，まったく異なった 2 つの雇用決定理論を 1 つにしようとしたが，そんなことは始めから間違っていた.」と述べ，「ケインズ経済学の死」を宣言しました．それに続く1980年代と1990年代は「外部の人々から見ると，マクロ経済学は，経済学の 1 つの研究分野というよりは，むしろ，

戦場の様相を呈していた（そして内側にいる人々が見ても確かにそのように見えるときがあった）.」(Blanchard（2021, p. 535））というような状況でした.

そのようななかでも両派の総合の努力が続けられていました. 今世紀に入り, 本文で説明した RBC 理論と新しいケインズ経済学の双方を基礎とした DSGE モデル（動学的確率的一般均衡モデル）に大きな注目が集まるようになりました. その推進者であるウッドフォード（M. Woodford）は, DSGE モデルを称える論文「マクロ経済学における収束：新しい総合の要点」を2009年1月に発表しました.

ようやく両派が1つになろうとしたかに見えたちょうどそのときに起こったのがリーマン・ショックでした. 2008年9月のリーマン・ブラザーズ（アメリカの投資銀行）の破綻を機に世界同時不況が訪れました. 新古典派主導の「総合」を快く思っていなかったケインジアンは, DSGE モデルがリーマン・ショックを予測できなかったと強く批判しました.

その急先鋒であるクルーグマンは, 2009年9月の論文「経済学者はなぜそのような大間違いをしたのか？」でルーカスを中心とする新古典派理論の非現実性を徹底的に批判し, 「ケインズを笑った新古典派には非常に難しいだろうが, ケインズ経済学は景気後退と不況を理解するためにわれわれが有するベストな理論体系であり続けていることを経済学者は認めるべきである.」(Krugman（2009, p. 43））と結論づけています.

新型コロナウイルス・パンデミックの真っただ中においても, 政府の役割を強調するケインズ派のスティグリッツと, 政府の役割を疑問視する新古典派のフェルプスの対立する意見がありました（Stiglitz（2021）, Phelps（2022））.

もしマクロ経済学が誕生の頃のように1つであれば, あるいは今1つになっていれば, マクロ経済学を学ぼうとするみなさんにとってはよかったのかもしれませんが, 現状はそうではありません. そこでせめて教科書のなかだけでも, 対立する両派の理論を「総合」しているのです.

ちなみに, 冒頭のジョーク集には次のような経済学者に関するジョー

クもあります.

　「経済学者とは，自分が何を言っているのか自分でわかっていないのに，それがわからないのは相手のせいだと相手に思わせる人のことである.」

これは単なる冗談です.本書がその証拠の1つになれば幸いです.

参考文献

Oliver Blanchard, *Macroeconomics, Eighth Edition*, Essex, UK: Pearson Education, 2021.

Jokes about Economists and Economics:
http://economicscience.net/content/JokEc

J. M. ケインズ，塩野谷祐一訳『雇用・利子および貨幣の一般理論』東洋経済新報社，1995年.（原著1936年.）

Paul Krugman, "How did Economists Get it So Wrong?" *New York Times Magazine*, 2009 (September 6), pp. 36-43.

Robert E. Lucas, Jr., "The Death of Keynesian Economics," *Issues and Ideas* (Winter 1980), pp. 18-19. Reprinted in Max Gillman, ed., *Collected Papers on Monetary Theory/ Robert E. Lucas, Jr.*, Cambridge, Massachusetts: Harvard University Press, 2013, pp. 500-503.

Edmund Phelps, "Public Debt: My Dissent from"Keynesian" Theories," *Journal of Government and Economics*, Vol. 5, 2022, pp. 1-3.

Joseph E. Stiglitz, "The Proper Role of Government in the Market Economy: The Case of the Post-Covid Recovery," *Journal of Government and Economics*, Vol. 1, 2021, pp. 1-7.

Michael Woodford, "Convergence in Macroeconomics: Elements of the New Synthesis," *American Economic Journal: Macroeconomics*, Vol. 1, 2009, pp. 267-279.

第 I 部

マクロ経済学のための
基礎知識

マーシャル「経済学者は 3 つの大きな知的能力，
すなわち知覚，想像力および理性をもたなくてはならないが，
とりわけ，想像力（imagination）を必要とする．」

（出所）Alfred Marshall, *Principles of Economics, Eighth Edition*, London: Macmillan, 1920, p. 36.

第 1 章

財市場の均衡

この章ではマクロ経済学を学ぶ上でまず知っておくべきである財市場の均衡について学びます．1節では政府を含まない閉鎖経済における財市場の均衡式について詳しく説明します．その結果を用いて，2節では政府を含む閉鎖経済，3節では政府を含む開放経済における財市場の均衡式を導きます．4節では財市場の均衡式と SNA（国民経済計算）との対応関係を確認します．5節では以上の3つの財市場の均衡式を理論的に単純化します．

1 政府のない閉鎖経済

マクロ経済学では現実を単純化したモデルを用いて，現実の本質に迫ります．そのようなマクロ経済モデルを構成する最も基本的なものは財市場の均衡を表す関係式，すなわち財市場の均衡式です．財市場がどのように均衡するかは学派によって考え方が異なりますが，財市場の均衡式は学派に関係なく，どのようなマクロ経済モデルにも用いられます．

さらに，序章で述べたように，マクロ経済学における財市場の均衡と SNA（国民経済計算）における三面等価の原則はほぼ同じことを意味しています．したがって，財市場の均衡式は，SNA によってとらえられた「現実」と密接に結びつくことになります．

マクロ経済学では分析の目的によっていくつかの状況を想定します．この節ではまず，最も単純なマクロ経済である政府のない閉鎖経済を取り上げ，その場合の財市場の均衡式を導出します．その結果を用いて，2節，3節では各々政府のある閉鎖経済，政府のある開放経済の場合について説明します．状況に応じて均衡式の形も少しずつ異なるので，その違いに注意してください．

1財モデル

一国経済の大きさは，ある一定期間をとり，その期間に国内で生産された（そして販売された）**最終財**（**final goods**）だけの生産額やその数量によって正確にとらえることができます．なぜなら，最終財に至る過程で原材料やそれが形を変えたもの，すなわち**中間財**（**intermediate goods**）の価値はすべて最終財の生産額に含まれるからです．そのような理由で，マクロ経済学で財市場と言うときの「財」とは，最終財のことを意味します．

さらに，マクロ経済学の分析上，最もよく用いられるのは**1財モデル**（**one-good model**）です．これは，実際には数え切れないほどの種類の最終財をあたかも1種類だけの財であるかのように扱うマクロ経済モデルです．本書でも終始このモデルを前提にしてさまざまな説明を行います．1財モデルは，生産部門がただ1つという意味で，**1部門モデル**（**one-sector model**）とも言います．

家計と企業からなるマクロ経済

図1-1には，家計と企業からなる最も単純なマクロ経済を描いています．それは閉鎖経済でかつ政府が存在しないマクロ経済です．**閉鎖経済**（**closed economy**）は外国との経済的取引がない経済です．外国との経済的取引がある，したがって現実的な経済は，**開放経済**（**open economy**）と言います．開放経済については3節で説明します．

さて，「ある一定期間」として，「今期」を考えましょう．今期は期首，期中，期末に分かれます．期首の**資本ストック**（**capital stock**）は，今期の生産に利用される，経済全体の工場，ビルなどの生産手段の集計量です．資本ストックは家計によって所有されています．資本ストックは単に**資本**（**capital**）とも言います．最終財を生産するためには資本のほかに，家計によって供給される**労働**（**labor**）が必要です．労働は雇用される労働者の人数や労働時間で測ります．資本と労働を**生産要素**（**factor of production**）と言います．

期中では企業が生産要素を用いて最終財を生産します．最終財は今期の消費のために購入されるか，または次期の生産のために購入されます．前者の場合

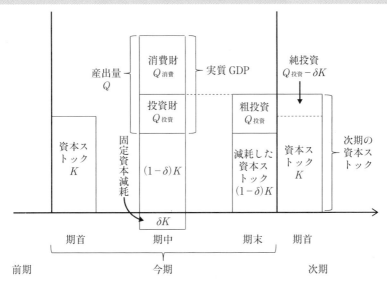

図1-1　最終財の生産と資本蓄積

の最終財を**消費財**，後者の場合の最終財を**投資財**と呼びます．１財モデルであるかぎりすべての財は同じですが，購入目的によって消費財と投資財という名前で区別します．投資財は資本財あるいは生産財とも言います．

　期末では，今期生産された投資財が期首の資本ストックに追加されます．このようにして資本を増やすことを**資本蓄積**と言います．ただし，期中において破損・損傷等により生産設備の数量は減少します．これを**固定資本減耗**，または単に**資本減耗**（**capital depreciation**）と言います．期末における資本ストックを正確に測るためにはこの固定資本減耗を差し引く必要があります．そのようにして測られた資本ストックがそのまま次期の期首の資本ストックになり，次期の生産に利用されることになります．

┃最終財の生産

　図1-1の１財モデルを記号を用いて表現してみましょう．まず最終財の生産量を Q で表します．最終財の生産量はマクロ経済学ではしばしば，**産出量**（**output**）と呼ばれます．あるいはマクロ経済の供給量という意味で，**総供給**

（**aggregate supply**）とも言います．産出量 Q は消費財の産出量 $Q_{消費}$ と投資財の産出量 $Q_{投資}$ の合計なので，

$$Q = Q_{消費} + Q_{投資} \tag{1-1}$$

と書くことができます．（35ページの図1-2参照.）

　次に，期首における資本ストックを K と書くことにしましょう．この K は今期の生産が始まる前に家計が，企業の発行する株式・社債，あるいは銀行預金などの形で保有する資産の価値の合計でもあります．それに対して（1-1）式の Q は，生産過程で新たに生じた価値という意味の**付加価値**（**value added**）の大きさをも表しています．そうすると，産出量や資本ストックという「実物」に裏づけられた価値は $Q+K$ になりそうですが，正確には，そこから上述した資本減耗分を差し引く必要があります．固定資本減耗を δK と書きましょう．δ は**資本減耗率**と呼ばれる定数で，期中に失われた資本の割合を表します．したがって $0 \leqq \delta \leqq 1$ です．

　以上より，今期の生産の結果，マクロ経済の価値の合計は $Q+(1-\delta)K$ になることがわかりました．

▎実質値と名目値

　ところで，これまでの説明で用いてきたマクロ経済変数の Q や K は**実質単位**（**real terms**）で表示されています．実質単位は**実物単位**と言うこともありますが，それは各変数が財の単位で測られているということです．本書で採用している1財モデルにおける財を「小麦」と考えるならば，たとえば Q「kg」という表示になります．そのように実質単位で表示された値を**実質値**（**real value**）と言い，その意味で Q を実質産出量と呼ぶこともあります．

　これに対して，マクロ経済変数を金額で表す場合には，財1単位当たりの**価格**（**price**）を実質値に乗じます．そのような変数は**名目単位**（**nominal terms**）あるいは**貨幣単位**（**money terms**）で表示されていると言います．そして名目単位で表示された値を**名目値**（**nominal value**）と言います．本書では国内最終財の価格を P（円）で表します．そうすると，実質産出量 Q の名目値は PQ（円）になり，そのときの産出量は名目産出量と呼ばれることも

あります．価格は**物価**と言うこともあります．もちろん，名目値を価格（あるいは物価）で割ると実質値になります．

　実際には実質や名目という言葉をつけないこともよくあります．マクロ経済学では多くの場合，変数は実質単位で表示されています．しかし変数がどちらで表示されているかは，考察する文献等の内容に基づいてその都度判断することになります．

▍所得

　実質値と名目値の区別に注意すると，マクロ経済の価値 $Q+(1-\delta)K$ は実質単位で表示されていることがわかります．これを名目単位で表示すると $PQ+P(1-\delta)K$ になります．生産過程で生じた名目付加価値 PQ は，

$$PQ+P(1-\delta)K = WN+(1+i)PK \tag{1-2}$$

に従って生産要素の所有者である家計に分配されます．（1-2）式の右辺の N は雇用された労働，W は労働1単位当たりの名目賃金です．したがって WN は家計に支払われた賃金総額です．i は期首に家計が保有する名目資産 PK に対する収益率を表し，したがって $(1+i)PK$ は付加価値の分配によってその資産が $1+i$ 倍になったことを意味します．現実に家計はさまざまな形態で資産を保有していますが，単純な例として PK を銀行預金，i を利子率，$(1+i)PK$ を元利合計と考えるとわかりやすいでしょう．

　WN と iPK は各々労働と資本という生産要素に対して支払われた報酬です．このような報酬を**要素所得**（**factor income**）と言います．WN を労働所得，iPK を資本所得と言うこともあります．要素所得と付加価値の関係は，（1-2）式の両辺から PK を引くと，

$$PQ-P\delta K = WN+iPK \tag{1-3}$$

となります．すなわち，要素所得の合計 $WN+iPK$ は付加価値 PQ から $P\delta K$ を引いた大きさに等しいことがわかります．

　この $P\delta K$ の意味を理解するために，（1-3）式の両辺に $P\delta K$ を足すと，

$$PQ = WN + iPK + P\delta K \tag{1-4}$$

となります．（1-4）式の右辺の $P\delta K$ は，期中に減少した資本を期首の大きさに戻すために家計に分配された付加価値を意味します．そして，以下で見るように，$P\delta K$ は今期生産された投資財を購入するために使われます．

（1-4）式から，付加価値はすべて，家計という一国経済を構成する主体，すなわち国民に分配されることがわかりました．そこで，その合計を**国民所得**（**national income**）と呼び，PY で表しましょう．すなわち，名目国民所得を，

$$PY = WN + iPK + P\delta K \tag{1-5}$$

と定義しましょう．Y はもちろん実質国民所得です．国民所得は，マクロ経済学ではその誕生以来頻繁に用いられてきた言葉ですが，単に所得と言うこともよくあります．

（1-4）式と（1-5）式から，

$$PQ = PY = WN + iPK + P\delta K \tag{1-6}$$

という関係が成り立ちます．（1-6）式より，今期の国民所得の源泉が今期の生産過程で生じた付加価値であることがわかります．言い換えると，生産がなければ国民所得もないことになります．

消費財および投資財の需給一致

次に，生産された財がどのように売れるかを見てみましょう．家計が消費のために最終財を購入しようとする意欲（あるいは計画）を**消費需要**（**consumption demand**）あるいは単に消費と言います．消費需要を C で表します．また，**貯蓄**（**saving**）を，実質単位で，

$$S = Y - C \tag{1-7}$$

と定義します．すなわち，貯蓄 S は所得 Y から消費 C を差し引いた残額です．そして，（1-1）式と（1-7）式を用いると，（1-6）式は実質値で，

$$Q_{消費} + Q_{投資} = Y = C + S \tag{1-8}$$

となります.

　容易にわかるように，消費財の需給一致は $Q_{消費} = C$ と表すことができます.
このとき同時に，(1-8) 式より，

$$Q_{投資} = S \tag{1-9}$$

となることがわかります. (1-9) 式は投資財の需給が一致していることを表し
ています. なぜなら，左辺は投資財の供給 $Q_{投資}$ を，右辺は投資財の購入に使
われる額を表しているからです. 投資財 $Q_{投資}$ は，企業の決意（あるいは計画）
に基づいて生産されます. そのような企業による投資財の生産計画を**投資需要**
（**investment demand**）あるいは単に投資と言います. また，現実に家計の貯
蓄 S を借りて投資財を購入するのは企業なので，投資需要とは企業が投資財
を購入しようとする意欲である，と説明されることもあります.

　マクロ経済学では投資需要 $Q_{投資}$ を I で表すことが多いので，(1-9) 式は，

$$I = S \tag{1-10}$$

という形で書かれることが一般的です. (1-10) 式を投資と貯蓄の均等式と言
います.

粗概念と純概念

　マクロ経済変数の表示には名目値の場合と実質値の場合があることはすでに
説明しましたが，固定資本減耗の扱いについても注意が必要です. すなわち，
固定資本減耗を含む数値を**粗**あるいは**総**（いずれも英語では **gross**），固定資
本減耗を控除した数値を**純**（**net**）で区別することがあります.

　たとえば，(1-4) 式の PQ は粗付加価値，そこから固定資本減耗を控除した
(1-3) 式の $PQ - P\delta K$ は純付加価値と言います. 同様に，(1-5) 式の Y を粗
所得（gross income），$Y - \delta K$ を純所得（net income）と言います.

　さらに，(1-9) 式と (1-10) 式において左辺の $Q_{投資}$，I を**粗投資**（**gross investment**），右辺の S を粗貯蓄と呼びます. S が δK を含むということは，今

期生産された投資財を購入するために付加価値のうちの δK の部分が使われることを意味します。そして，$Q_{投資}-\delta K$ あるいは $I-\delta K$ を**純投資**（**net invest-ment**），$S-\delta K$ を純貯蓄と呼びます。図1−1に示されたように，純投資は今期中に資本ストックがどれだけ増えたかを示す尺度として重要です。所得のうち貯蓄が占める割合を貯蓄率と言いますが，粗と純を区別して，$\dfrac{S}{Y}$ を粗貯蓄率，$\dfrac{S-\delta K}{Y-\delta K}$ を純貯蓄率と呼ぶこともあります。

実際には粗や純をつけないこともよくあります。したがって，名目値と実質値の場合と同様に，変数が粗か純のどちらであるかは個別に判断することになります。

▌ 財市場の均衡式

以上の説明では多くの数式を用いましたが，そのうちマクロ経済学で財市場の均衡式としてよく用いられるのは（1-10）式です。すなわち，投資と貯蓄の均等式が財市場の均衡式にもなるのです。

さらに，そこからもう1つの均衡式を導くことができます。すなわち，（1-10）式の関係 $S=I$ を（1-8）式に代入し，もう一度（1-1）式を考慮すると，

$$Q=Y=C+I \tag{1-11}$$

となります。（1-11）式の左辺 Q は総供給を表しています。右辺の消費需要 C と投資需要 I の和は**総需要**（**aggregate demand**）と言います。マクロ経済学では，その直観的なわかりやすさから総供給と総需要の一致を表す（1-11）式も財市場の均衡式としてよく用いられます。

▌ ストックとフロー

最後に，マクロ経済変数におけるストックとフローの違いについて説明します。一般に，ある一時点で存在する総量を**ストック**（**stock**）と言います。資本ストックはストックの代表例です。図1−1をもう一度見てみましょう。資本ストックは，期首，または同じことですが前期の期末，で測ります。資産，

マネーサプライ，人口などもストック変数です．

フロー（**flow**）とは，ある期間中に変化した量を意味します．所得，消費，投資，固定資本減耗などはすべてフローです．フローの大きさを知るためには，測定期間の初めと終わり（たとえば期首と期末）を指定する必要があります．なぜなら，フローは測定期間によってその大きさが異なるからです．たとえば，所得や消費というフローは，測定期間を長くすればするほど大きくなります．フロー変数の測定期間は通常，1年または四半期（＝3カ月）です．1年の場合には，暦年と年度の2つの場合があるのでその違いに注意することが必要です．

上の説明から，ストックとフローの間に関係があることがわかります．すなわち，今期の期首のストックに今期のフローを足したものが次期の期首のストックになります．ただし，「漏れ」がある場合には注意が必要です．たとえば，次期の資本ストックは今期の資本ストックに粗投資を加え，そこから今期の固定資本減耗という「漏れ」の分を差し引く必要があります．あるいは簡単に，次期の資本ストックは今期の資本ストックに今期の純投資というフローを足したものである，と言うこともできます．そしてこのような資本の変化が，すでに述べた資本蓄積です．（演習問題3参照.）

2 | 政府のある閉鎖経済

政府のない閉鎖経済は最も基本的なマクロ経済モデルであり，マクロ経済学では頻繁に用いられます．しかし政府が存在しないのは現実的ではありません．そこでこの節では，前節の1財モデルに政府を追加してみましょう．政府の存在は，政府消費，政府投資，間接税，直接税で表されます．

政府支出

政府消費（**government consumption**）は文字どおりに解釈すると誤解しやすいのですが，要するに（政府が提供し家計が享受する）行政や治安というサービス（すなわち消費財）のことです．**政府投資**（**government invest-**

ment）は文字どおり，道路や橋といった投資財を購入しようとする政府の計画（あるいは意欲）を表します．政府消費を $G_{消費}$，政府投資を $G_{投資}$ として，それらの合計を G と書きましょう．すなわち $G = G_{消費} + G_{投資}$ です．この G は**政府支出**（government expenditure），または**政府購入**（government purchases）と言い，以下で見るように，総需要の構成項目になります．

租税

「政府」支出，「政府」購入といっても，もちろんその主な財源は政府が企業や家計から徴収する**租税**（tax）です．租税は**間接税**（indirect tax）と**直接税**（direct tax）からなります．間接税は粗付加価値に課される租税であり，企業にとっては生産コストになります．現実には消費税，酒税などが間接税に含まれます．間接税を IT で表すと，(1-6) 式は，

$$PQ = PY = WN + iPK + P\delta K + P \cdot IT \tag{1-12}$$

に変更します．すなわち国民所得は，家計の所得 $WN + iPK + P\delta K$ と政府が徴収する間接税 $P \cdot IT$ に分かれます．

直接税は家計の所得の $WN + iPK$ の部分とその資産 PK に課される租税です．現実には所得税や相続税などが直接税に含まれます．直接税を DT と書くと，家計の**可処分所得**（disposable income）Y_D は名目単位で，

$$PY_D = WN + iPK - P \cdot DT \tag{1-13}$$

と定義されます．(1-13) 式を用いると，(1-12) 式は実質単位で，

$$Q = Y = Y_D + (IT + DT) + \delta K \tag{1-14}$$

と書き換えることができます．間接税と直接税の合計を単に租税と呼び，T で表すことにします．すなわち $T = IT + DT$ です．

政府から見ると，租税 T はその所得になります．そこで，家計の場合と同様に，政府貯蓄を，政府所得 T から政府消費 $G_{消費}$ を差し引いた残額 $T - G_{消費}$ と定義します．ただし，(1-7) 式の家計の貯蓄の定義は，政府がある場合は，

$$S=Y-T-C(=Y_D+\delta K-C) \tag{1-15}$$

に変更します. そして, 政府貯蓄と区別するために, (1-15) 式の S を家計貯蓄と呼ぶことにしましょう.

(1-1) 式と (1-15) 式を考慮すると, (1-14) 式は,

$$Q_{消費}+Q_{投資}=Y=C+G_{消費}+S+(T-G_{消費}) \tag{1-16}$$

となります. (1-16) 式の右辺の $C+G_{消費}$ は家計と政府の消費の合計という意味で国民消費, 同様に $S+(T-G_{消費})$ は国民貯蓄と呼ぶことができます.

財市場の均衡式

政府がある場合の消費財の需給一致は $Q_{消費}=C+G_{消費}$ となります. このとき同時に, (1-16) 式において,

$$I+G_{投資}=S+(T-G_{消費}) \tag{1-17}$$

という関係が成立します. ここで $I=Q_{投資}-G_{投資}$ であり, この I は, 政府投資 $G_{投資}$ に対して, 民間投資と呼ぶことができます. (1-17) 式は, 経済全体の投資が国民貯蓄で賄われることを意味しています. さらに, (1-17) 式は, 政府がない場合の投資と貯蓄の均等式 (1-10) を政府がある場合に拡張したものであり, 財市場の均衡式になります.

ただし, 財市場の均衡式としては, 通常,

$$I+G=S+T \tag{1-18}$$

の形が用いられます. (1-18) 式は (1-17) 式の両辺に $G_{消費}$ を加え, 上述した $G=G_{消費}+G_{投資}$ という表記を用いると得られます. また, (1-18) 式を家計貯蓄について解くと,

$$S=I+(G-T) \tag{1-19}$$

という形になります. 右辺の $G-T$ は政府の財政赤字を表します. 政府支出 G が租税 T を上回るとき, 政府は**国債 (government bond)** を発行すること

により不足額を調達します。したがって，その場合の不足額 $G-T$ は政府の財政赤字であるとともに，国債の新規発行額をも表しています。(1-19) 式は，家計貯蓄が投資財の購入または国債の購入に使われることを意味しています。

(1-19) 式を (1-16) 式に代入すると，

$$Q=Y=C+I+G \tag{1-20}$$

となります。(1-20) 式は，政府がない場合の総供給と総需要の均等式 (1-11) を政府がある場合に拡張したものであり，これも財市場の均衡式になります。

3 開放経済への拡張

　政府を入れることで1財モデルはかなり現実的になりますが，それをさらに説得力あるものにするためには海外部門を考慮する必要があるでしょう。この節では政府のある1財モデルに海外部門を導入して，財市場の均衡式を開放経済に拡張します。

　海外部門は外国とも言いますが，どちらも自国以外の世界（rest of the world）を意味します。海外部門の存在は，輸出，輸入，為替レート，海外からの所得の純受取によって表されます。

輸出と輸入

　マクロ経済学では，海外部門が国内財（domestic goods）を購入しようとする意欲を**輸出（export）**，逆に，自国が外国財（foreign goods）を購入しようとする意欲を**輸入（import）**と表現します。輸出数量を EX，輸入数量を IM で表しましょう。(1-1) 式は開放経済でも成り立ちます。したがって，輸出 EX は国内消費財の輸出 $EX_{消費}$ と国内投資財の輸出 $EX_{投資}$ の合計です。逆に，輸入 IM は外国消費財の輸入 $IM_{消費}$ と外国投資財の輸入 $IM_{投資}$ の合計になります。記号で表すと，$EX=EX_{消費}+EX_{投資}$，$IM=IM_{消費}+IM_{投資}$ となります。1財モデルでは世界に1種類の財だけが存在しているので，どれも同じ単位で表されています。たとえば，いずれも「小麦」の重量で測られています。

ただし，自国と海外部門では「小麦」の価格が異なるので注意が必要です．自国の最終財の価格はこれまでと同様に P（円）で表し，外国の最終財の価格は P_f と書くことにします．下付きの f は海外部門（foreign sector）あるいは外国（foreign country）を意味しています．さらに，**名目為替レート**（**nominal exchange rate**）を e で表します．たとえば，P_f の単位はドル，e は 1 ドル＝e 円であると考えるとわかりやすいでしょう．その場合，外国財の外貨表示の価格 P_f（ドル）は，自国通貨表示に直すと eP_f（円）になります．

以上の記号を用いると，輸出額と輸入額の差である**純輸出**（**net export**）は，

$$P \cdot NX = P \cdot EX - eP_f \cdot IM$$

となります．さらに，両辺を P で割り実質単位で表示すると，

$$NX = EX - \varepsilon \cdot IM$$

と書くことができます．ここで $\varepsilon = \dfrac{eP_f}{P}$ です．自国通貨表示の外国財の価格と国内財の価格の比率として定義される ε を**実質為替レート**（**real exchange rate**）と言います．高い（低い）ε の値は，国内財の価格が外国財の価格に比べて安い（高い）ことを意味します．また，ε の逆数，すなわち $\dfrac{P}{eP_f}$ のことを**交易条件**（**terms of trade**）と言います．交易条件は，1 単位の国内財を輸出した見返りに何単位の外国財が買えるかという指標です．したがって，$\dfrac{P}{eP_f}$ の値が上昇（下落）することを，交易条件が有利化（不利化）する，と言います．

以下で見るように，純輸出 NX は開放経済において総需要の構成項目になります．

海外からの所得の純受取

1 節と 2 節で考察した閉鎖経済では，国内の生産活動によって生み出された付加価値はすべて，家計と政府からなる自国民に分配されました．

海外部門を考慮する場合，自国内で生まれた付加価値は必ずしも自国民に支払われるとはかぎりません．自国内で働く外国人の労働者が賃金を本国に送金したり，自国内の企業が外国の株主に配当を支払うことがあります．これらを海外への所得の支払と言います．もちろん逆もありえます．すなわち自国民が外国に出稼ぎに行って得た賃金を自国に送金する場合や，外国の企業の株式を所有する自国民が配当の支払を外国企業から受け取る場合です．これらは海外からの所得の受取と言います．そして，「海外からの所得の受取－海外への所得の支払」を**海外からの所得の純受取**（**net income from the rest of the world**）と言います．開放経済の場合には，（自国民が受け取る）所得の内容はその分だけ調整する必要があります．

海外からの所得の純受取を実質単位で表したものを F と書くことにします．そうすると，(1-12) 式は，

$$PQ + PF = PY = WN + iPK + PF + P\delta K + P \cdot IT \tag{1-21}$$

に変更します．また，家計の可処分所得は名目単位で，

$$PY_D = WN + iPK + PF - P \cdot DT \tag{1-22}$$

と定義します．そして，(1-22) 式を用いると，(1-21) 式は実質単位で，

$$Q + F = Y = Y_D + T + \delta K \tag{1-23}$$

となります．$T = IT + DT$ であることを思い出しましょう．政府のある閉鎖経済の場合と同様に，家計貯蓄と政府貯蓄の定義は各々 $S = Y - T - C (= Y_D + \delta K - C)$ と $T - G_{消費}$ なので，(1-1) 式を考慮すると，(1-23) 式は，

$$Q_{消費} + Q_{投資} + F = Y = C + G_{消費} + S + (T - G_{消費}) \tag{1-24}$$

となります．

財市場の均衡式

開放経済の消費財の需給一致はどのように表せばよいでしょうか．この場合

は，国内財だけでなく，以下のように外国財も考慮に入れる必要があります．

$$PQ_{消費}+eP_f\cdot IM_{消費}=PC+PG_{消費}+P\cdot EX_{消費} \qquad (1\text{-}25)$$

（1-25）式の左辺は，消費のための国内財と外国財の供給総額を自国通貨表示で表しています．そして右辺は，消費財に対する需要総額を自国通貨表示で表しています．したがって，（1-25）式は開放経済の場合の消費財の需給一致を表しています．

（1-25）式の両辺を P で割って実質単位で表示し，国内で生産された消費財 $Q_{消費}$ について解くと，

$$Q_{消費}=C+G_{消費}+EX_{消費}-\varepsilon\cdot IM_{消費}$$

となります．上式は国内で生産された消費財の需給一致を表しています．この式を（1-24）式に代入して整理すると，

$$EX_{消費}-\varepsilon\cdot IM_{消費}+Q_{投資}+F=S+(T-G_{消費})$$

となります．上式はさらに，

$$I+G_{投資}+CA=S+(T-G_{消費}) \qquad (1\text{-}26)$$

と変形することができます．ここで，

$$I=Q_{投資}-G_{投資}-EX_{投資}+\varepsilon\cdot IM_{投資}$$
$$CA=NX+F(=EX_{消費}+EX_{投資}-\varepsilon\cdot IM_{消費}-\varepsilon\cdot IM_{投資}+F)$$

です．

（1-26）式の民間投資 I は，期首において家計が国内に保有する資本ストックへの投資財の追加額を表しています．CA は純輸出 NX と海外からの所得の純受取 F によって獲得された外貨によって購入された海外資産の価値を示しています．正確に言うと，CA に「海外からのその他の経常移転（純）」（政府の無償資金援助や国際機関に対する分担金など）を加えると，国際収支統計における**経常収支**（**current account**）に一致します．経常収支は自国が外国に保有する資産の純増を意味する重要な統計です．ただし，以下では説明を簡

単にするために CA を経常収支と呼ぶことにします.

（1-26）式は，国内の資本ストックの価値の増加 $I+G_\text{投資}$ および海外資産の価値の増加 CA が国民貯蓄で賄われることを意味しています．（1-26）式は，政府がある閉鎖経済の場合の投資と貯蓄の均等式（1-17）を開放経済に拡張したものであり，財市場の均衡式になります．

ただし，財市場の均衡式としては，通常，

$$I+G+EX+F=S+T+\varepsilon\cdot IM \tag{1-27}$$

の形が用いられます．（1-27）式は（1-26）式の両辺に $G_\text{消費}+\varepsilon\cdot IM$ を加え，$G=G_\text{消費}+G_\text{投資}$ という表記を用いると得られます．また，（1-27）式を家計貯蓄について解くと，

$$S=I+(G-T)+CA \tag{1-28}$$

という形になります．（1-28）式は，家計貯蓄が，国内資本ストックへ追加される投資財の購入，自国政府の発行する国債の購入，または海外資産の購入に使われることを意味しています．（Coffee Break 参照.）

（1-28）式を（1-24）式に代入すると，

$$Q+F=Y=C+I+G+CA \tag{1-29}$$

となります．（1-29）式は，政府がある閉鎖経済の場合の総供給と総需要の均等式（1-20）を開放経済に拡張したものであり，これも財市場の均衡式として用いられます．

以上で説明した開放経済における財市場の総供給と総需要の関係は図1－2に要約されています．図中の記号はすべてこれまでに用いたものです．国内企業が生産する最終財（消費財と投資財）は上向きの太い矢印で示されています．それ以外の矢印により，その最終財が家計，政府，海外部門によってどのように購入されるかが示されています．国内消費財については（1-25）式の次の式を見るとそのことがすぐに理解できます．国内投資財については（1-26）式を次のように書き換えるとわかりやすいでしょう．

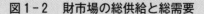

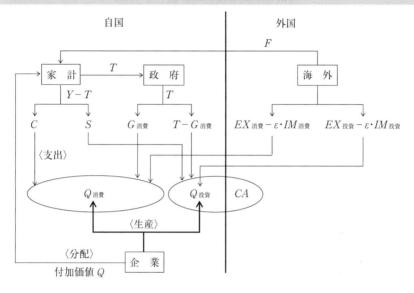

$$Q_{投資}+CA=S+(T-G_{消費})+(EX_{投資}-\varepsilon \cdot IM_{投資})$$

4 | SNA との対応関係

　以上で１財モデルは開放経済にも適用できるようになりました．開放経済は現実のマクロ経済のとる姿です．したがって，開放経済の１財モデルは現実のマクロ経済と対応づけることができます．前章で述べたように，マクロ経済統計の代表は SNA です．そこで，開放経済の理論モデルを，日本の SNA（正確には2008 SNA）と対応づけてみましょう．

国内総生産（GDP）

　SNA では，一定期間に国内における生産活動の結果生み出された粗付加価値の合計をその国の**国内総生産（gross domestic product）**と定義してい

す．粗付加価値は生産額から中間投入費（生産に必要な中間財の投入費用）を差し引いた残額として計算されます．(1-1) 式に関して説明したように，粗付加価値と国内最終財の生産額は等しいので，国内総生産は国内最終財の生産額と一致します．したがって，1財モデルの PQ は，SNA における名目国内総生産に対応します．そして Q は実質国内総生産に対応します．

国内総生産は，簡単に **GDP** とも言います．現在，GDP は一国経済の大きさを表す最も代表的なデータなので，おおよその値を知っておく必要があります．日本の2021年の最終財と中間財を合わせた生産額（SNA では産出額）は1035兆円，中間投入は484兆円だったので，その差額である GDP は549兆円でした．（統計上の誤差である「統計上の不突号」については38ページの図1-3参照．）

ただし，マクロ経済学用語として主に用いられるのは，GDP というよりは，類似の概念である国民所得です．そこで，SNA における国民所得についても正確に理解することが重要です．

▎国民総所得（GNI）

SNA には国民所得の概念として，**国民総所得（gross national income, GNI）**と2種類の**国民所得（national income, NI）**があります．ここではまず国民総所得について説明します．

国民総所得（GNI）は国内総生産（GDP）に海外からの所得の純受取を加えたものとして定義されています．したがって，(1-21) 式の国民所得 PY は，SNA における国民総所得（GNI）に対応します．国民総所得（GNI）は，日本で1978年から2000年まで用いられた1968 SNA では国民総生産（gross national product, GNP）と呼ばれていました．

日本の場合，2021年における海外からの所得の純受取 PF は27兆円だったので，国民総所得（GNI）は GDP の549兆円にその27兆円を加えた576兆円でした．

国内総生産（GDP）は速報性があり経済成長率の算出基準にもなっていますが，自国民にとっては国民総所得（GNI）のほうが重要です．なぜなら，国内総生産（GDP）は国内で生み出された粗付加価値の合計ですが，自国民の

購買力そのものではないのに対し，国民総所得（GNI）は自国民が獲得した付加価値の合計であり，自国民の真の購買力を表しているからです．

このことを見るために，(1-29) 式を名目単位で表示すると，

$$PY = PC + PI + PG + P \cdot CA \tag{1-30}$$

という関係が得られます．(1-30) 式の左辺は名目 GNI を表しています．そして右辺はそれがどのように使われたかを示しています．右辺の $PC + PI + PG$ の部分を**アブソープション**（**absorption**）と言います．国内財，外国財を問わず，自国内で吸収（absorb）された最終財の合計額です．経常収支 $P \cdot CA$ が正のときには，名目 GNI のうち海外資産の購入に用いられた額を表します．それが負のときには，国民の真の購買力である名目 GNI を上回る支出 $PC + PI + PG$ を実現するために売却した海外資産の額または外国から借り入れた額を表します．

三面等価の原則

国民総所得が何に支出されたかを示す (1-30) 式に，価値の分配を表す (1-21) 式を合わせると，

$$
\begin{aligned}
PQ + PF = PY &= WN + iPK + PF + P \cdot IT + P\delta K \\
&= PC + PI + PG + P \cdot CA
\end{aligned} \tag{1-31}
$$

のように書くことができます．(1-31) 式は，財市場が均衡しているときの各変数の関係を包括的に表しています．

ただし，SNA では通常，上の関係を GDP を中心に表現します．すなわち，(1-31) 式の各辺から PF を引いて，

$$
\begin{aligned}
PQ &= WN + iPK + P \cdot IT + P\delta K \\
&= PC + PI + PG + P \cdot EX - eP_f \cdot IM \\
&= PC + PG_{消費} + PI + PG_{投資} + P \cdot EX - eP_f \cdot IM
\end{aligned} \tag{1-32}
$$

のように表現された形が用いられます．(1-32) 式の 2 行目から 3 行目の変形では $G = G_{消費} + G_{投資}$ という関係を利用しています．

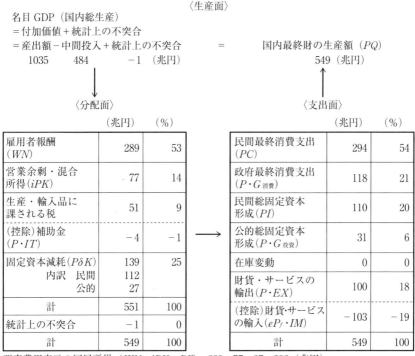

図1-3　三面等価の原則（2021暦年の日本経済）

〈生産面〉

名目 GDP（国内総生産）
＝付加価値＋統計上の不突合
＝産出額－中間投入＋統計上の不突合　　　　＝　　　国内最終財の生産額（PQ）
　　1035　　　　484　　　　－1（兆円）　　　　　　　　549（兆円）

〈分配面〉　　　　　　　　　　　　　　　　　　　〈支出面〉

	（兆円）	（%）
雇用者報酬（WN）	289	53
営業余剰・混合所得（iPK）	77	14
生産・輸入品に課される税	51	9
（控除）補助金（$P \cdot IT$）	−4	−1
固定資本減耗（$P\delta K$）　内訳　民間　　　　公的	139　112　27	25
計	551	100
統計上の不突合	−1	0
計	549	100

	（兆円）	（%）
民間最終消費支出（PC）	294	54
政府最終消費支出（$P \cdot G_{消費}$）	118	21
民間総固定資本形成（PI）	110	20
公的総固定資本形成（$P \cdot G_{投資}$）	31	6
在庫変動	0	0
財貨・サービスの輸出（$P \cdot EX$）	100	18
（控除）財貨・サービスの輸入（$eP_f \cdot IM$）	−103	−19
計	549	100

要素費用表示の国民所得（$WN + iPK + PF$）＝ 289 ＋ 77 ＋ 27 ＝ 392（兆円）
市場価格表示の国民所得（$WN + iPK + PF + P \cdot IT$）＝ 392 ＋（51 − 4）＝ 439（兆円）
国民総所得（$PQ + PF$）＝ GDP ＋ 海外からの所得の純受取 ＝ 549 ＋ 27 ＝ 576（兆円）

（注）　四捨五入の関係で内訳項目を合計したものは実際の合計と必ずしも一致しない.
（出所）　2021年度（令和3年度）国民経済計算年次推計.
　　　　（内閣府 HP：https://www.esri.cao.go.jp/jp/sna/kakuhou/kakuhou_top.html）

（1-32）式の1行目の左辺の PQ は国内最終財の生産額であり，同時に国内総生産（GDP）にも一致するので，一国経済の生産面を表しています．1行目の右辺は名目 GDP という付加価値がどのように分配されたかの内訳を示しているので，一国経済の分配面を表しています．そして，2行目と3行目は分配された付加価値がどのように支出されたかという内訳を示しているので，一国経済の支出面を表しています．2行目の右辺の $PC + PI + PG$ と $P \cdot EX - eP_f \cdot IM$ は各々**内需**，**外需**と呼ばれることもあります．

(1-32) 式は，一国経済の大きさを生産面，分配面，支出面という 3 つの面から計測した場合いずれも同じ値になることを意味しています．このことを日本では，**三面等価の原則**と呼んでいます．マクロ経済学における財市場の均衡式は SNA における三面等価の原則に対応しています．

　図 1-3 は，三面等価の原則に従い，2021 年の日本経済を生産面，分配面，支出面からとらえたものであり，マクロ経済統計の最も基本的な部分です．そして生産面を代表する 549 兆円は最も象徴的な数字です．三面等価の原則により，分配面から見ても支出面から見ても，合計はいずれも 549 兆円になっています．分配面と支出面の各項目は SNA 独特の名称であり，マクロ経済学で用いる用語とまったく同じというわけではありません．しかし，SNA とマクロ経済学の各項目の内容はおおよそ一致します．

　図の各項目には，これまで用いたマクロ経済学の記号を併記して，その対応関係を示しています．たとえば分配面を見ると，労働所得 WN は SNA における雇用者報酬に，間接税 $P \cdot IT$ は SNA における生産・輸入品に課される税から補助金を引いた額に対応しています．また支出面では，消費需要 PC は SNA における民間最終消費支出に，民間投資 PI は SNA における民間総固定資本形成に対応しています．マクロ経済学を学んでいく過程でも，図に示されたような対応関係や各項目のおおよその数値を念頭に置いておくと，理論と現実の接点を実感できるはずです．（演習問題 5 参照.）

▍国民所得

　最後に，国民所得（NI）について説明します．SNA における国民所得には 2 種類あるので注意が必要です．1 つは，粗付加価値と海外からの所得の純受取から固定資本減耗を除いたもの，言い換えると，雇用者報酬，営業余剰・混合所得，海外からの所得の純受取，そして生産・輸入品に課される税から補助金を引いた額の合計として定義される国民所得で，**市場価格表示の国民所得**と言います．これまでの記号を用いると，$PY - P\delta K$，あるいは $WN + iPK + PF + P \cdot IT$ が市場価格表示の国民所得に対応します．1 節で説明した粗概念と純概念で区別すると，国民総所得が粗所得であるのに対して，市場価格表示の国民所得は純所得になります．

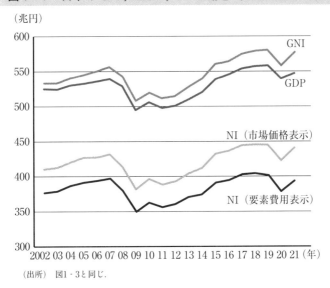

図1-4　日本の GNI, GDP, NI の動き（2002〜2021年）

（兆円）

GNI

GDP

NI（市場価格表示）

NI（要素費用表示）

2002 03 04 05 06 07 08 09 10 11 12 13 14 15 16 17 18 19 20 21（年）

（出所）　図1-3と同じ.

　もう1つの国民所得は，雇用者報酬，営業余剰・混合所得，海外からの所得の純受取の合計，言い換えると，粗付加価値と海外からの所得の純受取の合計から，固定資本減耗と，生産・輸入品に課される税から補助金を引いた額を除いたものとして定義される国民所得で，**要素費用表示の国民所得**と言います．これまでの記号では，$WN + iPK + PF$ あるいは $PY - P\delta K - P \cdot IT$ が要素費用表示の国民所得に対応します．

　要素費用表示の国民所得に，生産・輸入品に課される税から補助金を引いた額を加えると市場価格表示の国民所得になりますが，前者が労働と資本という生産要素に対して支払われる費用の観点から国民所得を定義しているのに対して，後者は間接税を含む市場価格で取引されている最終財の価値の観点から国民所得を定義しています．なお，租税 $T(= IT + DT)$ を構成する直接税 DT は，SNA における「所得・富等に課される経常税」に対応します．

　図1-3に示しているように，2021年の要素費用表示の国民所得は392兆円，そして市場価格表示の国民所得は439兆円です．かなり差があるので，どちら

を用いるかは現実を考える上で重要ですが，単に国民所得と言うと，通常は要素費用表示の国民所得のほうを指します．

図1-4では，2002年から2021年までの20年間の日本経済の動きを，名目GNI，名目GDP，市場価格表示の名目NI，要素費用表示の名目NIによって描いています．図から4つの指標がほとんど同じ方向に変化していることがわかります．それらの動きを見ると，2008年の秋に起こったリーマン・ショックの影響により2009年を底とする急激な低下が起こったことがただちに確認できます．その後はアベノミクスの下で上昇傾向にありましたが，2020年に起こった新型コロナウイルス・パンデミックで日本経済がかなりの打撃を受けたこともわかります．

5 理論分析のための単純化

閉鎖経済および開放経済における財市場の均衡式，そしてそれとSNAとの対応関係を詳しく説明しました．慣れるまでは少し時間がかかりますが，それらはすべてマクロ経済学を理解する上で，さらに現実を分析する上で，大いに役立つ知識です．

しかし，第3章以降で行うマクロ経済の理論的な分析において，これまで説明したマクロ経済変数間のかなり複雑な関係をそのままの形で用いると，議論の本質を見失う恐れがあります．そこで，分析の目的に応じていくつかの仮定を置くことによりそれを単純化したほうが有益です．

まず，第3章から第5章までの *IS-LM* モデルと，第7章から第8章までの *AD-AS* モデルでは，閉鎖経済でかつ政府が存在する場合を扱います．その場合の財市場の均衡式としては，(1-20) 式の左辺 Q を省略した形，すなわち，

$$Y = C + I + G \tag{1-33}$$

を用います．後にわかるように，*IS-LM* モデルや *AD-AS* モデルでは $Q = Y$ という関係を直接用いないので (1-33) 式のようになります．

さらに，(1-33) 式では，

$$\delta = 0$$

と仮定します．すなわち，固定資本減耗はないと仮定します．そうすると，粗と純の区別がなくなり，粗所得 Y と純所得 $Y - \delta K$ が一致するので，(1-14) 式より，家計の可処分所得は，

$$Y_D = Y - T \tag{1-34}$$

と書くことができます．(1-34) 式に δK の項が現れていないことに注意しましょう．

　政府のある閉鎖経済における貯蓄と投資の均等式 (1-18) $I + G = S + T$ はそのままの形で用いることができます．ただし，$\delta = 0$ という仮定により，(1-18) 式と (1-33) 式の粗投資 I は純投資でもあり，(1-18) 式の粗貯蓄 S は純貯蓄でもあります．

　次に，第 6 章のマンデル゠フレミング・モデルでは，開放経済でかつ政府が存在する場合を扱います．そこでも $\delta = 0$ という仮定を用います．したがって，(1-23) 式より，この場合の家計の可処分所得も (1-34) 式と同じ形になります．さらに，

$$F = 0$$

と仮定します．海外からの所得の純受取 F がないと，経常収支 CA は純輸出 NX と一致します．したがって，マンデル゠フレミング・モデルにおける財市場の均衡式としては，(1-29) 式の左辺 $Q + F$ を省略した形，すなわち，

$$Y = C + I + G + NX \tag{1-35}$$

を用います．マンデル゠フレミング・モデルでも $Q = Y$ という関係を直接用いないのでこのようにしています．

　政府のある開放経済における貯蓄と投資の均等式は，(1-27) 式において $F = 0$ とすると，

$$I + G + EX = S + T + \varepsilon \cdot IM \tag{1-36}$$

となります. $\delta=0$ という仮定により,（1-35）式と（1-36）式の粗投資 I は純投資でもあり,（1-36）式の粗貯蓄 S は純貯蓄でもあります.（演習問題4参照.）

　最後に, 第9章から第11章（ただし4節と5節を除く）までの新古典派モデルでは, 閉鎖経済でかつ政府が存在しない場合を扱います. この場合の財市場の均衡式としては,（1-11）式の左辺 Q を省略した形, すなわち,

$$Y=C+I \tag{1-37}$$

を用います. 後にわかるように, 上式はむしろ $Q=C+I$ と書いたほうが正確かもしれませんが, マクロ経済学の慣例に従ってこのようにしています. マクロ経済学では「Y は所得または産出量（income or output）である.」という若干奇妙な表現がよく出てくるのですが, それは（1-33）式,（1-35）式, そして（1-37）式で仮定されている $Q=Y$ という関係を指しています.

　政府のない閉鎖経済における貯蓄と投資の均等式（1-10）$I=S$ はそのままの形で用いることができます. 注意すべきは, 第9章から第11章までの新古典派モデルでは必ずしも $\delta=0$ と仮定していないことです. $\delta\neq0$ ならば,（1-10）式と（1-37）式の I は粗投資になり,（1-10）式の S は粗貯蓄になります.

　以上のように単純化した結果, 今後は財市場の均衡式の形を見るだけで, それが開放経済か閉鎖経済か, 閉鎖経済の場合には政府があるかないかがただちに判別できるようになります.

1 財市場で取引を行う経済主体は,家計,企業,政府,海外部門である.

2 閉鎖経済の国民所得は産出量の価値に等しく($Q=Y$),開放経済の国民所得は産出量の価値と海外からの所得の純受取の和に等しい($Q+F=Y$).

3 政府のない閉鎖経済の財市場の均衡は $Y=C+I$ または $I=S$ で表される.

4 政府のある閉鎖経済の財市場の均衡は $Y=C+I+G$ または $I+G=S+T$ で表される.

5 政府のある開放経済の財市場の均衡は $Y=C+I+G+NX$ または $I+G+EX=S+T+\varepsilon\cdot IM$ で表される.

1　以下の空欄（　A　）〜（　J　）に最も適切な語句を入れなさい.

（1）純投資は今期中に資本（A　　　　　）がどれだけ増えたかを示す尺度であり, 粗投資から（B　　　　　）を除いて算出される.

（2）国内総生産は（C　　　　　）付加価値の合計と定義されるが, それはまた国内（D　　　　　）の生産額と一致する.

（3）国内総生産と海外からの所得の（E　　　　　）の和である国民総所得により, 自国民は消費と投資の総額である（F　　　　　）を賄う.

（4）市場価格表示の国民所得から（G　　　　　）を除いた要素費用表示の国民所得は, （H　　　　　）所得と資本所得に分けることができる.

（5）理論上の財市場の均衡に相当する三面（I　　　　　）の原則は, 一国経済の生産面, 分配面, （J　　　　　）面が同額になるという統計上のルールである.

2　マクロ経済学で用いられる以下の略称の正式な名称を英語で書きなさい.

（1）GDP（　　　　　　　　　　　　　　）

（2）GNI（　　　　　　　　　　　　　　）

（3）GNP（　　　　　　　　　　　　　　）

（4）SNA（　　　　　　　　　　　　　　）

3　本章3節の政府がある開放経済を記述する17種類のマクロ経済変数

$$C, G, I, K, \delta K, P\delta K, P(1-\delta)K, N, W, WN, i, (1+i)PK, e,$$
$$\varepsilon, eP_f \cdot IM, F, CA$$

について以下の問いに答えなさい.

（1）①フロー変数, ②ストック変数, ③フロー変数でもストック変数でもない変数, の3つのグループに分類しなさい.

（2）負の値をとりうる変数をすべて選びなさい.

4　本文では扱わなかった, 政府のない開放経済における財市場の均衡につい

て以下の問いに答えなさい.

(1) この経済の財市場の均衡式は,

$$Y = C + I + EX - \varepsilon \cdot IM$$

と書くことができる. 上式の右辺の消費 C は,

　①政府のない閉鎖経済の均衡式 $Y = C + I$ の右辺の C
　②政府のある開放経済の均衡式 $Y = C + I + G + EX - \varepsilon \cdot IM$ の右辺
　の C

のうち, どちらの C に一致するか. 理由とともに①または②で答えなさい.

(2) この経済の貯蓄と投資の均等式を (1-36) 式を利用して導きなさい.

5 日本経済の三面等価の原則を表す図1–3を, 内閣府 HP を利用して, 最新の暦年データに更新しなさい (図1–3のフォーマットは次のウェブサイトに掲載されています: https://store.toyokeizai.net/books/978449231 5606).

☕ Coffee Break

マイナスの貯蓄率

クリスマスと言えばプレゼント，ですが，2014年12月25日に政府が発表したニュースは，日本人にとってはあまりうれしくない「プレゼント」になりました．それは，2013年度の日本の家計貯蓄率が初めてマイナスになったという内容でした．直観的にも明らかなように，家計全体として「出」が「入り」を上回ったわけです．第1章で学んだ用語を使えば，消費が可処分所得を上回ったということです．

このニュースはとくに経済の専門家に大きな衝撃を与えました．なぜなら，日本人は長い間「貯蓄好きの国民」だと言われ，その原因究明が研究対象にもなっていたからです．図1-5は，1955年度から2013年度までの家計の貯蓄率を示しています．確かに，1990年代中頃まで貯蓄率は10%を下回ることはなく，1975年度には23.1%にも達していました．家計の豊富な貯蓄が企業の投資を支え，日本経済の拡大につながっていたのです．しかし，その貯蓄率は21世紀に入る頃から急激に低下し，2013年度にはついにマイナス（−1.3%）にまでなってしまいました．

家計はそのような状況だったのですが，日本経済全体としてはどうだったのでしょうか．このことは，以下のように，家計貯蓄の処分に関する（1-28）式を名目単位で表示して，その各項に2013年度のSNAの数値を対応させることによって概観できます．

$$PS + 統計上の不突合 = PI + (PG - PT) + P \cdot CA$$
$$36.2 \qquad -1.6 \qquad -2.5 \quad 36.7 \qquad 0.3$$

（単位：兆円）

ただし，SNAにおける家計貯蓄率の定義は家計可処分所得に占める家計純貯蓄の割合なので，上式の数字はすべて純の値で表示しています．

さて，上式を見ると，左辺の貯蓄はマイナスではありません．その主な理由は，家計の貯蓄（−4.0兆円）に企業の貯蓄（39.9兆円）が足されているからです．マクロ経済学では左辺の貯蓄は家計がすべて行うことになっていますが，SNAでは企業にも所得が分配され，それがほぼ

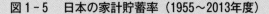

図1-5　日本の家計貯蓄率（1955〜2013年度）

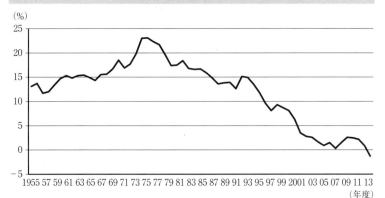

(注)　1955-79年度は1990年基準68SNA，1980-93年度は2000年基準93SNA，1994-2013年度は2005年基準93SNA.
(出所)　内閣府経済社会総合研究所編『国民経済計算年報』.

そのまま企業の貯蓄となります．したがって，家計と企業を合わせた民間貯蓄としては2014年度においてもプラスの貯蓄を維持していたことになります．

　上式の右辺は左辺の貯蓄がどのように使われたかを表しています．右辺の第1項がマイナスであることは家計が可処分所得を超える消費を行うために株式等の資産を売却したことを示しています．第2項の政府の財政赤字36.7兆円が左辺とほぼ同じ大きさになっていることに注目してください．これは政府の発行する国債等が主に企業（とくに金融機関）によって購入されたことを意味しています．第3項がゼロに近いのは日本が保有する海外資産に増減がほとんどなかったことを示しています．

　私たちは日常生活ではプレゼントを買う買わないといった消費・貯蓄を行う家計という存在ですが，マクロ経済学を学ぶときには，私たちと企業，政府，さらには海外部門との関係も忘れないようにしてください．

第 2 章

マネーサプライ，マクロ経済モデル

この章ではマネーサプライ（貨幣供給）について詳しく説明した後，次章から用いる3つのマクロ経済モデルの構造をわかりやすく示します．1節では貨幣の機能を整理します．2節ではマネーサプライの決定について説明し，3節では日本のマネーストック統計との関係を確認します．4節ではそれまでに得た知識をもとにマクロ経済モデルの全体像を描きます．5節ではモデル分析に不可欠の知識である内生変数と外生変数について学びます．

1 貨幣の機能

前章では3種類の財市場の均衡式を導きました．そして，財市場の均衡とは総供給と総需要が一致すること，あるいは同じことですが，投資と貯蓄が一致することであると説明しました．この財市場の均衡をもう少し現実的に考えてみると，それは生産された最終財の価値に等しい貨幣が需要側から供給側に支払われるということを意味しています．図2-1は，このことを政府がない閉鎖経済を例にして描いたものです．（図1-2も参照．）

図中の太い矢印はこの経済の財市場における貨幣の流れを示しています．貨幣を供給するのは中央銀行なので，矢印は中央銀行から始まっています．貨幣の単位としては，円，ドル，あるいはそれら以外にもさまざまな名称が思い浮かぶでしょう．供給された貨幣は名目労働所得 WN，名目資本所得 iPK，あるいは固定資本減耗分 $P\delta K$ として家計に支払われ，その合計が名目所得 PY です．支払われた名目所得は $PQ_{消費}$ の価値の消費財の購入のために PC だけ使われ，残額である名目貯蓄 PS は銀行や証券会社等の金融機関を通して $PQ_{投資}(=PI)$ の価値の投資財の購入に使われます．以上は，前章で（1-8）式と（1-9）式に関して説明したことを，貨幣単位で表現し直したことにもなり

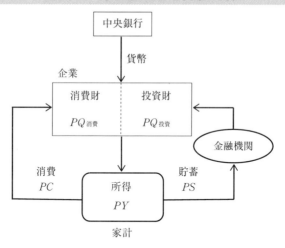

図2-1　財市場における貨幣の流れ

ます.

　ところで，よく知られているように，貨幣には計算単位，支払い手段，価値貯蔵手段という3つの便利な機能があります．**計算単位**（**unit of account**）としての機能は，図2-1の変数がすべて貨幣単位で表示されていることからもすぐにわかります．計算単位は価値尺度と言い換えられることもあります．さらに，図中の財の売買が円滑に行われるためには，その受け取りを拒否されることがないという意味の**支払い手段**（**means of payment**）としての機能が重要であることも明らかでしょう．支払い手段は**交換手段**（**medium of exchange**）とも言います．図2-1ではとくにこの2つ目の機能が強調されています.

　3つ目の機能の**価値貯蔵手段**（**means of store of value**）とは，現在の価値を将来に持ち越す方法ということです．何らかの理由で消費に使われない所得，すなわち貯蓄は毎期蓄積され，その合計が家計の資産を形成します．貨幣は，額面価値をそのまま維持できるので価値貯蔵手段としての資産の一部を構成することになります.

2 マネーサプライの決定

　財市場の均衡と並んでマクロ経済学で重視されるのは貨幣市場の均衡です．貨幣市場の均衡とは，貨幣に対する需要と貨幣の供給が一致した状態です．貨幣に対する需要は，貨幣に上述の3つの機能があることから発生します．しかし，貨幣需要は学派によってとらえ方が異なり，理論的に重要な内容を持っているので，第4章と第10章で詳しく説明することにします．以下では学派に関係なく共有されている貨幣供給に関する基本的事項を説明します．

貨幣

　前節では**貨幣**（**money**）とは何かということを問わずに，貨幣の流れを説明しました．しかし，貨幣とは何かという質問に答えることはそれほど容易ではありません．上で説明した3つの機能を有するものを貨幣と定義するのがわかりやすいと思われますが，それでも現実に何を貨幣と見なすのかははっきりとしないのです．

　とはいえ，今日では統計上，貨幣は現金通貨（cash currency）と銀行預金（bank deposit）を指します．現金通貨は中央銀行が発行する銀行券と政府が発行する硬貨の合計であり，単に現金とも言います．銀行預金は単に預金とも言います．そして現金と預金の合計額を**貨幣供給**（**money supply**）と言います．貨幣供給は**貨幣供給量**，または**マネーサプライ**とも言います．さらに，最近では**マネーストック**（**money stock**）という言葉もよく用いられます．どれを用いても同じですが，本書では主としてマネーサプライを用いることにします．

　一国経済に関して，現金の総額を CC，預金の総額を D，マネーサプライを M とすると，上の説明より，

$$M = CC + D \tag{2-1}$$

となります．ただし（2-1）式はマネーサプライの定義にすぎません．重要なのはどのようにしてマネーサプライの大きさが決定されるか，ということです．

ハイパワードマネー

マネーサプライ決定の鍵を握るのは，マネーサプライとは別の集計量である**ハイパワードマネー**（**high-powered money**）です．ハイパワードマネーは，現金と準備預金（reserves）の合計額を指します．準備預金とは，市中銀行が法律に基づき，預金の一部に相当する現金を中央銀行に預けたものです．準備預金の総額を R，ハイパワードマネーの総額を H とすると，ハイパワードマネーの定義は，

$$H = CC + R \tag{2-2}$$

と書くことができます．ハイパワードマネーは，**マネタリーベース**（**monetary base**），あるいは**ベースマネー**（**base money**）とも言います．

図 2-2 にはハイパワードマネーとマネーサプライの関係を描いています．出発点は中央銀行が供給するハイパワードマネーです．この時点でのハイパワードマネーの実体は現金です．中央銀行が供給した総額 H の現金を受け取った市中銀行は，それをすべて貸し出すとします．水平方向の太い実線の矢印はそのことを意味しています．

貸し出された現金のいくらかは経済にとどまり流通しますが，残りは市中銀行に戻り預金されます．前者と後者の比率を**現金・預金比率**と言います．これを cd で表しましょう．そうすると，貸し出された現金 H のうち $\dfrac{cd}{1+cd}H$ が経済にとどまります．図ではそれを「現金1」として示しています．他方，銀行に戻った $\dfrac{1}{1+cd}H$ の現金は同額の預金を生み出します．図ではそれを「預金1」で示しています．（演習問題2参照．）

銀行に戻った現金は再び貸し出されます．ただし，その際，銀行は法律により預金の一定割合に相当する現金を中央銀行に準備預金として預けなくてはなりません．その割合を**預金準備率**，あるいは単に**準備率**と言います．それを rd で表しましょう．そうすると，銀行に戻った現金 $\dfrac{1}{1+cd}H$ のうち $\dfrac{rd}{1+cd}H$

図2-2　ハイパワードマネーとマネーサプライの関係

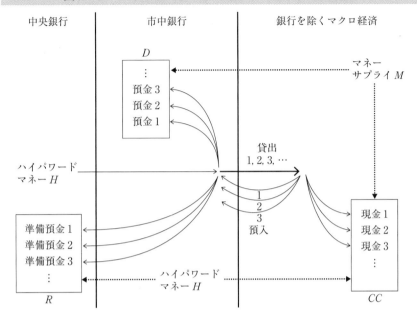

だけが準備預金として中央銀行に預けられます．図ではそれを「準備預金1」で示しています．ここまでの流れを第1ラウンドと考えるとわかりやすいでしょう．

　第2ラウンドでは，残りの $\dfrac{1-rd}{1+cd}H$ の現金が再び貸し出されます．太い矢印はそのことをも意味しています．そして以後は第1ラウンドと同様の繰り返しになります．すなわち，貸し出された現金 $\dfrac{1-rd}{1+cd}H$ のうち $\dfrac{cd}{1+cd}\dfrac{1-rd}{1+cd}H$ だけが経済にとどまり流通します．図ではそれを「現金2」で示しています．他方，銀行に戻った $\dfrac{1}{1+cd}\dfrac{1-rd}{1+cd}H$ の現金は同額の預金を生み出します．図ではそれを「預金2」で示しています．「預金2」に対する準備預金は $\dfrac{rd}{1+cd}\dfrac{1-rd}{1+cd}H$ であり，図ではそれを「準備預金2」で表しています．

第3ラウンドでは，残りの $\left(\dfrac{1-rd}{1+cd}\right)^2 H$ の現金が貸し出されます．これまでと同様に考えると，図の「現金3」は $\dfrac{cd}{1+cd}\left(\dfrac{1-rd}{1+cd}\right)^2 H$，「預金3」は $\dfrac{1}{1+cd}\left(\dfrac{1-rd}{1+cd}\right)^2 H$，「準備預金3」は $\dfrac{rd}{1+cd}\left(\dfrac{1-rd}{1+cd}\right)^2 H$ となります．

さて，以上のことが何度も繰り返されるとどうなるでしょうか．流通する現金の合計 CC については，

$$
\begin{aligned}
CC &= 現金1＋現金2＋現金3＋\cdots \\
&= \frac{cd}{1+cd}H + \frac{cd}{1+cd}\left(\frac{1-rd}{1+cd}\right)H + \frac{cd}{1+cd}\left(\frac{1-rd}{1+cd}\right)^2 H + \cdots \\
&= \frac{cd}{1+cd}H\left[1 + \frac{1-rd}{1+cd} + \left(\frac{1-rd}{1+cd}\right)^2 + \cdots\right] \\
&= \frac{cd}{cd+rd}H
\end{aligned}
$$

そして，預金の合計 D については，

$$
\begin{aligned}
D &= 預金1＋預金2＋預金3＋\cdots \\
&= \frac{1}{1+cd}H + \frac{1}{1+cd}\left(\frac{1-rd}{1+cd}\right)H + \frac{1}{1+cd}\left(\frac{1-rd}{1+cd}\right)^2 H + \cdots \\
&= \frac{1}{1+cd}H\left[1 + \frac{1-rd}{1+cd} + \left(\frac{1-rd}{1+cd}\right)^2 + \cdots\right] \\
&= \frac{1}{cd+rd}H
\end{aligned}
$$

となります．上の2カ所の ［ ］のなかの計算では数学付録（A-1）を利用しています．

そうすると，（2-1）式よりマネーサプライは CC と D の合計なので，

$$M = \frac{1+cd}{cd+rd} H \qquad\qquad (2\text{-}3)$$

となります.（演習問題3参照.）

▌マネーサプライの操作

　(2-3) 式は中央銀行が H だけのハイパワードマネーを供給するとき，現金と預金の合計としてのマネーサプライがどれだけになるかを表しています．(2-3) 式より，マネーサプライの大きさを決定するのは，ハイパワードマネー H，現金・預金比率 cd，預金準備率 rd であることがわかります．

　マクロ経済学では中央銀行の金融政策としてマネーサプライの操作を重視してきました．本書でも金融政策は中央銀行がマネーサプライを増やしたり減らしたりすることを意味します．とくに中央銀行がマネーサプライを増やすことを拡張的金融政策（あるいは金融緩和政策），反対にマネーサプライを減らすことを緊縮的金融政策（あるいは金融引締政策）と言います．

　では，中央銀行がマネーサプライを操作する方法としては何が考えられるでしょうか．上で見たように，マネーサプライの決定には3つの要因がありましたが，このうち現金・預金比率 cd は家計や企業が決めるものであり，中央銀行が直接的に関与できません．預金準備率 rd の変更は，可能ですが，効果が大きすぎるとして日本ではほとんど用いられません．そこで現実にはハイパワードマネーの量を増減させることによってマネーサプライの操作が行われています．その場合，ハイパワードマネーの量は**公開市場操作**（**open market operations**）によって調整されます．公開市場操作とは，中央銀行が金融機関などとの間で国債などを売買することです．中央銀行が国債などを買う（売る）とハイパワードマネーは増加（減少）します．（演習問題4参照.）

　数値例を用いて，ハイパワードマネーの効果を見てみましょう．たとえば $cd=0.1$, $rd=0.01$ とすると，(2-3) 式は，

$$M = \frac{1+0.1}{0.1+0.01} H = 10H$$

となります．すなわちこの例では供給したハイパワードマネーの10倍ものマネーサプライが生まれることになります．この H の係数 $\dfrac{1+cd}{cd+rd}$（数値例では10）を**貨幣乗数**，または**通貨乗数**（いずれも **money multiplier**）と言います．大きい（小さい）値の貨幣乗数はハイパワードマネーがマネーサプライを生み出す効果が大きい（小さい）ことを意味しています．

　最後にもう一度，図2-1を見てみましょう．図中の貨幣が統計上何を意味するかがわかるようになったと思います．それは現金と預金の合計です．そして，中央銀行はそのすべてを供給するのではないことも理解できるでしょう．中央銀行が供給するのはハイパワードマネーです．それをもとに預金を創出していくのは市中銀行です．したがって，正確に言うと，貨幣を供給するのは中央銀行と市中銀行という広い意味での銀行部門ということになります．ただし，図2-1のような理論的説明では，中央銀行が貨幣を供給する，というような簡略化された表現が用いられることもあります．

3 ｜ 日本のマネーサプライ

　マネーサプライとは現金と預金の合計額であると上では簡単に述べましたが，現実のマネーサプライの計測においてはさらに細かい定義を必要とします．日本の場合，貨幣に関連するデータは，日本銀行によって**マネーストック統計**の形で作成されています．マネーストック統計はその前身であるマネーサプライ統計の内容を変更したもので，2008年6月から公表が開始されています．そのなかで，マネーサプライという名称はマネーストックに変更され，4種類のマネーストックの指標が次のように定義されています．

(1)　M1　　　　　　＝現金通貨＋預金通貨
(2)　M2　　　　　　＝現金通貨＋預金通貨＋準通貨＋CD
(3)　M3　　　　　　＝現金通貨＋預金通貨＋準通貨＋CD
(4)　広義流動性　　＝M3＋投資信託・国債等

現金通貨はすべての指標に共通です．預金通貨は当座預金や普通預金などの

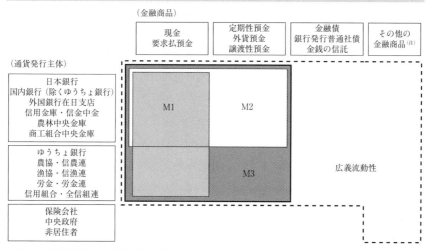

図2-3　マネーストックの4つの定義（M1, M2, M3, 広義流動性）

（注）　金融機関発行CP, 投資信託（公募・私募）, 国債, 外債.
（出所）　日本銀行調査統計局『マネーストック統計の解説』2014年8月.

要求払預金，準通貨は定期預金にほぼ相当し，CD（certificate of deposit）は譲渡性預金（譲渡可能な定期預金）のことです．M2とM3はまったく同じに見えますが，図2-3に示されているように，通貨発行主体が異なります．M3の通貨発行主体にはM2の通貨発行主体に加えて，2007年10月の郵政民営化により誕生したゆうちょ銀行なども含まれています．上の4つのうちのどの定義によるかでマネーストックの値が変わるわけですが，現在ではM3がマネーストックの代表的指標とされています．

　図2-4は，これまでに説明したさまざまな種類の貨幣の2003年以降の動きをグラフに描いたものです．現金通貨と準備預金の合計であるハイパワードマネーが中央銀行の供給する貨幣であることはすでに説明しましたが，日本では，準備預金を含め金融機関が日本銀行に保有している当座預金を日本銀行当座預金（略して日銀当座預金）と呼び，ハイパワードマネーを「マネタリーベース＝現金通貨発行高＋日銀当座預金」のように少し広く定義しています．日本銀行が供給するマネタリーベースは2003年には101兆円でしたが，2013年からアベノミクスの下で急激に増加して2022年には653兆円にもなりました．マネタ

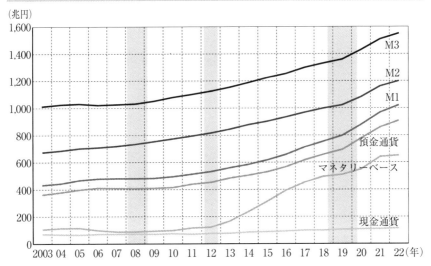

図2-4　さまざまな貨幣の動き（2003〜2022年）

（兆円）

（注）　シャドー部分は景気後退期．図の現金通貨と預金通貨の合計は M1 になる．
（出所）　日本銀行 HP より作成．

リーベースの動きに合わせてほかのマネーストックも増加しています．たとえ
ば，マネーストックの代表的指標である M3 は2003年には1014兆円でしたが，
2022年には1556兆円となり542兆円増えています．

　現金通貨も2003年の67兆円から2022年の114兆円へと大幅に増加しています．
ただしここで，図からも見てとれる重要な点が2つあります．まず，直観的に
現金通貨は貨幣の代表であるかのように思われますが，現在の貨幣を代表する
M3に占める割合は非常に小さいということです．次に，2013年以降マネタリ
ーベースと現金通貨の差が大きく開いています．この差の拡大は，日銀当座預
金の大半を占める準備預金の急増によるものです．（演習問題5参照．）

4 ┃ マクロ経済のモデル分析

　マクロ経済学では，マクロ経済を短期，中期，長期に分類し，各々を *IS-*

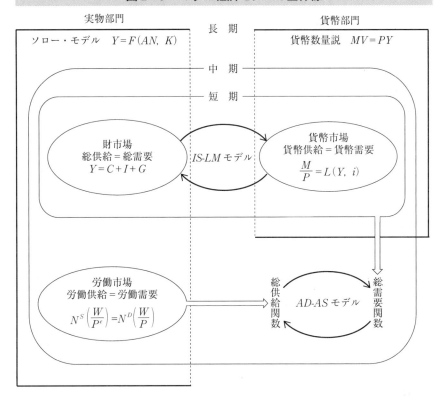

図2-5　マクロ経済モデルの全体像

実物部門　　　　　　　　　　　長　期　　　　　　貨幣部門

ソロー・モデル　$Y=F(AN, K)$　　　　　　　　貨幣数量説　$MV=PY$

中　期

短　期

財市場
総供給＝総需要
$Y=C+I+G$

$IS\text{-}LM$ モデル

貨幣市場
貨幣供給＝貨幣需要
$\dfrac{M}{P}=L(Y, i)$

労働市場
労働供給＝労働需要
$N^S\left(\dfrac{W}{P^e}\right)=N^D\left(\dfrac{W}{P}\right)$

総供給関数

$AD\text{-}AS$ モデル

総需要関数

LM モデル，$AD\text{-}AS$ モデル，ソロー・モデルを用いて分析します．序章では，図序－2を用いてそれら3つのモデルを直観的に説明しました．次章からいよいよそれらのモデルに基づくマクロ経済の詳細な理論分析が始まりますが，本書を順に読み進めていくことで，最終的にマクロ経済学の理論体系を理解することができます．

　ところで，前章で財市場の均衡式を導き，本章では貨幣市場における貨幣供給について学びました．じつは，マクロ経済学で分析対象になる市場は，財市場，貨幣市場に加えて労働市場の3つです．そこで，これまでに得た知識も利用しながら，3つの市場を明示してマクロ経済モデルの全体像を描いたものが図2－5です．まだ説明していない内容も含んでいますが，次章に進む前にこ

の図の見方を知っておくと今後の理解が容易になるはずです．その意味すると
ころは次のとおりです．

　まず一番内側の短期の部分を見てください．短期のマクロ経済を扱うのは
IS-LM モデルです．*IS-LM* モデルは財市場と貨幣市場の相互作用と両市場の
同時均衡を分析します．前章で学んだように，財市場の均衡とは総供給と総需
要が一致することであり，数式では $Y = C + I + G$ と表すことができます．貨
幣市場の均衡は貨幣供給と貨幣需要が一致することですが，数式では
$\frac{M}{P} = L(Y, i)$ となります．左辺が実質貨幣供給，右辺が実質貨幣需要であり，
実質貨幣需要は国民所得 Y と利子率 i の関数になります．以上が第 II 部で学
ぶ内容の要点です．

　次に中期の部分を見てください．中期の部分はそのなかに短期の部分を含み
さらに労働市場が追加されています．これでマクロ経済学の 3 つの市場がそろ
いました．中期のマクロ経済モデルは右下にある *AD-AS* モデルです．このモ
デルは *AD*（総需要）と *AS*（総供給）の 2 つの部分からなっています．図に
示されたように，前者は短期の *IS-LM* モデルの均衡を表す総需要関数，後者
は労働市場の均衡の分析から導かれる総供給関数のことです．労働市場の均衡
は労働供給と労働需要が一致することですが，それを表す数式は $N^s\left(\frac{W}{P^e}\right) =$
$N^D\left(\frac{W}{P}\right)$ です．左辺が労働供給，右辺が労働需要であり，W は名目賃金率で
す．どちらも実質賃金率の関数ですが，左辺の価格が現実の値 P ではなくそ
の予想値 P^e になっているところが特徴的です．以上の 2 つの関数から構成さ
れる *AD-AS* モデルによる中期の分析が第 III 部の内容になります．

　最後に長期の部分を見てみましょう．それは 2 つに分かれています．左側は
財市場と労働市場を含み，実物部門と呼ばれます．右側は貨幣市場ですが，実
物部門に対して貨幣部門と呼ばれます．長期の分析では常に労働市場の完全雇
用が仮定され，貨幣供給量は雇用量や産出量に影響を与えません．図で長期の
部分が 2 つに分かれているのはそのことを意味しています．実物部門は生産関
数 $Y = F(AN, K)$ で記述されます．N, K, A は各々労働量，資本ストック，

技術水準を表し，それらが Y という産出量を生み出します．この生産関数を基礎にして経済成長を分析するのがソロー・モデルです．他方，貨幣部門は V を正の定数として $MV=PY$ という数式で表される貨幣数量説によって分析されます．以上が第IV部のおおまかな内容になります．

図2-5は最初は若干見にくいかもしれませんが，これから学ぶ3つのマクロ経済モデルの関係を1つにまとめているので，今後自分がマクロ経済学のどこにいるか迷ったときにはこの図に戻ってください．

5 内生変数と外生変数

マクロ経済モデルの全体像が見えたところで，次章から行うモデル分析に不可欠の知識である内生変数と外生変数について簡単に説明します．ただし，その説明は経済モデル一般について当てはまるものです．

通常，経済モデルは最終的に1本の方程式，たとえば x に関する方程式

$$ax=A \tag{2-4}$$

あるいは2本以上の方程式からなる連立方程式，たとえば x と y の連立方程式

$$ax+by=A \tag{2-5}$$
$$cx+dy=B \tag{2-6}$$

という数学的表現で記述されます．したがって，経済学では「モデル」と「方程式」はほとんど同じ意味で用いられます．

内生変数（**endogenous variable**）はそのような方程式（あるいはモデル）を解くことによってその値が決定する変数です．方程式 (2-4) の x，連立方程式 (2-5)，(2-6) の x と y が内生変数です．方程式（あるいはモデル）を解いて得られた結果を方程式（あるいはモデル）の解，あるいは均衡解と言います．経済モデルでは，経済学的に重要と見なされる対象が内生変数に選ばれます．内生変数は未知数と言うこともあります．一般に，モデルを構成する方程式の数と内生変数（未知数）の数は同じです．

図2-5をもう一度見てみましょう．第Ⅱ部で見るように *IS-LM* モデルは2本の方程式からなる連立方程式であり，国民所得 Y と利子率 i はその連立方程式（あるいは *IS-LM* モデル）を解いて初めてその値がわかるので，内生変数です．このような場合，国民所得と利子率はモデルのなかで内生的に決定される，と言います．第Ⅲ部の *AD-AS* モデルも2本の方程式からなる連立方程式であり，この場合は国民所得 Y と価格 P が内生変数です．第Ⅳ部のソロー・モデルは最終的に（2-4）式の形になり，資本ストック K が内生変数です．

　外生変数（**exogenous variable**）は，モデルを構成する，内生変数以外の変数です．方程式（2-4）の a と A，連立方程式（2-5），（2-6）の a, b, c, d, A, B が外生変数です．それらの変数は，外生的に決定されている，と言います．ただし，外生「変数」と言っても，変化する数の場合と，固定されている数の場合があります．前者は確かに変数です．たとえば，第Ⅳ部のソロー・モデルにおける，一定の率で増加する労働力人口 N がそれに当たります．

　後者は変数というより定数（constant）と呼んだほうが混乱がないかもしれません．同じ意味で，それは**所与**（**given**）である，と言うこともあります．ただしその場合でも，考察する状況が変わると同じ外生変数が別の値の定数として扱われることもあります．そのような，状況に応じて変化する（と考える）「定数」を**パラメーター**（**parameter**）と呼ぶこともあります．たとえば，マネーサプライ M は，中央銀行が独自にその値を決定あるいは変更するので，外生変数，あるいはパラメーターです．そして，中央銀行のような政策当局に関する外生変数の場合には，とくに**政策変数**（**policy variable**），あるいは政策パラメーターとも呼ばれます．政府支出 G についても同様です．

　一般に，経済モデルに基づく分析の要点は，モデル（あるいは方程式）を解くことにより，研究上重要と見なしている内生変数を外生変数の関数として表すことです．次章からのモデル分析においてもそのことを念頭に置き，考察しているモデルにおいてどれが内生変数でどれが外生変数かを明確に意識してください．

本章のまとめ

1 貨幣には，計算単位，支払い手段，価値貯蔵手段という 3 つの機能がある．

2 マネーサプライは貨幣乗数×ハイパワードマネーで決まる．

3 日本のマネーサプライの代表的指標は M3 というマネーストックである．

4 マクロ経済学は財市場，貨幣市場，労働市場の関係をモデルで分析する．

5 モデル分析の要点は内生変数を外生変数で表すことである．

演習問題

1 以下の空欄（ A ）～（ J ）に最も適切な語句を入れなさい.

(1) 貨幣の価値貯蔵手段という機能は（A　　　　）の価値を（B　　　　）
に持ち越す方法ということである.

(2)（C　　　　）的金融政策は公開（D　　　　　　）を通じてハイパワー
ドマネーを増やすことによって行われる.

(3) 日本では，日本銀行が供給する貨幣として現金通貨発行高と日銀
（E　　　　）の合計を（F　　　　　　）ベースと呼んでいる.

(4) マクロ経済学では，マクロ経済の短期を（G　　　　）モデル，中期を
（H　　　　）モデル，長期をソロー・モデルを用いて分析する.

(5) 政府（I　　）や租税のような政府に関する外生変数をとくに（J　　　）
変数と言い，モデル分析においては定数として扱う.

2 本文（52ページ）の「現金1」と「預金1」について以下の問いに答えな
さい.

(1)「現金1」をx（円），「預金1」をy（円）として，xとyの間に成り立
つ方程式を2つ作りなさい.

(2) (1)で得たxとyに関する連立方程式を解くことにより，$x = \dfrac{cd}{1+cd}H$,

$y = \dfrac{1}{1+cd}H$ となることを確認しなさい.

3 図2-2に示された準備預金の合計Rについて以下の問いに答えなさい.
現金の合計CCと預金の合計Dは本文の結果を用いること.

(1) 準備預金の合計Rを求めなさい.

(2) (1)で得たRがハイパワードマネーを定義する式$H = CC + R$を満たす
ことを確認しなさい.

(3) $\dfrac{CC}{D} = cd$, $\dfrac{R}{D} = rd$ が成立していることを示しなさい.

4 以下の表は，ハイパワードマネー H と現金・預金比率 cd が不変のままで，預金準備率 rd が変化したときの現金通貨 CC，銀行預金 D，準備預金 R，マネーサプライ M の反応を表している．空欄に，増加の場合は↑を，減少の場合は↓を，不変の場合は─を記入して表を完成させなさい．

rd	H	cd	CC	D	R	M
↑	─	─				
↓	─	─				

5 図2-4にならって日本の6種類の貨幣の動きを示す図を，日本銀行HP（「時系列統計データ検索サイト」）の最新のデータに基づき作成しなさい．

☕ Coffee Break

マクロ経済学は役に立つか？

　第Ⅰ部（第1章と第2章）ではマクロ経済学を学ぶための基礎知識を修得しました．第Ⅱ部からが本当のマクロ経済学になります．マクロ経済学はモデル分析がその中心になりますが，第2章では図2−5を用いて，第Ⅱ部から用いるマクロ経済モデルの全体像も要約しました．これで準備完了です．

　が，この段階で少し疑問に思っている人もいるのではないでしょうか．マクロ経済学は現実のマクロ経済を見る上で実際に役に立つのだろうか，と．それはもっともな疑問であり，ちょうど，大学での（若干抽象的な？）勉学がこれからの人生で本当に役に立つのだろうか，という疑問にも似ています．すなわち，答えは絶対的に肯定的なものであるはずですが，具体的にどのように役立つかは答える人によって少しずつ異なるかもしれません．

　幸い，1997年のアメリカ経済学会年次総会で，学派の異なる5人の著名なマクロ経済学者がそのような疑問に答えてくれています．正確に言えば，彼らは「すべての人が信じるべき実用的マクロ経済学の基本原理はあるか？」という問いに対する意見を述べているのですが，全員がその問いに非常に肯定的に答えています．学派の異なる5人が示した実際に役立つ基本原理は，もちろん，まったく同じものではありませんでした．しかし，意外にも，それらは「教科書的」でした．以下にそれらを経済学者ごとに要約しています．今はまだすべてはわからないと思いますが，この教科書を最後まで読み終えたとき，もう一度読んでみてください．それまでの学習が「実際に役に立っている」ことがわかるはずです．では，とりあえず，どうぞ．

ソロー（マサチューセッツ工科大学，CEA（大統領経済諮問委員会）委員経験者，1987年ノーベル経済学賞受賞者）

　①産出量の長期トレンドは，生産要素の供給や全要素生産性といった経済の供給側によって決まり，その分析はソロー・モデルなどがよ

い.

②産出量のトレンド回りの短期的変動は，総需要の不規則な変動といった需要側によって決まり，その分析は価格と賃金が市場を常に均衡させるほど伸縮的ではないとする *IS-LM* モデルなどがよい.

テイラー（J. B. Taylor）（スタンフォード大学，CEA 委員経験者）

①長期的には，労働生産性の上昇率は資本・労働比率の上昇率と技術進歩率によって決まる.

②長期的にはインフレ率と失業率のトレード・オフは存在しない. したがって，中央銀行がマネーサプライの増加率を高くすると長期的にはインフレ率だけが高くなり，失業率には影響がない.

③短期的にはインフレ率と失業率のトレード・オフが存在する.

④財政・金融政策の影響を評価する際には人々の期待を考慮しなくてはならない. そしてそのためには合理的期待仮説が最も便利である.

⑤財政・金融政策の評価は政策ルールの観点から行うべきである.

アイケンバウム（M. Eichenbaum）（ノースウェスタン大学，シカゴ連銀）

①長期的には金融政策は中立的である. すなわち長期フィリップス曲線は垂直である.

②持続的なインフレはいつでも貨幣的現象である.

③短期的には金融政策は中立的ではない.

④ほとんどのマクロ経済の変動は金融政策ショックが原因ではない.

ブラインダー（A. S. Blinder）（プリンストン大学，CEA 委員および FRB（連邦準備制度理事会）副議長経験者）

①短期的には物価と賃金はかなり粘着的であり，それらはフィリップス曲線に沿って変化する.

②短期的には産出量は総需要によって決定される.

③総需要は財政・金融政策に反応する.

④オークンの法則が成長率を失業率の変化に関係づける.

ブランシャール（O. Blanchard）（マサチューセッツ工科大学）

①短期的には経済活動の動きは総需要の動きによって決定される.

②時間の経過とともに経済は定常状態の成長経路に戻る傾向がある.

参考文献

Robert M. Solow, et al., "Is There a Core of Practical Macroeconomics That We Should All Believe?" *American Economic Review*, Vol. 87, 1997, pp. 230-246.

第 **II** 部

短期のマクロ経済学

ヒックス「ケインズ氏の『一般理論』は
不況の経済学である.」

（出所）John R. Hicks, "Mr. Keynes and the "Classics"; A Suggested Interpretation," *Econometrica*,
Vol. 5, 1937, p. 155.

IS 曲線

この章では財市場の均衡を表す *IS* 曲線を導出します．その基礎となるのは消費関数と投資関数です．まず 1 節で *IS-LM* モデルの概要を述べます．次に 2 節で消費関数を，3 節で投資関数を説明します．どちらの関数も一般形と具体例を用いることで理解を深めます．4 節ではその知識に基づいて *IS* 方程式を作り，*IS* 曲線を描きます．5 節では政府の拡張的財政政策が実施された場合の *IS* 曲線のシフトについて考察します．

1 *IS-LM* モデル

　第Ⅱ部（第 3 章〜第 6 章）では短期のマクロ経済学を学びます．そのうち第 3 章から第 5 章までは政府のある閉鎖経済を分析します．そのためのモデルが *IS-LM* モデルです．第 6 章では政府のある開放経済を分析します．そのためのモデルがマンデル=フレミング・モデルです．マンデル=フレミング・モデルは *IS-LM* モデルに海外部門を追加したものなので，まずは *IS-LM* モデルを正確に理解することが重要です．

　IS-LM モデルは 2 つの部分からなっています．1 つは財市場の均衡を表す *IS* 曲線（数式としては *IS* 方程式），もう 1 つは貨幣市場の均衡を表す *LM* 曲線（数式としては *LM* 方程式）です．*IS* 曲線の役割は財市場が均衡するときの国民所得を決定することです．それに対して *LM* 曲線の役割は貨幣市場が均衡するときの利子率を決定することです．そして，*IS-LM* モデルは財市場と貨幣市場が同時に均衡するときの国民所得と利子率を決定します．

　この章で *IS* 曲線，次の第 4 章で *LM* 曲線，そして第 5 章で *IS-LM* モデルを扱います．*IS-LM* モデルによる分析において最も重要な結論は，政府の財政政策あるいは中央銀行の金融政策には，経済の不況を解消して失業者を救済

する能力があるということです。この結論は IS-LM モデルを開放経済に拡張したマンデル＝フレミング・モデルでも部分的に成り立ちます。

それでは、財市場の均衡を表す IS 曲線（あるいは IS 方程式）の考察を始めましょう。この章では政府のある閉鎖経済における財市場の均衡を分析するので、第1章で詳しく説明した（1-33）式を利用します。それを改めて、

$$Y = C + I + G \tag{3-1}$$

と書くことにしましょう。Y, C, I, G が各々国民所得、消費需要、投資需要、政府支出を意味することを思い出してください。IS 曲線あるいは IS 方程式は、消費 C と投資 I を理論化することによって得られます。

2 消費関数

まず消費から見ていきましょう。一国の消費需要がどのように決まるかということを表現した数式を**消費関数**（**consumption function**）と言います。消費需要の最大の決定要因が国民所得であることについては合意が成立しています。しかし細かく言うと、家計の現在の（たとえば今年の）消費需要を決定するのが現在の（今年の）所得だと考えるか、それとも将来（来年以降）受け取るであろう所得をも合わせた生涯所得の平均的な値だと考えるかによって、マクロ経済学の消費理論は大きく2つに分かれます。どちらの考え方に従うかで消費関数の形も変わります。

後者の考え方に沿った消費理論には、フリードマンの**恒常所得仮説**とモディリアーニ（F. Modigliani）の**ライフサイクル仮説**があります。これらの理論に従うと、現在所得の変化は消費にほとんど影響を与えません。現在所得は生涯所得を構成する1つにすぎないからです。これらの理論的基礎については第11章3節で詳しく説明します。

前者の考え方に基づく消費理論として、ケインズの**絶対所得仮説**があります。すなわちそれは、経済全体の消費需要は現在の国民所得によって決定されるという理論です。IS-LM モデルで用いられる消費関数はこのケインズの理論に

基づいています．以下では，そのような消費関数を一般形と具体例によって説明します．

一般形

IS-LM モデルで用いられる消費関数の一般形は，

$$C=C(Y_D), \quad Y_D=Y-T, \quad 0<C'(Y_D)<1 \tag{3-2}$$

と書くことができます．Y_D は国民所得 Y から租税 T を差し引いた可処分所得であり，すでに (1-34) 式として導いたものです．(3-2) 式より現在の消費需要は現在の国民所得（より正確には可処分所得）だけに依存することがわかります．$C'(Y_D)$ は $C(Y_D)$ を Y_D で微分した結果であり，$C(Y_D)$ の Y_D に関する導関数と言います．$C'(Y_D)$ を $\dfrac{dC(Y_D)}{dY_D}$ と書いても同じことです．

ここで，**限界消費性向**を $C'(Y_D)$ と定義します．そうすると，限界消費性向とは可処分所得の増加分に対する消費需要の増加分の比率である，と言うことができます．よりわかりやすく，限界消費性向とは可処分所得が 1 単位増加したときの消費需要の増加分である，と言うこともあります．(3-2) 式の $0<C'(Y_D)<1$ という条件は，限界消費性向は 1 より小さい正の値である，ということを意味しています．このことをわかりやすく言うと，可処分所得が 1 単位増加すると消費も増加するが可処分所得ほどは増加しない，ということになります．

とくに $0<C'(Y_D)$ の部分に注目すると，その条件は，消費需要 C は可処分所得 Y_D の**増加関数**（**increasing function**）である，ということを意味しています．ここで増加関数は，Y_D の増加・減少にかかわらず C が Y_D と同じ方向に変化するという意味で用いられています．

限界消費性向に類似した概念として**平均消費性向**があります．平均消費性向は $\dfrac{C(Y_D)}{Y_D}$ と定義します．平均消費性向は可処分所得に対する消費の比率です．

図 3-1 には消費関数の一般形のグラフを右上がりの曲線で描いています．$C'(Y_D)$ はグラフの接線の傾きを表します．すなわち，限界消費性向の大きさ

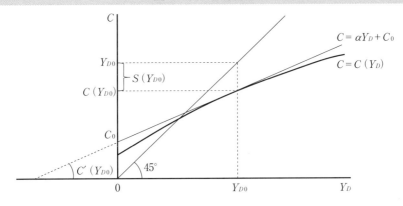

図 3-1　消費関数

は消費関数のグラフの接線の傾きで表されます．接線の傾きは Y_D の値ととも
に変わりますが，0 と 1 の間の値をとらなくてはなりません．図には，
$Y_D = Y_{D0}$ のときの接線を $C'(Y_{D0}) = \alpha$ として描いています．

　$Y_D = Y_{D0}$ のときの平均消費性向 $\dfrac{C(Y_{D0})}{Y_{D0}}$ の大きさも図を用いて知ることが

できます．すなわちそれは，原点からグラフ上の点 $(Y_{D0}, C(Y_{D0}))$ に延ばした
直線の傾きで表すことができます．

　消費関数と不可分の関係にあるのが**貯蓄関数**（**saving function**）です．
(1-15) 式より貯蓄 S の定義は $S = Y_D - C$ なので，(3-2) 式を代入することに
より，貯蓄関数の一般形は，

$$S = S(Y_D), \quad 0 < S'(Y_D) < 1 \tag{3-3}$$

と書くことができます．すなわち貯蓄も可処分所得の増加関数です．消費関数
と同様に，**限界貯蓄性向**を $S'(Y_D)$ と定義します．限界貯蓄性向が常に 1 より
小さい正の値をとるという条件は，可処分所得が 1 単位増加（減少）すると貯
蓄も増加（減少）するが可処分所得ほどは増加（減少）しない，ということを

意味しています．また，**平均貯蓄性向**は $\dfrac{S(Y_D)}{Y_D}$ と定義されます．（演習問題 1

参照．）

具体例

消費関数の具体例として，図3-1に実線で描かれた接線（直線）の方程式

$$C = \alpha Y_D + C_0$$
$$= \alpha(Y - T) + C_0, \quad 0 < \alpha < 1, \quad C_0 > 0 \tag{3-4}$$

を利用することにしましょう．この消費関数では限界消費性向は可処分所得の値にかかわらず常に正の定数 α です．切片の正の定数 C_0 は $Y_D = 0$ のときの消費水準で，基礎消費と呼ばれます．（演習問題2参照．）

貯蓄関数の具体例は，(3-4) 式を貯蓄の定義 $S = Y_D - C$ に代入することにより，

$$S = (1 - \alpha)(Y - T) - C_0 \tag{3-5}$$

となります．この貯蓄関数では限界貯蓄性向は常に $1 - \alpha$ になります．(3-3) 式の条件 $0 < S'(Y_D) < 1$ に対応して，(3-5) 式の場合には $0 < 1 - \alpha < 1$ となっていることを確認しましょう．

3 投資関数

次に投資について説明しましょう．一国の投資需要がどのように決まるかということを表現した数式を**投資関数**（**investment function**）と言います．投資需要が何によって決定されるかについてはいくつかの考え方がありますが，古くから利子率は投資需要の重要な決定要因であると考えられてきました．*IS-LM* モデルで用いられる投資関数も利子率の関数です．以下では一般形と具体例でそのような投資関数を説明します．さらにその理論的根拠も示します．

一般形

IS-LM モデルで用いられる投資関数の一般形は，

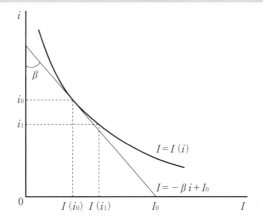

図 3 - 2　投資関数

$$I = I(i), \quad I'(i) < 0 \tag{3-6}$$

と書くことができます．利子率 i は小数で表されています．たとえば利子率が
5 ％のときは $i=0.05$ となります．逆に i を％表示するためには100を乗じて
$100i$ ％のようにします．(3-6) 式より投資需要 I は利子率 i だけに依存してい

ることがわかります．$I'(i)$ は $I(i)$ の利子率 i に関する導関数であり，$\dfrac{dI(i)}{di}$ と

書いても同じことです．$I'(i) < 0$ という条件は，投資需要 I が利子率 i の**減少
関数**（**decreasing function**）であることを示しています．ここで減少関数は，
i の上昇・低下にかかわらず I が i と反対の方向に変化するという意味で用い
られています．すなわち，利子率が上昇（低下）すると投資は減少（増加）し
ます．

　図 3 - 2 には，投資関数の一般形のグラフを右下がりの曲線で描いています．
ただしマクロ経済学の慣例に従い横軸が投資需要，縦軸が利子率になっている
ことに注意してください．図では利子率が i_0 と i_1 のときの投資需要が各々
$I(i_0)$ と $I(i_1)$ で表されています．$i_0 > i_1$ なので $I(i_0) < I(i_1)$ となっています．

具体例

図3-2では一般形（3-6）のグラフ上の点 $(I(i_0), i_0)$ における接線

$$I = -\beta i + I_0, \quad \beta > 0, \quad I_0 > 0 \tag{3-7}$$

を描いています．ここで $I'(i_0) = -\beta$ であり，β と I_0 は正の定数です．この直線の方程式を投資関数の具体例として利用することにしましょう．投資需要は利子率の減少関数になっています．たとえば，利子率 i が0.01だけ上昇（低下）すると投資需要 I は 0.01β 単位だけ減少（増加）します．（演習問題3参照．）

投資理論

では，なぜ投資需要は利子率の減少関数になるのでしょうか．それは，投資需要は投資の限界効率と利子率が一致するところで決まる，という理論があるからです．以下ではこの理論をできるだけ単純な状況を設定して説明します．

まず時間を導入します．現実の時間はたとえば西暦2000年，2001年，2002年，… というように進んでいきますが，そのような時間の流れを0期，1期，2期，… というように一般的に呼びましょう．そして，0期を現在（あるいは今期）とすると，1期以降は将来ということになります．投資需要とは，企業が0期にどれだけの投資財を生産しようとするか（あるいはどれだけの投資財を購入しようとするか）という計画を意味します．

企業は投資需要を決定するために，今期生産する（あるいは購入する）投資財が次期以降どれだけの収益を生み出すかを予想します．そのための判断基準の1つが**投資の限界効率**（**marginal efficiency of investment**）です．投資の限界効率とは，投資財の1期当たりの予想収益率（expected rate of return on investment）のことです．図3-3には，0期において1期から10期までの将来を見通して投資計画を立てる一企業に関して，投資財とその限界効率の関係を描いています．

この企業は，0期においてレストランの出店を計画しています．企業はまず駅前の一等地への出店が最も儲かるであろうと予想します．レストラン1軒が

図3-3　投資の限界効率

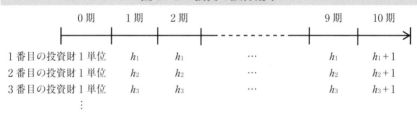

投資財1単位に相当し，そこから毎期得られると予想する収益がh_1単位です．最後の10期ではレストラン自体の価値1単位が回収されるので企業は合計でh_1+1単位の価値を獲得します．この例ではh_1は1単位の投資財に対する収益の実質値を表しているので，小数点表示の予想収益率$\left(=\dfrac{h_1}{1}\right)$すなわち投資の限界効率も表しています．

　次に企業は，駅から少し離れた場所への2軒目の出店が2番目に儲かるであろうと予想します．2番目のレストランを出店したときの予想平均収益がh_2であり，また2番目の投資の限界効率でもあります．駅からさらに離れた場所への3軒目の出店からは3番目に大きな投資の限界効率h_3がもたらされると予想されます．このような順序で企業は4番目，5番目，6番目，…と投資の限界効率を予想します．したがって，$h_1>h_2>h_3>h_4>h_5>h_6>\cdots$と書くことができます．

　しかし，投資の限界効率だけで投資決定はできません．企業は投資財1単位を購入するために0期にP円の借り入れを行います．そして，それに対して次期以降，毎期返済を行わなくてはなりません．借り入れた元金に対する毎期の返済額の比率が利子率であり，これはすでに投資関数（3-6）と（3-7）の説明で用いたiのことです．そうすると，企業はレストラン1軒（投資財1単位）を出店するごとにP円の借り入れを行い，毎期iP円の名目利子を負担することになります．投資財の単位と同じにするために，この名目利子をP円で割るとiになります．すなわち企業は投資財1単位につき毎期i単位の利子を支払わなくてはなりません．このような状況において，企業は投資の限界効率が利子率を上回るかぎり借り入れを行い投資を行うことが有利になります．

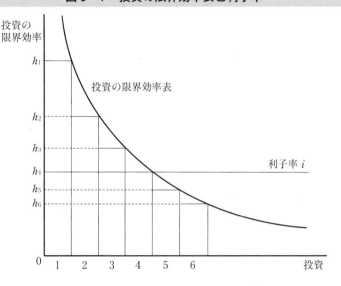

図3-4　投資の限界効率表と利子率

そして前者が後者と一致するところで出店するレストランの総数すなわち投資需要が決定します。

　図3-4はそのような投資決定の一例を描いています。横軸は購入される投資財であり，1，2，3，…は図3-3の「1番目の投資財」，「2番目の投資財」，「3番目の投資財」，…に対応します。縦軸は投資の限界効率であり，h_1, h_2, h_3, …も図3-3の各投資の限界効率に対応しています。この投資財とその投資の限界効率の関係を投資需要表，または**投資の限界効率表（schedule of the marginal efficiency of investment）**と言い，図では右下がりの曲線として描かれています。これまでの説明では投資の限界効率は投資財1単位ごとに計算されましたが，投資財のさらに細かい単位で投資の限界効率を計算していくと図のような曲線に近づいていきます。投資の限界効率は，投資の内部収益率と言うこともあります。

　図では$h_4 = i$となっています。すなわち4番目の投資の限界効率が利子率と一致しています。この場合は，企業にとって1番目から4番目の投資を行うことが有利です。言い換えると，$h_4 = i$のときには投資需要は4単位です。もし

利子率が上昇（低下）するとどうなるでしょうか．図からわかるように，投資需要は利子率の水平線と投資の限界効率表の曲線の交点で決まります．利子率が上昇（低下）して水平線が上方（下方）シフトすると，交点は曲線に沿って左上（右下）に移動します．それに応じて投資需要は減少（増加）します．すなわち投資需要は利子率の減少関数になります．

　以上では一企業について投資需要がどのように決まるかを説明しましたが，同様の原理により経済全体でも投資需要は利子率の減少関数になります．したがって，経済全体の投資関数（3-6）と（3-7）を利子率の減少関数として書くことが正当化されるのです．

4 ｜ 財市場の均衡

　消費関数と投資関数を用いると，財市場が均衡するときの国民所得すなわち**均衡国民所得（equilibrium national income）**を決定することができます．以下では利子率が与えられたときにどのような均衡国民所得が成立するかを分析します．利子率がどのように決定されるかは第4章で詳しく説明します．

▌一般形

　まず一般形で考えてみましょう．消費関数の一般形（3-2）と投資関数の一般形（3-6）を財市場の均衡式（3-1）に代入すると，

$$
\begin{aligned}
Y &= C(Y_D) + I(i) + G \\
&= C(Y-T) + I(i) + G
\end{aligned}
\tag{3-8}
$$

となります．（3-8）式が *IS-LM* モデルの半分を構成する *IS* 方程式です．*IS* 方程式は，利子率 i を所与としたときに均衡国民所得 Y がどのように決まるかを表しています．ただし一般形では Y について具体的に解くことができません．

　第5章の *IS-LM* 分析は，横軸に Y，縦軸に i をとった Yi 平面で行われます．したがって，*IS* 方程式のグラフすなわち **IS 曲線（IS curve）** が Yi 平面でど

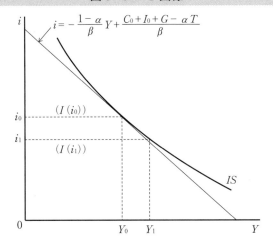

図3-5　IS曲線

$$i = -\frac{1-\alpha}{\beta}Y + \frac{C_0 + I_0 + G - \alpha T}{\beta}$$

のような形状になるかを知ることがとりあえず重要です．そこで，IS曲線の傾きを調べてみましょう．数学付録（A-5）と（A-8）を用いると，その傾きは，

$$\frac{di}{dY} = \frac{1 - C'(Y_D)}{I'(i)} < 0 \tag{3-9}$$

となることがわかります．$0 < C'(Y_D) < 1$ かつ $I'(i) < 0$ なので，（3-9）式の値は負です．この結果は，一般形から導出したIS曲線（3-8）は Yi 平面で必ず右下がりになることを意味します．図3-5にはそのようなIS曲線を右下がりの曲線で描いています．（演習問題5参照.）

　IS曲線がなぜ右下がりになるかを経済学的に考えてみましょう．（3-8）式を I と Y の2変数関数と見なして数学付録（A-5）と（A-9）を適用すると，投資の増加分 dI に対する均衡国民所得の増加分 dY は，

$$dY = \frac{1}{1 - C'(Y_D)}dI \tag{3-10}$$

と書くことができます. (3-10) 式の dI の係数 $\dfrac{1}{1-C'(Y_D)}$ を**投資乗数**(**in-vestment multiplier**)と言います. 投資乗数は投資の1単位の増加に対して均衡国民所得が何単位増えるかを意味しています. $0<C'(Y_D)<1$ なので,投資乗数は1より大きい値をとります. すなわち,(3-10) 式は投資の増加に対してそれを超える均衡国民所得の増加が生じることを示しています.(演習問題5参照.)

もう一度図3-5を見てみましょう. 図には利子率が i_0 から i_1 に低下したときの均衡国民所得の Y_0 から Y_1 への変化が描かれています. $i_0>i_1$ なので,利子率の減少関数である投資は $I(i_0)<I(i_1)$ のように増加します. そしてこの投資の増加分 $dI(=I(i_1)-I(i_0))$ の投資乗数倍が均衡国民所得の増加分 $dY(=Y_1-Y_0)$ になります. このように利子率とそれに対応する均衡国民所得が反対の方向に変化するので IS 曲線は右下がりになるのです.

具体例

消費関数の具体例 (3-4) と投資関数の具体例 (3-7) を財市場の均衡式 (3-1) に代入すると,

$$Y=\alpha Y_D+C_0-\beta i+I_0+G$$
$$=\alpha(Y-T)+C_0-\beta i+I_0+G \tag{3-11}$$

となります. (3-11) 式は IS 方程式の具体例です. それを i について解くと,

$$i=-\frac{1-\alpha}{\beta}Y+\frac{C_0+I_0+G-\alpha T}{\beta} \tag{3-12}$$

となります. (3-12) 式より,Yi 平面において IS 曲線 (3-11) の傾きは $-\dfrac{1-\alpha}{\beta}$ であり,$0<\alpha<1$ かつ $\beta>0$ なのでその値は負になります. すなわちそれは右下がりの直線であることがわかります. 図3-5にはそのような IS 曲線のグラフも描いています.

IS-LM 分析の観点からは,(3-11) 式を Y について解くほうが有益です.

実際に Y について解くと均衡国民所得は次のように表されます.

$$Y = \frac{1}{1-\alpha}(-\beta i + I_0) + \frac{1}{1-\alpha}G + \frac{1}{1-\alpha}C_0 - \frac{\alpha}{1-\alpha}T$$

$$= \frac{1}{1-\alpha}I + \frac{1}{1-\alpha}G + \frac{1}{1-\alpha}C_0 - \frac{\alpha}{1-\alpha}T$$

$$= \left\{ \alpha \left[\left(\frac{1}{1-\alpha}I + \frac{1}{1-\alpha}G + \frac{1}{1-\alpha}C_0 - \frac{\alpha}{1-\alpha}T \right) - T \right] + C_0 \right\} + I + G \tag{3-13}$$

(3-13) 式の1行目から2行目では投資関数 (3-7) の方程式 $I = -\beta i + I_0$ を用いています. 2行目は,利子率 i が与えられたとき,均衡国民所得が投資 I,政府支出 G,基礎消費 C_0,租税 T によって決定されることを表しています.

投資 I の係数 $\frac{1}{1-\alpha}$ は投資乗数です. すなわち,投資が1単位増加すると均衡国民所得が $\frac{1}{1-\alpha}$ 単位増加することがわかります. 一般形の場合の (3-10) 式との関係を確認してください.

$0 < \alpha < 1$ なので,一般形の場合と同様に,投資乗数は1より大きい値をとります. 投資の増加は1単位だけにもかかわらず,均衡国民所得がそれを超えて増加するのはなぜでしょうか. 財市場の均衡式 (3-1) を見てみましょう. そうすると,Y の変化は右辺の3つの総需要項目の変化と関係しています. いまの場合,投資は1単位だけ増加しますが,政府支出 G は一定なので,消費 C が増加したことになります. (3-13) 式の3行目からそのことが正確にわかります.

3行目の { } のなかは財市場が均衡しているときの消費需要です. なぜなら,それは消費関数 (3-4) の Y に2行目の均衡国民所得を代入した形になっているからです. 投資が dI だけ増加したとしましょう. そうすると,3行目から消費の増加分が,$dC = \frac{\alpha}{1-\alpha}dI$ となることがわかります. 均衡国民所得の増加分 dY は消費の増加分と投資の増加分を足したものなので,

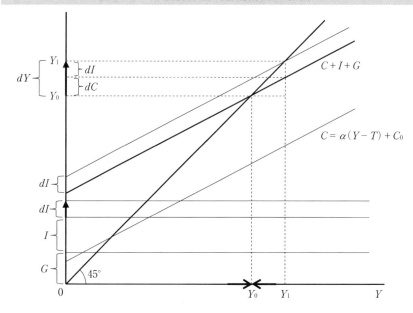

図 3 - 6　45度線分析（有効需要の原理）

$$dY = dC + dI = \frac{\alpha}{1-\alpha} dI + dI = \frac{1}{1-\alpha} dI \qquad (3\text{-}14)$$

となります．最後の辺の dI の係数は投資乗数にほかなりません．以上より，投資の増加は財市場が均衡するように国民所得を投資乗数倍だけ増加させる，という結論が得られます．

　(3-14) 式は図 3 - 6 の45度線分析と呼ばれる方法によっても理解することができます．図では横軸に国民所得をとっています．縦軸で測られる総需要 $C+I+G$ は，消費 C だけが Y の増加関数なので，傾きが α の直線になります．その直線と45度線の交点の座標が均衡国民所得 Y_0 です．第 1 章で見たように $Q=Y$ なので，45度線は国民所得とともに総供給をも表しています．そうすると，図で Y_0 よりも左側（右側）の領域 $Y < Y_0$ $(Y_0 < Y)$ では総需要が総供給を上回って（下回って）います．すなわち財市場は超過需要（超過供給）の状態にあります．したがって，もし経済が Y_0 よりも左側（右側）の領

域にあるとすると，企業は産出量を増やす（減らす）ので，横軸上の太い矢印が示すように，国民所得は Y_0 に近づいていきます．

さて，経済が $Y = Y_0$ であるときに，投資 I が dI だけ増加して $I + dI$ になると，総需要を表す直線は dI だけ上方にシフトします．その新しい直線と45度線との交点の座標 Y_1 が新しい均衡国民所得になります．そして，均衡国民所得の増加 $dY (= Y_1 - Y_0)$ が国民所得の増加関数である消費の増加 dC を引き起こし，$Y = Y_1$ において再び財市場が均衡していることを確認できます．

以上の考察から，国民所得および総供給を決定するのは消費，投資，政府支出からなる総需要である，という**有効需要の原理**が成立することが示されました．**有効需要**（**effective demand**）とは財市場が均衡するときの総需要のことであり，有効需要の原理はケインズの『一般理論』において短期のマクロ経済を分析するために提唱された理論です．（演習問題4参照．）

5 拡張的財政政策の効果

拡張的財政政策とは，政府が政府支出を増やすかまたは減税を行う政策のことです．政策変数である G と T を用いると，前者は $dG > 0$，後者は $dT < 0$ と表すことができます．この節では拡張的財政政策によって均衡国民所得，そして IS 曲線がどのような影響を受けるかを調べてみましょう．

一般形

均衡国民所得に対する拡張的財政政策の効果を調べるために，IS 方程式の一般形（3-8）に数学付録（A-5）と（A-9）を適用すると，

$$dY = \frac{1}{1 - C'(Y_D)} dG \tag{3-15}$$

$$dY = -\frac{C'(Y_D)}{1 - C'(Y_D)} dT \tag{3-16}$$

となります．（演習問題5参照．）

（3-15）式の dG の係数 $\dfrac{1}{1-C'(Y_D)}$ を**政府支出乗数**（**government expenditure multiplier**）と言います．政府支出乗数は政府支出の 1 単位の増加に対して均衡国民所得が何単位増加するかを意味しています．$0<C'(Y_D)<1$ なので，政府支出乗数は 1 より大きい値をとります．すなわち，（3-15）式は政府支出の増加に対してそれを超える均衡国民所得の増加が生じることを表しています．政府支出乗数の（3-15）式と投資乗数の（3-10）式を比べてみましょう．そうすると，政府支出乗数は投資乗数と同じであることがわかります．すなわち，投資が 1 単位増加しても，政府支出が 1 単位増加しても，均衡国民所得に与える影響の大きさは同じです．

（3-16）式の dT の係数 $-\dfrac{C'(Y_D)}{1-C'(Y_D)}$ を**租税乗数**（**tax multiplier**）と言います．$0<C'(Y_D)<1$ なので租税乗数は負の値をとります．すなわち，減税（$dT<0$）により均衡国民所得は増加します．租税乗数の絶対値 $\dfrac{C'(Y_D)}{1-C'(Y_D)}$ は 1 単位の減税（$dT=-1$）に対して均衡国民所得が何単位増加するかを意味しています．租税乗数の絶対値が 1 より大きいかどうかは限界消費性向の値に依存します．しかし $0<C'(Y_D)<1$ なのでそれが政府支出乗数より小さいことは明らかです．すなわち，均衡国民所得を増加させる政府の財政政策としては，減税よりも政府支出の増加のほうがその効果が大きいと言えます．

（3-15）式の導出においては G と Y 以外はすべて定数と見なしていることに注意してください．同様に（3-16）式の導出では T と Y 以外はすべて定数と見なしています．このことは，拡張的財政政策によって IS 曲線（3-8）が右方にシフトすることを意味します．このことをもう少し詳しく説明しましょう．

図 3-7 には政府支出が増加したときの IS 曲線のシフトを描いています．政府支出が増加する前の IS 曲線は IS_0 で表しています．そして，IS_0 上で利子率 i が i_0 と i_1 のときの均衡国民所得を各々 Y_0 と Y_1 としています．ここで，$i=i_0$ としたままで，政府支出が dG だけ増加すると，均衡国民所得は dG の政府支出乗数倍だけ増加します．新しい均衡国民所得を Y_2 として，（3-15）式を利用すると，この変化は，

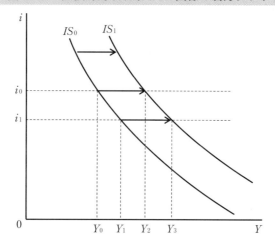

図3-7　拡張的財政政策と *IS* 曲線の右方シフト

$$dY = Y_2 - Y_0 = \frac{1}{1 - C'(Y_0 - T)}dG$$

と書くことができます。図でこの変化は，水平線 $i = i_0$ 上の点 (Y_0, i_0) から点 (Y_2, i_0) に向かう，右向きの矢印で示しています。

　$i = i_1$ の状態で政府支出が dG だけ増加した場合も同様に考えることができます。新しい均衡国民所得を Y_3 とすると，図でこの変化は水平線 $i = i_1$ 上の点 (Y_1, i_1) から点 (Y_3, i_1) に向かう，右向きの矢印で表されます。

　以上からわかるように，利子率のどの水準においても政府支出増加後の均衡国民所得はもとの *IS* 曲線の右側にあります。したがって，そのような点を結んで得られる新しい *IS* 曲線は，もとの *IS* 曲線 IS_0 が右方にシフトした位置にあります。図ではそれを IS_1 で表しています。要するに，政府支出の増加は *IS* 曲線を右方シフトさせるのです。減税の場合も同様に考えると，*IS* 曲線が右方にシフトすることがわかります。ただし，上述したとおり，シフトの程度は政府支出の場合より小さくなります。

具体例

IS 方程式の具体例（3-11）から導かれた，均衡国民所得を表す（3-13）式の1行目を以下のように書き換えてみます．

$$Y = -\frac{\beta}{1-\alpha}i + \frac{C_0 + I_0 + G - \alpha T}{1-\alpha} \tag{3-17}$$

（3-17）式が（3-12）式と同じ IS 方程式であることは言うまでもありません．（3-17）式より，拡張的財政政策が均衡国民所得に与える効果が，

$$dY = \frac{1}{1-\alpha}dG \tag{3-18}$$

$$dY = -\frac{\alpha}{1-\alpha}dT \tag{3-19}$$

と書けることはすぐにわかります．（3-18）式と（3-19）式が各々一般形の（3-15）式と（3-16）式に対応していることは明らかです．そして，（3-18）式の $\frac{1}{1-\alpha}$ が政府支出乗数，（3-19）式の $-\frac{\alpha}{1-\alpha}$ が租税乗数になります．

$0 < \alpha < 1$ なので，政府支出乗数は1より大きい値をとります．政府支出の増加分を超えて均衡国民所得が増加する理由は，（3-14）式あるいは図3-6において dI を dG に置き換えることによって同じように理解することができます．

租税乗数も図3-6を利用して理解することができますが，少し読み替えが必要です．投資乗数や政府支出乗数の場合は，総需要 $C+I+G$ を表す直線は dI あるいは dG だけ上方にシフトしました．租税乗数の場合，上方シフトの大きさは減税分 $-dT(>0)$ そのものではなく $-\alpha \cdot dT$ です．なぜなら，$-dT$ だけの減税に対して消費（3-4）の増加分は $-dT$ より小さい $-\alpha \cdot dT$ だからです．そこで，図3-6の総需要 $C+I+G$ の上方シフトを表す縦軸の dI を $-\alpha \cdot dT$ に置き換えてみてください（このとき投資 I は不変であることに注意）．そうすると，このときの均衡国民所得の増加はその投資乗数倍になるはずであり，実際（3-19）式はそうなることを示しています．なお，減税の場合

の均衡国民所得の増加分は消費の増加分と一致することを確認してください.

(3-17) 式のグラフは,すでに図3-5に描いた (3-12) 式の直線のグラフと同じです.拡張的財政政策の実施により (3-17) 式は定数項の値だけが増加します.したがって,そのグラフは傾きが不変のまま右方にシフトします.

本章のまとめ

1 消費需要は国民所得(より正確には可処分所得)の増加関数である.

2 投資需要は利子率の減少関数である.

3 IS 曲線は所与の利子率に対して財市場を均衡させる国民所得を決定する.

4 IS 曲線は右下がりである.

5 拡張的財政政策(政府支出の増加または減税)によって IS 曲線は右方にシフトする.

1　消費関数 (3-2) と貯蓄関数 (3-3) について以下の命題が成り立つことを証明しなさい.

　(1) 限界消費性向と限界貯蓄性向の和は常に 1 である.

　(2) 平均消費性向と平均貯蓄性向の和は常に 1 である.

2　消費関数 (3-4) について以下の問いに答えなさい. (Coffee Break 参照.)

　(1) 同関数を $C = cY_D$ のように 2 つの項 c と Y_D の積として書き換え, c を可処分所得 Y_D の関数として表しなさい.

　(2) c を経済学用語で何と言うか.

　(3) c を Y_D で微分して符号を判定しなさい. その結果から何がわかるか.

3　投資の利子率に関する弾力性を $-\dfrac{dI}{di}\dfrac{i}{I}$ と定義する. それは, 利子率 i が 1 ％低下したとき投資需要 I が何％増えるかを表している. この弾力性に関して以下の問いに答えなさい.

　(1) 投資関数 (3-7) について, 弾力性が 1 になるときの利子率 i と投資需要 I を求めなさい.

　(2) 投資関数 (3-7) について, 弾力性が β になるとき利子率 i と投資需要 I はどのような関係になるか.

　(3) 投資関数が $I = \dfrac{\gamma}{i}$ (ただし γ は正の定数) であるとき, 弾力性はどのような値をとるか.

4　政府のある閉鎖経済における財市場の均衡について以下の問いに答えなさい.

　(1) 投資と貯蓄の均等式を I, S, G, T を用いて書きなさい.

　(2) (1)で得た均等式に貯蓄関数 (3-5) を代入して均衡国民所得 Y_0 を求め,

それが (3-13) 式の2行目と一致することを確認しなさい.

(3) 投資と貯蓄の均等から均衡国民所得 Y_0 が求められることを図3-6にならって図示しなさい.

5　数学付録 (A-5), (A-8), (A-9) などを利用して以下の3つを導出しなさい.

(1) IS 曲線の傾きを表す (3-9) 式.

(2) 投資乗数を表す (3-10) 式.

(3) 租税乗数を表す (3-16) 式.

☕ **Coffee Break**

理論と現実，どちらが先か？

　経済学は経済に関する学問です．そして学問は理論体系と言うことができるでしょう．理論体系などと言うと何でも説明できてしまいそうですが，残念ながら，「経済学の理論が経済の現実をリードするということはめったになく，理論は通常，現実を追っていくものである．」（ゴードン（R. J. Gordon））と言われています．もっとも「観察から遊離した理論は単なる定義か，同語反復にすぎない．」（ハロッド）とも言われるので，あえて「理論」が「現実」（言い換えれば「事実」）をリードしなくてもいいのかもしれません．

　1940年代後半から始まった**消費関数論争**（consumption function controversy）は，この「理論」と「現実」（あるいは「事実」）の関係を考える上で大変参考になります．論争の端緒は，所得の増加とともに平均消費性向は低下するというケインズの「理論」に対して，長期的にはそれはほぼ一定であったという「事実」をクズネッツ（S. Kuznetz）が発見したことです．さらに，ややこしいことに，短期的にはケインズの「理論」は「事実」に合致しているということでした．そこで，消費関数には2つある，すなわちケインズの**短期消費関数**とクズネッツの**長期消費関数**があるということになりました．

　図3-8には，横軸に家計の可処分所得，縦軸に家計の消費をとり，短期と長期の消費関数の関係を描いています．原点を通り45度線の下にある直線が長期消費関数のグラフであり，その傾きが長期の平均消費性向（＝消費÷可処分所得）を表します．そして，その直線を横切る短い点線が短期消費関数のグラフです．長期消費関数のグラフは1本ですが，短期消費関数のグラフは複数存在し，時間とともに上方にシフトします．図では短期消費関数のグラフを3本描いていますが，その各々のグラフ上ではケインズの言うとおり，可処分所得の増加とともに平均消費性向が確かに低下しています．そして，長期消費関数のグラフに沿いつつ，かつ，短期消費関数のグラフをつなぐ曲線の矢印が，可処分所得と消費

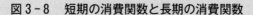

図 3-8 短期の消費関数と長期の消費関数

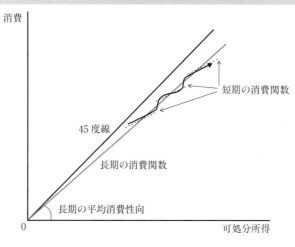

の実際の時間的変化を示しています.

　マクロ経済学者は,「理論」が予想していなかったこの「現実」あるいは「事実」を,「まことに興味深く, かつ不思議なことである. 短期的な消費者行動は長期的な行動とは, 確かに異なっているといわなければならない.」(アクリー (G. Ackley))と素直に受け止め, 短期と長期の消費者行動を同時に説明できるさまざまな「理論」を考え, そして互いに論争しました. これが消費関数論争です. 今日ケインズの絶対所得仮説とともに不動の位置を占めるモディリアーニのライフサイクル仮説とフリードマンの恒常所得仮説は, その論争の過程で生まれたものです.

　ケインズの「理論」がなければクズネッツの「事実」の重要性は認識されなかったでしょう. そしてクズネッツの「事実」がなければさらなる「理論」の発展はなかったでしょう. このように, 理論と現実は, どちらが先であろうとも, お互いに密接に結びついているのです. (なお, クズネッツは経済成長の実証分析により1971年, 第3回ノーベル経済学賞を受賞しています.)

参考文献

G. アクリー，都留重人監訳『マクロ経済学の理論』（第二分冊）岩波書
店，1965年，117〜118ページ.（原著1961年.）

R. J. ゴードン「戦後のマクロ経済学──現実と理論の進展」，M. フェ
ルドスタイン編，宮崎勇監訳『戦後アメリカ経済論：変貌と再生へ
の途』（上）東洋経済新報社，1984年.（原著1980年.）

R. F. ハロッド，宮崎義一・浅野栄一訳『景気循環論　一試論』東洋経
済新報社，1955年，44ページ.（原著1936年.）

Simon Kuznets, "Uses of National Income in Peace and War,"
NBER Occasional Paper, 6, New York: National Bureau of
Economic Research, 1942.

第4章

LM 曲線

この章では貨幣市場の均衡を表す *LM* 曲線を導出します．その基礎となるのは資産市場における貨幣と債券の間の資産選択です．1節では資産市場について説明します．2節では家計の資産選択をモデル化し，3節ではそのモデルにおいて債券市場と貨幣市場の同時均衡が成立することを示します．4節では *LM* 方程式を作り *LM* 曲線を描きます．5節では中央銀行の拡張的金融政策が実施された場合の *LM* 曲線のシフトについて考察します．

1 資産市場

　前章では財市場の均衡を表す *IS* 曲線について詳しく学びました．その際，利子率は所与として扱いました．*IS-LM* モデルでは，利子率は資産市場が均衡するように決定されます．この表現は若干わかりにくいかもしれませんが，まず資産市場について見てみましょう．

　資産市場（**asset market**）とは資産選択が行われる市場です．**資産選択**（**portfolio selection**）とは，異なる種類の**資産**（**asset**）が市場参加者の間で交換されることです．異なる種類の資産の組合せを**ポートフォリオ**（**portfolio**）と言いますが，市場参加者は各自が最も望ましいと考える資産の組合せ，すなわち最適なポートフォリオを実現するために資産選択を行います．資産は**富**（**wealth**）と言うこともあります．

　資産あるいは富の本質はそれが価値貯蔵手段であるということです．何らかの理由で消費しない所得，すなわち貯蓄は，何らかの形態でその価値を将来に持ち越さなくてはなりません．そのように過去から持ち越された貯蓄の合計が資産あるいは富を形成しています．したがって資産あるいは富は第1章で説明したようにストックです．それに対して貯蓄はフローです．

現実にはさまざまな形態の資産が存在していますが，それらは資本ストックに代表される実物資産と有価証券に代表される金融資産に大きく分けることができます．*IS-LM* 分析では後者の金融資産に注目し，さらにそれを 2 種類に分けて分析します．1 つは，安全資産です．安全資産は，それを保有していても収益をほとんど生まないかわりに，もとの価値をそのまま持ち越すことができるというすぐれた価値貯蔵の機能がその特徴です．もう 1 つは，危険資産です．危険資産はそれ自体の価値が市場の動向で変動にさらされやすく，価値貯蔵の機能は安全資産に比べて劣りますが，利子や配当という収益をもたらすので，収益性の点では安全資産に勝ります．

　IS-LM 分析では，安全資産は一括して**貨幣（money）**，そして危険資産は一括して**債券（bond）**という名前で呼ばれています．以下でも貨幣と債券という呼称を用います．貨幣は**流動性（liquidity）**と呼ばれることもあります．現実との対応では，貨幣（あるいは流動性）の代表は現金，銀行預金，債券の代表は国債などの有価証券が考えられます．そして，資産市場とは具体的には国債市場などの有価証券市場ということになります．

　資産市場では，貨幣や債券を保有する市場参加者が，ほかの市場参加者と取引することにより，もとのポートフォリオをより高い収益率が期待されるポートフォリオに変えようとします．その際，市場では債券に対して売りと買いが交錯するでしょう．売手は債券を売り貨幣を増やし，逆に買手は自分の保有する貨幣を手放して債券を増やします．そして，最終的に売りと買いが一致する状態，すなわち債券の需給が一致する状態に達しますが，この状態を資産市場の均衡と言います．資産市場の均衡は債券価格の調整によって達成されます．

　資産市場が均衡するように債券価格が決定されると利子率も決まります．なぜなら，次節で見るように，債券価格と利子率は一方が決まると他方も同時に決まるという，同じことの裏表の関係にあるからです．利子率は資産市場が均衡するように決定されるという冒頭の表現は，そのような債券価格と利子率の関係を反映しているのです．

利子率と債券価格は資産市場における資産選択の結果，同時に決定されます．これらがどのように決定されるかを理論的に考察しましょう．

資産選択のために用意できる貨幣

資産選択をするために必要なのは貨幣と債券という2種類の資産の存在，そしてその保有です．これらは資産市場における需給の観点からは，資産の供給ということになります．

まず，貨幣の供給から見ていきましょう．注意すべきは，この場合の貨幣の供給とは第2章2節で説明した経済全体のマネーサプライ M そのものではないということです．言うまでもなく，貨幣は資産市場だけでなく，財市場でも用いられます．財の売買において支払い手段として機能する貨幣がなければ円滑な取引を行うことができないからです．したがって，資産の供給という意味での貨幣供給，言い換えると，資産選択のために用意できる貨幣は，M から取引のために使用される貨幣を除いた分です．この取引に必要とされるために発生する貨幣需要を，**貨幣の取引需要**（**transactions demand for money**）と言います．

では取引需要にはどのような特徴があるでしょうか．名目値で表した取引需要を L_1 としましょう．取引需要は貨幣の支払い手段としての機能に関する需要なので，経済全体の取引額が増えると取引需要も増加します．ただし，経済のすべての取引を統計的に把握することは非常に困難です．そこで通常，それにかわる指標として名目国民所得 PY が用いられます．経済全体の取引額と PY の間には比例的な関係があると考えられるからです．したがって，L_1 は PY の増加関数ということになります．

貨幣の取引需要を表す関数の代表例は，

$$L_1 = kPY, \quad k > 0 \tag{4-1}$$

です．(4-1) 式は，PY で代理しているすべての取引が実現するために必要と

される貨幣量がkPYであることを意味しています. kを**マーシャルのk**（**Marshallian k**）と言います. マーシャルのkは短期的には安定しているので正の定数とします. なお, 予期しない取引に備えるために発生する貨幣需要を貨幣の予備的需要（precautionary demand for money）と言います. 予備的需要も国民所得の増加関数になると考えられるので, それを取引需要と合わせて考えても, 以上の説明は基本的に同じです.（演習問題1参照.）

取引需要が（4-1）式で表されるとすると, 資産選択のために用意できる貨幣量mは,

$$m = M - kPY$$

となります. 以下では常に$m > 0$であると仮定します. 上式から明らかなように, mはYの減少関数であり, またMの増加関数です. 上で述べた資産市場における貨幣の供給とはmのことを指します. したがって, 資産市場の均衡を考える場合にはMではなくmの値に注目することが重要です. ただし, マクロ経済学ではmは前面に現れることはなく, 通常はYやMの変化が（mの値を通して）資産市場の均衡に与える影響を分析します.

債券価格と利子率の関係

もう1つの資産である債券はすべて資産選択の対象になります. したがって, 経済全体の債券のストックをnで表すと, 資産市場における債券の供給量はnということになります. nの単位はたとえば債券の枚数だと考えればわかりやすいでしょう. そして債券1単位（1枚）の市場価格をpと書きましょう. そうすると, この経済の債券の時価総額はpn, そして資産の総額は$pn + m$ということになります.

これら2種類の資産が資産市場において交換されるわけですが, その結果決まるのは債券価格pです. そして同時に利子率も決まります. なぜなら利子率をそのように定義しているからです. 利子率は, どのような種類の債券を前提にするかでその具体的表現が異なります. ここでは, 図4-1に示したような, 償還期間が10期である国債を債券の代表例として利子率を定義しましょう.

この国債は0期に資産市場で資産選択の対象になります. 1単位当たりの額

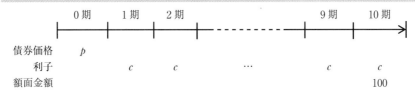

図4-1 債券の価格と利子

面金額は100円であり、0期の購入者には1期から10期まで毎期 c 円の利子が支払われ、10期には額面金額も償還されます。額面金額に対する利子の比率を表面利率またはクーポンレートと言います。クーポン（coupon）とは国債に付属した紙片で、日本語では利札と言いますが、そこにあらかじめ支払いを約束された利子の額が書かれています。この国債の額面金額は100円なので、その表面利率あるいはクーポンレートは c ％、あるいは小数点表示では $c/100$ となります。

　注意すべきは、この国債の購入価格は額面金額100円ではなく、市場価格 p 円であるということです。そして、その価格に対して国債の利子率 i は、

$$i = \frac{c + \dfrac{100-p}{10}}{p} \left(= \frac{\text{利子} + \dfrac{\text{額面金額} - \text{債券価格}}{\text{償還期間}}}{\text{債券価格}} \right) \tag{4-2}$$

と定義します。現実に i は利回り（yield）と呼ばれることが多いのですが、マクロ経済学の慣例に従い利子率（interest rate）という言葉を用います。

　(4-2) 式の右辺の分子の第2項は償還時の額面金額と購入時の価格との差額を償還期間で割った1期当たりの額です。それと利子を合わせた額が国債保有からの1期当たりの収益と考えられるので、(4-2) 式で定義された利子率は国債の平均収益率と言うことができます。0期に額面金額で国債が購入された場合は、利子率は表面利率に一致します。もし購入価格が額面金額より低ければ（高ければ）、利子率は表面利率より高く（低く）なります。

　一般に、債券価格と利子率は同時に決定し、それらは逆方向に変化します。国債を用いた以上の説明からもそのことが確認できます。（演習問題2参照.）

予算制約

　利子率は債券の平均収益率を表しているので，それが正（負）の値ならば，資産として貨幣より債券を保有したほうが有利（不利）であるように見えます．確かに，0期に購入した債券を償還期間の最後まで保有した場合はそう言えるでしょう．しかし，資産市場では毎期資産選択が行われ，その結果債券価格がそして利子率が変動します．そのため，償還期間の途中で債券を貨幣と交換する場合には，利子率が正（負）であるとは必ずしも言えません．この可能性が債券を危険資産として分類した理由です．そして，収益性では劣るにもかかわらず価値貯蔵手段としてすぐれている安全資産としての貨幣が保有される理由でもあります．そのような理由から生まれる貨幣需要を，**貨幣の資産需要（asset demand for money）**または**貨幣の投機的需要（speculative demand for money）**と言います．したがって，通常は，債券と貨幣の両方が同時に需要され同時に保有されることになります．

　そこで，資産選択をもう少し詳しく見ていきましょう．ここで重要な点は2つあります．まず，資産選択が実行されるためには資産市場への参加者が複数必要です．これは，異なる種類の資産が市場参加者の間で交換されることが資産選択であることを思い出せば当然のことではあります．次に，市場参加者は各々の予算制約に従って資産選択を行わなければならないということです．この場合の予算とは，市場参加者がもともと保有している資産の総額のことです．

　以上のことを最も単純な設定のなかで具体的に説明しましょう．そのために，市場参加者は家計Aと家計Bの2人だけとしましょう．さらに，2人の保有している債券を各々 n_0^A と n_0^B，さらに2人が資産選択のために用意できる貨幣を各々 m_0^A と m_0^B とします．ただし，$n_0^A + n_0^B = n_0$，$m_0^A + m_0^B = m_0$ が成立しています．ここで，n_0 と m_0 はいずれも定数で，各々経済全体の債券と資産選択のために用意できる貨幣を表しています．すなわち，経済全体の2種類の資産はいずれもこの2人によって分割して保有されています．

　この2人が資産選択を行う場合に従わなくてはならない予算制約は以下のようになります．

$$pn_0^{Ad} + m_0^{Ad} = pn_0^A + m_0^A \qquad (4\text{-}3)$$

$$pn_0^{Bd} + m_0^{Bd} = pn_0^B + m_0^B \qquad (4\text{-}4)$$

(4-3) 式が家計 A の予算制約です．右辺は債券価格が p のときの家計 A の資産総額です．左辺の n_0^{Ad} と m_0^{Ad} は各々債券価格が p のときに家計 A が予算制約上実現可能な債券と貨幣の保有量です．(4-4) 式は家計 B の予算制約です．これについても同様の説明が成り立ちます．そして両家計とも，各々の予算制約に従って資産選択をしなくてはなりません．

n_0^{Ad} と m_0^{Ad} の関係，あるいは n_0^{Bd} と m_0^{Bd} の関係は予算制約を表す予算線を描いてみるとよくわかります．図 4-2 と図 4-3 は各々，横軸に債券量，縦軸に貨幣量をとって，債券価格 p が p_0 と p_1 のときの家計 A と家計 B の予算線を描いています．予算線上の点 $(n_0^{Ad},\ m_0^{Ad})$ と点 $(n_0^{Bd},\ m_0^{Bd})$ は家計 A と家計 B の各々の予算制約上実現可能なポートフォリオを表しています．2 人が資産選択を開始するときのポートフォリオを表す点 $A_0(n_0^A,\ m_0^A)$ と点 $B_0(n_0^B,\ m_0^B)$ を**初期保有点**（**initial endowment point**）と言います．予算線は，初期保有点を通る，傾きが $-p$ の直線です．ここでは $p_0 < p_1$ としているので，$p = p_1$ のときの予算線の傾きのほうが $p = p_0$ のときの予算線の傾きよりもきつくなっています．

図からすぐにわかることは，もし家計が初期保有点以外のポートフォリオを実現しようとして一方の資産を増やそうとするならば，必ず他方の資産は減らさなくてはならないということです．これは予算線の負の傾きが意味していることです．正確に言うと，傾きの絶対値は p なので，債券を 1 単位増やそうとするならば貨幣を p 単位減らさなくてはなりません．逆に貨幣を p 単位増やそうとするならば債券を 1 単位減らさなくてはなりません．すなわち，傾きの絶対値 p は 2 つの資産（貨幣と債券）の市場での交換比率を表しています．

家計は，p を所与として，予算制約に従い，自分にとって最も望ましいポートフォリオを選びます．言い換えれば，家計は予算線上の最適な点を選びます．しかし，予算線上のどの点が選ばれるかを正確に知るためには，予算制約のほかに，さらに細かい状況設定をしなくてはなりません．すなわち，家計が危険に対してどのような態度をとるか，家計が債券の将来の価格変化をどのように

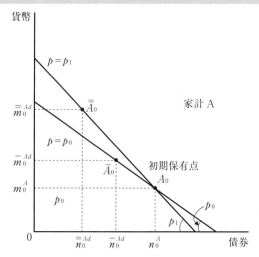

図 4-2　家計 A の予算線と最適なポートフォリオ

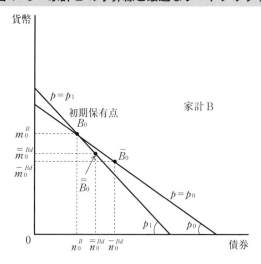

図 4-3　家計 B の予算線と最適なポートフォリオ

予想するか，ということなどを考慮に入れなくてはなりません。

　しかしここではそこまで踏み込まず，次のようなポートフォリオの選び方を仮定します．すなわち，家計 A，家計 B ともにその債券需要は債券価格の減少関数であり，逆に貨幣需要は債券価格の増加関数である，と仮定します．ケインズが『一般理論』でその理由として挙げたのは，家計は債券価格が上昇（利子率が下落）するにつれて次はその下落（上昇）の可能性が高くなると予想し，債券価格の下落による損失額が利子で償われなくなることを恐れて債券保有に対して「弱気」になる，ということです．

　図 4-2 の点 $\overline{A}_0(\overline{n}_0^{Ad}, \overline{m}_0^{Ad})$ と点 $\overline{\overline{A}}_0(\overline{\overline{n}}_0^{Ad}, \overline{\overline{m}}_0^{Ad})$ は，家計 A のそのようなポートフォリオの選び方を表しています．債券価格が p_0 のときの家計 A にとっての最適な点は，$p = p_0$ のときの予算線上の点 $\overline{A}_0$ です．そして債券価格が p_1 に上昇すると，家計 A にとっての最適な点は $p = p_1$ のときの予算線上の点 $\overline{\overline{A}}_0$ に移ります．点 $\overline{A}_0$ における債券需要は $\overline{n}_0^{Ad}$，貨幣需要は $\overline{m}_0^{Ad}$ です．図から明らかなように，家計 A は債券 $n_0^A - \overline{n}_0^{Ad}$ 単位を価格 p_0 で売り貨幣を $\overline{m}_0^{Ad} - m_0^A$ 単位増やすことによって点 $\overline{A}_0$ を実現することができます．点 $\overline{\overline{A}}_0$ における債券需要は $\overline{\overline{n}}_0^{Ad}$，貨幣需要は $\overline{\overline{m}}_0^{Ad}$ です．家計に関する上述の仮定から，点 $\overline{A}_0$ と点 $\overline{\overline{A}}_0$ の関係は $\overline{n}_0^{Ad} > \overline{\overline{n}}_0^{Ad}$，$\overline{m}_0^{Ad} < \overline{\overline{m}}_0^{Ad}$ となるように描かれています．

　図 4-3 の点 $\overline{B}_0(\overline{n}_0^{Bd}, \overline{m}_0^{Bd})$ と点 $\overline{\overline{B}}_0(\overline{\overline{n}}_0^{Bd}, \overline{\overline{m}}_0^{Bd})$ は，家計 B のポートフォリオの選び方を表しています．この場合の説明も家計 A の場合と同様にできますが，逆に債券価格が p_1 から p_0 に低下する状況を前提にして説明しましょう．債券価格が p_1 のときの家計 B にとっての最適な点は，$p = p_1$ のときの予算線上の点 $\overline{B}_0$ です．そして債券価格が p_0 に低下すると，家計 B にとっての最適な点は $p = p_0$ のときの予算線上の点 $\overline{\overline{B}}_0$ に変わります．点 $\overline{B}_0$ における債券需要は $\overline{n}_0^{Bd}$，貨幣需要は $\overline{m}_0^{Bd}$ です．図から明らかなように，家計 B は保有している貨幣のうちの $m_0^B - \overline{m}_0^{Bd}$ 単位で，価格 p_1 の債券を $\overline{n}_0^{Bd} - n_0^B$ 単位買うことによって初期保有点から点 $\overline{B}_0$ に移ることができます．点 $\overline{\overline{B}}_0$ における債券需要は $\overline{\overline{n}}_0^{Bd}$，貨幣需要は $\overline{\overline{m}}_0^{Bd}$ です．家計に関する上述の仮定から，債券価格が低下すると家計の債券需要は増加し逆に貨幣需要は減少する，ということになります．したがって，図の点 $\overline{B}_0$ と点 $\overline{\overline{B}}_0$ においては，$\overline{n}_0^{Bd} > \overline{\overline{n}}_0^{Bd}$，$\overline{m}_0^{Bd} < \overline{\overline{m}}_0^{Bd}$ となっています．

3 資産市場の均衡

これまでの説明では，p_0 や p_1 のような所与の債券価格に対し，家計 A と家計 B が各々の予算制約に従い自分自身の最適なポートフォリオを選びました．注意しなくてはならないのは，この過程で一方の家計は他方の家計の行動には影響されず，債券価格を基準として最適なポートフォリオを選んでいるということです．言い換えれば，資産市場において家計 A と家計 B は価格受容者（price taker）として行動しています．

資産市場におけるワルラスの法則

このような場合，資産市場の均衡はどのように達成されるでしょうか．言うまでもなく，一般に市場の均衡とは需要と供給が一致した状態です．そして通常，市場を均衡させるのは価格です．資産市場を考えるときにもこのことは当てはまります．資産市場を均衡させるのは，債券価格です．ただし，資産市場の場合は少し複雑です．なぜなら取引されるものが債券と貨幣の 2 種類あるからです．したがって，資産市場の均衡を考えるためには，債券の需給と貨幣の需給の両方を見る必要があります．

債券の供給はすでに n_0 で表しています．これに対応する市場全体の債券需要を n_0^d で表すと，市場参加者は家計 A と家計 B だけなので，$n_0^d = n_0^{Ad} + n_0^{Bd}$ と書くことができます．他方，この場合の貨幣の供給とは資産選択のために用意できる貨幣であり，すでに m_0 で表しています．これに対応する市場全体の貨幣需要を m_0^d で表すと，債券の場合と同様に考えて，$m_0^d = m_0^{Ad} + m_0^{Bd}$ となります．したがって，資産市場の均衡とは，$n_0^d = n_0$ と $m_0^d = m_0$ が同時に成り立つ状態です．

ところで，家計 A と家計 B は各々の予算制約に従って行動するので，(4-3) 式と (4-4) 式は常に成り立っていなくてはなりません．したがって，両式の辺々を加えると，

$$pn_0^d + m_0^d = pn_0 + m_0$$

となります．ここで $n_0^A + n_0^B = n_0$，$m_0^A + m_0^B = m_0$ であることを用いています．さらに，上式を変形すると，

$$p(n_0^d - n_0) + (m_0^d - m_0) = 0 \qquad (4\text{-}5)$$

となります．

　(4-5) 式は資産市場の均衡を理解するときの非常に重要な関係式です．左辺の第1項は債券に対する超過需要 $n^d - n$ を含み，第2項は貨幣に対する超過需要 $m^d - m$ を表しています．そして，どちらか一方がゼロになればもう一方も必ずゼロになります．すなわち，(4-5) 式は，債券と貨幣という2種類の資産について，もしどちらか一方の需給が一致すればもう一方の需給も必ず一致することを意味しています．この事実を，資産市場におけるワルラスの法則と言います．したがって，資産市場の均衡を考えるときには，形式的にはどちらか一方の需給を見るだけでよいことがわかります．

　マクロ経済学では，(4-5) 式の左辺の $m_0^d - m_0$ の部分を象徴的に表すために，**貨幣市場**（**money market**）という言葉を用います．すなわち，貨幣市場とは，貨幣の供給 m_0 と貨幣に対する需要 m_0^d が出合うところという意味です．そして，$m_0^d > m_0$ のときを貨幣市場の超過需要，$m_0^d < m_0$ のときを貨幣市場の超過供給，そして $m_0^d = m_0$ のときを貨幣市場の均衡と呼びます．

　同様に，(4-5) 式の左辺の $n_0^d - n_0$ の部分を象徴的に表すために，**債券市場**（**bond market**）という言葉が用いられます．すなわち，債券市場とは，債券供給 n_0 と債券需要 n_0^d が出合うところという意味です．そして，$n_0^d > n_0$ のときを債券市場の超過需要，$n_0^d < n_0$ のときを債券市場の超過供給，そして $n_0^d = n_0$ のときを債券市場の均衡と呼びます．

　資産市場におけるワルラスの法則は，債券市場の均衡と貨幣市場の均衡は必ず同時に成立する，と言い換えることができます．さらに，(4-5) 式を，$m_0^d - m_0 = -p(n_0^d - n_0)$ と書き換えてみましょう．ここからわかることは，債券市場の超過供給と貨幣市場の超過需要，そして債券市場の超過需要と貨幣市場の超過供給は必ず同時に起こる，ということです．

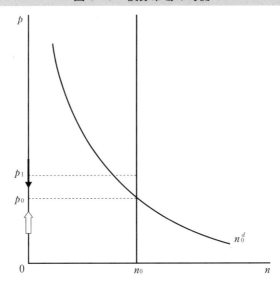

図4-4　債券市場の均衡

貨幣市場と債券市場の同時均衡

　図4-4には，これまでの説明に基づいた債券市場の均衡が描かれています．横軸に債券量 n，縦軸に債券価格 p をとっています．債券の供給はすでに n_0 と決まっているので，債券価格とは関係ありません．したがって，債券の供給曲線は横軸の n_0 を通る垂線によって表されます．債券需要は $n_0^d = n_0^{Ad} + n_0^{Bd}$ でしたが，n_0^{Ad} も n_0^{Bd} も p の減少関数と仮定したので，その和である n_0^d も p の減少関数になります．したがって，債券の需要曲線は図のように右下がりです．

　図ではそれら2本の曲線が債券価格が p_0 のところで交差しています．すなわち債券市場は $p = p_0$ のときに均衡します．この p_0 はこれまで図4-2や図4-3で見た p_0 と同じです．債券市場が $p = p_0$ で均衡するということは，このとき家計Aが売りたいと思っている債券量 $n_0^A - \bar{n}_0^{Ad}$ と，家計Bが買いたいと思っている債券量 $\bar{n}_0^{Bd} - n_0^B$ が等しいことを意味しています．$p = p_1 (> p_0)$ ならば，債券市場には超過供給が発生しています．このとき，縦軸上の太い矢印が示す

図4-5　貨幣市場の均衡（流動性選好説）

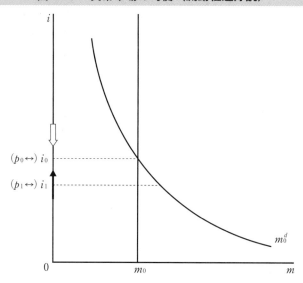

ように債券価格は下落します．逆に債券価格がp_0より低ければどうなるでしょうか．図からわかるように，債券市場には超過需要が発生し，縦軸上の白抜きの矢印が示すように債券価格は上昇します．いずれにしても，債券価格の調整により，債券市場は$p=p_0$において均衡します．

　図4-5は，同じことを貨幣市場の側から描いています．横軸には貨幣量m，縦軸には利子率iをとっています．前節で説明したように，利子率と債券価格は1対1に対応し両者は逆方向に変化します．図では債券価格p_0とp_1に対応する利子率を各々i_0とi_1で表しています．$p_0<p_1$なので$i_0>i_1$です．貨幣の供給は資産選択のために用意できる貨幣m_0です．m_0はこの場合は所与であり，利子率とは関係ありません．したがって，貨幣の供給曲線は横軸のm_0を通る垂線によって表されます．貨幣需要，正確に言えば貨幣の資産需要は$m_0^d=m_0^{Ad}+m_0^{Bd}$でしたが，それは債券価格の増加関数であり，そして同じことですが，利子率の減少関数になります．したがって，貨幣の需要曲線は図のように右下がりになります．

　上で見たように，債券市場と貨幣市場の需給関係は（4-5）式を書き換えた

$m_0^d - m_0 = -p(n_0^d - n_0)$ でとらえることができます．それに従うと，$p = p_0$ の
ときに債券市場が均衡するならば，同時に貨幣市場も均衡します．そしてその
ときの利子率は i_0 になります．また，$p = p_1 (> p_0)$ のとき債券市場に超過供給
が発生しているということは，$i_1 (< i_0)$ のとき貨幣市場に超過需要が発生して
いるということであり，このとき債券価格が下落するということは利子率は縦
軸上の太い矢印が示すように上昇するということになります．同様に考えると，
利子率が i_0 より高ければ，貨幣市場には超過供給が発生し，利子率は縦軸上
の白抜きの矢印が示すように下落します．いずれにしても，利子率の調整によ
り，貨幣市場は $i = i_0$ において均衡するのです．貨幣市場を均衡させる利子率
を**均衡利子率**と言います．

資産市場が均衡に達したとき，家計 A は図4-2において初期保有点 A_0 か
ら最適点 $\overline{A_0}$ に移り，同時に，家計 B は図4-3において初期保有点 B_0 から最
適点 $\overline{B_0}$ に移っています．（演習問題3参照.）

▌流動性選好説

以上のように，資産市場の均衡は債券市場と貨幣市場の2つの側から見るこ
とができます．そしてどちらから見ても同じ結果になります．したがって，資
産市場の均衡を考えるためには債券か貨幣かどちらか一方の需給を見ればよい
ということになります．伝統的にマクロ経済学では貨幣の側を重視し，その需
給を見ることによって資産市場を考えます．すなわち貨幣市場を見て資産市場
を分析します．

その場合，資産市場の均衡は貨幣市場の均衡と同じであり，さらに貨幣市場
の均衡は利子率の調整によって達成されることになります．このように，利子
率が貨幣の需給が一致するように決定されるという考え方を**流動性選好説**（li-
quidity preference theory）と言います．流動性選好説は本来，**貨幣需要理
論**（money demand theory）と同じ意味です．ただし，以上のような利子率
決定の理論を提唱したケインズの貨幣需要理論を指してとくに流動性選好説と
呼んでいます．

なお，資産市場の均衡を貨幣市場だけを見ることによって分析することは論
理的には十分であるわけですが，慣れるまでは，これまで説明したように債券

市場のほうも同時に念頭に置いておいたほうがよいでしょう．むしろ，債券市場を見るほうが日常的感覚からは自然だとも言えます．それにもかかわらず貨幣市場のほうを見る理由は2つあります．1つは，前章で見たように，投資関数が利子率の関数だからです．投資需要が利子率に依存するならば，利子率を中心に理論を展開したほうが自然です（図3-3と図4-1参照）．もう1つは，5節で見るように，金融政策の分析に便利だからです．

4 国民所得と均衡利子率の関係

前章では利子率 i を所与としたときに均衡国民所得 Y がどのように決まるかを表す IS 方程式について説明しましたが，IS-LM モデルを構成するもう半分は国民所得 Y を所与としたときに均衡利子率 i がどのように決まるかを表す LM 方程式です．以下ではこの LM 方程式を導出します．

LM 方程式

資産市場の均衡あるいは貨幣市場の均衡が利子率の調整によって達成されることがわかりました．同じことを，利子率は貨幣の需要と供給が一致するように決定される，と言えることもわかりました．ただし，ここまでは，資産選択のために用意できる貨幣 m は m_0 という所与の値をとるという前提で説明しました．ここからは，債券供給量は n_0 のままで，しかし m が国民所得 Y とともに変化する場合を扱います．

ここで $m = M - kPY$ であったことを思い出しましょう．k は正の定数（マーシャルの k）です．IS-LM モデルでは P は固定されています．その一定の値を P_0 としましょう．M が変化する場合は次節で扱います．とりあえず M は一定の値 M_0 をとるとします．そして，Y_0 を $m_0 = M_0 - kP_0Y_0$ であるような国民所得 Y の値とします．そうするとこれまでの結果は，価格とマネーサプライが一定のとき国民所得 Y_0 に対して均衡利子率 i_0 が決定された，と言うことができます．以下では，価格とマネーサプライが一定のままで国民所得が Y_0，Y_1，Y_2 の順で減少するとき，対応する均衡利子率がどのように変化する

図4-6 家計Aの最適点のシフト

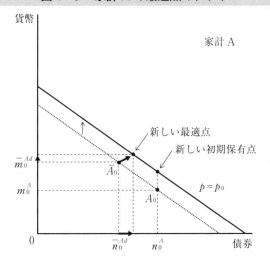

かを調べます.

　まず，$p = p_0$ あるいは $i = i_0$ で資産市場の均衡が成立しているとしましょう．次に，Y だけが Y_0 から Y_1 に減少して，m_0 が m_1 に増加したとしましょう．わかりやすく言うと，景気が悪化して貨幣の取引需要が減少したため，必要のなくなった貨幣が資産市場に流れ込んできたことになります．このとき何が起こるでしょうか．通常想定されているのは，資産市場全体として債券需要と貨幣需要はともに増加する，という状況です．

　図4-6を用いてその状況を具体的に説明しましょう．この図は家計Aの資産選択に関する図4-2をもとにして描いています．ただしここでは $p = p_0$ の場合だけを扱っています．点線の直線はもとの予算線，点 $\overline{A}_0$ はもとの最適点です．さて，上述したような国民所得の減少の影響で家計Aにとって資産選択のために用意できる貨幣 m_0^A が増加したとします．新しい初期保有点は，もとの初期保有点の上方にシフトします．そして新しい予算線は，新しい初期保有点を通り，もとの予算線と同じ傾きの実線で表された直線になります．家計Aはこの新しい予算線上で最適なポートフォリオを選ぶことになりますが，上で述べた想定とは，その新しい最適点が矢印で示したような北東の位置にあ

図4-7　国民所得の減少と債券価格の上昇

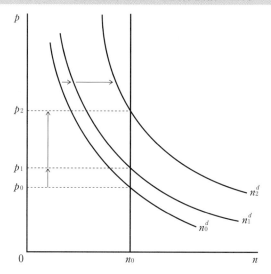

ることを意味しています．すなわち，新しいポートフォリオでは，債券需要も貨幣需要もともに増加しています．貨幣が２単位増加したとき，たとえば１単位は貨幣として保有しほかの１単位は $\dfrac{1}{p_0}$ 単位の債券として保有することが家計 A の最適な資産選択になるということです．

　以上では $p = p_0$ の場合だけを扱いましたが，それ以外の p の値に対しても同様の説明が成り立ちます．さらに家計 B の資産選択についても同様のことが当てはまります．したがって，国民所得が減少して m_0 が m_1 に増加すると経済全体の債券需要も増加することになります．そして債券市場の均衡は図４-７のように変化します．右下がりの曲線 n_1^d が m_1 に対応する債券の需要曲線です．どの債券価格に対しても需要は増加するので，もとの需要曲線 n_0^d が右方にシフトしたことになります．したがって，債券市場，そして資産市場を均衡させる債券価格は p_0 より高くなります．図ではその債券価格がこれまでの説明で用いた p_1 に等しくなっています．図では，さらに Y が Y_1 から Y_2 に減少して m_1 が m_2 に増加した場合の需要曲線 n_2^d も描いています．そのときの債券市場を均衡させる価格は p_1 より高くなり，図では p_2 で表しています．

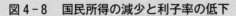

図4-8 国民所得の減少と利子率の低下

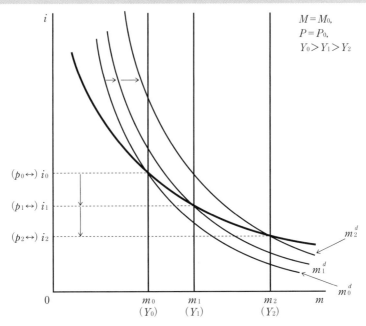

　図4-8はまったく同じことを貨幣市場の側から見たものです．少し複雑に見えるのは，垂線 $m=m_0$ が $m=m_1$，そして $m=m_2$ へと右方にシフトしているからです．右下がりの曲線 m_1^d と m_2^d は各々 m_1 と m_2 に対応する貨幣の需要曲線であり，もとの需要曲線 m_0^d が順に右方にシフトしたことになります．資産市場を均衡させる債券価格は各々 p_1 と p_2 なので，それに対応する均衡利子率を各々 i_1，i_2 とすると，$p_1 < p_2$ より $i_1 > i_2$ となります．

　図を注意深く見ると，需要曲線のシフトは垂線のシフトより小さいことがわかります．たとえば，水平線 $i=i_0$ 上での需要曲線 m_0^d と m_1^d の距離は垂線 $m=m_0$ と $m=m_1$ の距離より小さくなっています．なぜでしょうか．その差は，資産選択のために用意できる貨幣が m_1-m_0 だけ増加したときの債券需要の増加を表しています．その分だけ貨幣の需要曲線のシフトは小さくなり均衡利子率は低下します．

　図中の右下がりの太線は，m_0，m_1，m_2 だけでなくさまざまな値の m に対

して均衡利子率がどのように対応するかを連続的に描いたものです. Y が連続的に減少していくとき, それに対応して m は連続的に増加しますが, 上で説明したように, 貨幣需要は m の増加ほどは増えないので, 対応する均衡利子率は低下していきます. その関係が右下がりの太線として描かれています.

以上の説明は慣れないと多少わかりづらいかもしれませんが, そこから得られる結論はきわめて単純です. すなわちそれは, マネーサプライと価格が一定ならば, 国民所得が減少すると均衡利子率は低下する, というものです. あるいは逆に, マネーサプライと価格が一定ならば, 国民所得が増加すると均衡利子率は上昇する, と言うこともできます. この重要な結果を数式を用いて表現してみましょう.

▎具体例

まずわかりやすい具体例を作ってみましょう. 図 4-8 の太い曲線が示しているように, 均衡利子率 i は資産選択のために用意できる貨幣 m の減少関数になっているので, 以下のような右下がりの直線を考えてみます.

$$i = -\frac{m}{P} + \mu, \quad \mu > 0$$

右辺の m と P はいずれも名目値なので, それらの比率 $\frac{m}{P}$ は i と同じく無名数になっています. μ は正の定数です. $m = M - kPY$ を上式に代入すると,

$$i = kY + \left(\mu - \frac{M}{P}\right) \tag{4-6}$$

となります. これが LM 方程式の具体例です.

(4-6) 式では, 右辺が左辺を決定すると見なします. 国民所得 Y は財市場で決定されます. マネーサプライ M は, 第 2 章で説明したように, 中央銀行が決定します. 貨幣市場で決定されるのは利子率 i です. Yi 平面における LM 方程式のグラフを **LM 曲線**（**LM curve**）と言います. k は正の定数なので, 具体例の LM 曲線は右上がりの直線になります. 図 4-9 にはそのような

図4-9　*LM* 曲線

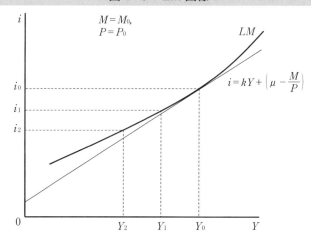

グラフを描いています.

　ただし，(4-6) 式は確かに *LM* 方程式ですが，それを変形した

$$\frac{M}{P} = kY + (\mu - i) \tag{4-7}$$

という形のほうがより多く用いられます．(4-7) 式の左辺は実質マネーサプライであり，右辺は実質貨幣需要を表しています．実質貨幣需要はさらに，実質取引需要 kY と実質資産需要 $\mu - i$ の和になっていることがわかります．そして前者は実質国民所得の増加関数，後者は（均衡）利子率の減少関数になっています．もともと *LM* の L とは Liquidity preference（貨幣需要）を，M とは Money supply（貨幣供給）を意味しています．そして *LM* とはそれらが一致した状態，すなわち貨幣市場の均衡を表しています．したがって，(4-7) 式は *LM* 方程式あるいは *LM* 曲線の名前に合った形になっています．

一般形

　図4-8の右下がりの太線に対応する *LM* 方程式の一般形は，

$$\frac{M}{P} = L(Y, i) \tag{4-8}$$

となります. これは (4-7) 式を一般的に表したものです. 左辺は (4-7) 式と同様に実質マネーサプライ, 右辺は (貨幣市場が均衡しているときの) 実質貨幣需要の一般形です. ただし,

$$L_Y(Y, i) > 0, \quad L_i(Y, i) < 0$$

という 2 つの条件が課せられています. $L_Y(Y, i)$ と $L_i(Y, i)$ は各々実質貨幣需要 $L(Y, i)$ の Y と i に関する偏導関数であり, $\dfrac{\partial L(Y, i)}{\partial Y}$, $\dfrac{\partial L(Y, i)}{\partial i}$ と書いても同じことです. $L_Y(Y, i) > 0$ は取引需要が国民所得の増加関数, $L_i(Y, i) < 0$ は資産需要が (均衡) 利子率の減少関数であることを意味しています.

(4-8) 式の LM 曲線の傾きは, 数学付録 (A-8) を用いると,

$$\frac{di}{dY} = -\frac{L_Y(Y, i)}{L_i(Y, i)} > 0 \tag{4-9}$$

となることがわかります. 2 つの条件より, 上式の値は正になります. すなわち, LM 曲線の一般形 (4-8) は Yi 平面で必ず右上がりになります. 図 4-9 には LM 曲線 (4-8) を右上がりの曲線で描いています. 上の具体例との関係では, $-\dfrac{L_Y(Y_0, i_0)}{L_i(Y_0, i_0)} = k$ が成立しています. すなわち, 具体例の LM 曲線は一般形の LM 曲線上の点 (Y_0, i_0) における接線です. (演習問題 5 参照.)

5 拡張的金融政策の効果

拡張的金融政策とは, 中央銀行がマネーサプライを増やすことです. 政策変数である M を用いるとそれは $dM > 0$ と表すことができます. この節では拡

張的金融政策によって均衡利子率，そして LM 曲線がどのような影響を受けるかを一般形と具体例を用いて調べてみましょう．その方法は前章で拡張的財政政策と IS 曲線の関係を調べた方法と形式的にはまったく同じです．

一般形

マネーサプライの増加の均衡利子率に対する効果を調べるために，LM 方程式の一般形（4-8）に数学付録（A-9）を適用すると，

$$di = \frac{1}{L_i(Y, i)P} dM \tag{4-10}$$

となります．（4-10）式は，マネーサプライ M が dM だけ増加したときの均衡利子率 i の変化分 di を表しています．（4-10）式の計算においては M と i 以外はすべて定数と見なしています．dM の係数は負なので，左辺の di も負です．すなわち，国民所得 Y を一定にして，マネーサプライが増加した場合には均衡利子率は必ず低下します．このことは，LM 曲線が Yi 平面において下方にシフトすることを意味します．（演習問題5参照.）

具体例

LM 方程式の具体例（4-6）より，拡張的金融政策が均衡国民所得に与える効果は，

$$di = -\frac{1}{P} dM \tag{4-11}$$

と書けることがただちにわかります．すなわち，具体例においても，国民所得 Y を一定にしてマネーサプライを増やすと均衡利子率は低下します．

（4-6）式のグラフは図4-9に描いた直線です．拡張的金融政策が実施されると切片の値が減少するので，そのグラフは傾きが不変のまま下方にシフトします．（演習問題4参照.）

図4-10　マネーサプライの増加と *LM* 曲線の下方シフト

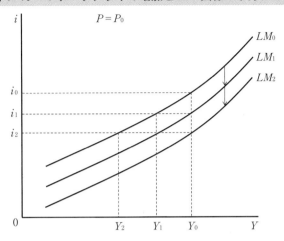

経済学的意味

　以上の説明は多少形式的でした．経済学的に説明するとどうなるでしょうか．じつは，すでに用いた図4-8を応用すると簡単に理解することができます．

　図4-8において資産選択のために用意できる貨幣 m が m_0 から m_1 に増加する原因を，いまの場合 $Y＝Y_0$，$P＝P_0$ として，マネーサプライ M の M_0 から M_1 への増加に置き換えます．すなわち，M_1 は $m_1＝M_1－kP_0Y_0$ となるような値です．m が m_0 から m_1 に増加したとき均衡利子率が i_0 から i_1 に低下するのは，前節で説明したとおり，債券需要が増えて債券価格が上昇するからです．さらに，$m_2＝M_2－kP_0Y_0$ となるような M_2 を考えると，M の M_1 から M_2 への増加は m の m_1 から m_2 への増加となり，このとき均衡利子率が i_1 から i_2 に低下するのも債券価格がさらに上昇するからです．要するに，m の変化の原因が Y であろうと M であろうと，均衡利子率に対する影響は m の大きさによって決まるのです．

　図4-10は以上の説明と *LM* 曲線の下方シフトとの関係を示したものです．マネーサプライ M_0，M_1，M_2 に対応する *LM* 曲線を各々 LM_0，LM_1，LM_2 で表しています．垂線 $Y＝Y_0$ と3本の *LM* 曲線の交点における利子率が上か

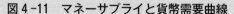

図4-11 マネーサプライと貨幣需要曲線

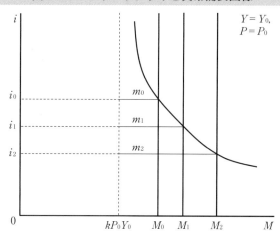

ら順に i_0, i_1, i_2 となっています．それらの交点における m の値が m_0, m_1, m_2 の順で大きくなっているからです．このような説明は Y の任意の値について成り立つので，マネーサプライの増加に対して図のような LM 曲線全体の下方シフトが生じるのです．

マネーサプライの増加に対する利子率の低下は，図4-11によってもとらえることができます．図4-11の右下がりの曲線は，図4-8の太線を横軸方向に kP_0Y_0 だけ平行移動したものです．ここでは，図4-8の横軸座標の m_0, m_1, m_2 を各々 $m_0 = M_0 - kP_0Y_0$, $m_1 = M_1 - kP_0Y_0$, $m_2 = M_2 - kP_0Y_0$ と見なしています．したがって，それらに対応する図4-11の横軸座標は M_0, M_1, M_2 です．そしてそれらに対応する縦軸座標は均衡利子率 i_0, i_1, i_2 です．このように横軸にマネーサプライ，縦軸に利子率をとって描いた貨幣市場の均衡を表す曲線を**貨幣需要曲線**と呼ぶことがあります．

これまで貨幣の取引需要は（4-1）式で表されると仮定しました．それは一般的に $L_1 = L_1(PY)$ と書くことができます．もちろん $L_1(PY)$ は PY の増加関数です．PY に対応する均衡利子率を i とすると，そのときの貨幣の資産需要は名目値で $L_2(i)$ と書くことができます．そうすると，図4-11の垂直の**貨幣供給曲線**と右下がりの貨幣需要曲線の交点，すなわち貨幣市場の均衡においては，

$$M = L_1(PY) + L_2(i)$$

が成立しています．ケインズは『一般理論』において貨幣市場の均衡をほぼこの形で表現しています．

▎流動性の罠

　ここまでは LM 曲線が右上がりであることを詳しく説明してきました．もちろんそれが一般的な LM 曲線ですが，最後に，重要な例外があることを知っておいたほうがいいでしょう．すなわち，LM 曲線は水平な部分を持つ場合があり，そのとき経済は**流動性の罠**（**liquidity trap**）に陥っていると言います．流動性の罠はイギリスの経済学者ロバートソン（D. H. Robertson）の言葉です．

　どのようなときに LM 曲線が水平な部分を持つのでしょうか．これについても，これまでの知識が大いに役立ちます．図4-8をもう一度利用しましょう．そこでは，$M = M_0$，$P = P_0$ の状態で Y が減少すると，m が増加し，均衡利子率 i が低下しました．その際，i の低下は債券価格の上昇と同じことでした．ところで，そのような債券価格の上昇はどこまで続くのでしょうか．もしかすると，あまりに高い債券価格（したがってあまりに低い利子率）になると，市場参加者は債券価格が将来急激に下落すると予想するようになるかもしれません．そのため，ある高い水準に債券価格が到達してしまうと，m のさらなる増加はすべて貨幣の資産需要に吸収されてしまい，債券価格をそれ以上には上昇させず，利子率はその低い水準に張りついてしまうことになります．これが流動性の罠と呼ばれる状態です．

　たとえば図4-8において，Y が Y_2 まで減少し m が m_2 まで増加したときの債券価格 p_2 が上で言及した「ある高い水準」だとします．そうすると，Y が Y_2 以下に減少して m が m_2 以上に増加しても，債券価格は p_2 以上に上昇することはなく，利子率も i_2 以下に下落することはありません．

　流動性の罠がこのような条件で生じるならば，図4-10の3本の LM 曲線 LM_0，LM_1，LM_2 は各々，図4-12の3本の LM 曲線 LM_0'，LM_1'，LM_2' のような形状になります．上で説明したのは太線で描かれた LM_0' のことでしたが，

図4-12　流動性の罠と拡張的金融政策

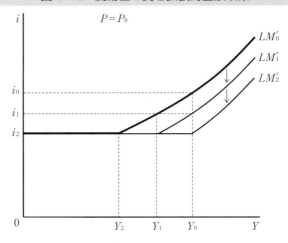

このLM曲線には$i=i_2$の高さで水平になった部分があり，その水平部分は経済が流動性の罠に陥った状態を表しています．

LM_1'とLM_2'の形状についてもLM_0'の場合と同様の説明が成り立ちますが，Yが減少してmがm_2に達するときのYの値はLM_0'，LM_1'，LM_2'の順で大きくなります．なぜなら，そのようなYは$m_2=M-kP_0Y$を満たしますが，対応するマネーサプライMが大きいほどYの値も大きくなるからです．このことは図からも明らかでしょう．

　流動性の罠が生じる場合に問題となるのが，拡張的金融政策が利子率を低下させる効果です．流動性の罠が発生しないときは，図4-10に示されたように，マネーサプライの増加はLM曲線を下方シフトさせ，利子率を下げることができます．流動性の罠が生じる場合には，図4-12に示されたように，利子率は$i=i_2$の水準に張りつき，マネーサプライを増やしても，それ以下に低下させることができません．なお，流動性の罠の「罠」は動物を捕らえる罠（trap）のことではなく，水がそれより下に落ちないようにするための排水管の湾曲部（排水トラップ（drain trap））のことです．

1 債券価格と利子率は逆方向に変化する.

2 資産市場の均衡は債券市場の側と貨幣市場の側から分析できる.

3 LM 曲線は所与の国民所得に対して貨幣市場を均衡させる利子率を決定する.

4 流動性の罠が発生しなければ, LM 曲線は右上がりである.

5 流動性の罠が発生しなければ, 拡張的金融政策（マネーサプライの増加）によって LM 曲線は下方にシフトする.

1 (4-1) 式で表される貨幣の取引需要 L_1 の実質国民所得 Y に関する弾力性 (Y が 1 ％増加すると取引需要 L_1 は何％増加するか) を求めなさい.

2 債券価格と利子率の関係について以下の問いに答えなさい.
  (1) (4-2) 式に関して, 横軸を p, 縦軸を i としてグラフを描き, p と i が逆方向に変化することを確認しなさい.
  (2) (4-2) 式の p と i の関係は次のように, 債券価格 p と利子流列の割引現在価値の均等式として書かれることがある.

$$p = \frac{c}{1+i} + \frac{c}{(1+i)^2} + \cdots + \frac{c}{(1+i)^{10}} + \frac{100}{(1+i)^{10}}$$

  近似式 $(1+i)^{10} = 1 + 10i$ を用いると, 上式は (4-2) 式と一致することを証明しなさい. ただし, $i \neq 0$ とする.
  (3) 債券をコンソル公債と見なすと, その保有者には毎期 c の利子が永久に支払われるが, 額面金額は償還されない. コンソル公債の価格 p とその利子率 i の関係は,

$$p = \frac{c}{1+i} + \frac{c}{(1+i)^2} + \frac{c}{(1+i)^3} + \cdots$$

  のように定義される. 数学付録 (A-1) を用いて上式の右辺を計算し, i を p で表し, そのグラフを上の(1)で描いた pi 平面に追加しなさい. その図から, (4-2) 式の利子率とコンソル公債の利子率の大小関係について何が言えるか.

3 予算制約が各々 (4-3) 式と (4-4) 式である家計 A と家計 B について, もし債券価格の値にかかわらず, 前者が債券のみを, そして後者が貨幣のみを需要するとき, 資産市場を均衡させる債券価格を求めなさい. ただし, 両家計の初期保有点はいずれも第 1 象限 (座標がともに正の値をとる領

域）にあるとする.

4 中央銀行が利子率を一定の値 $\bar{i}$ に維持したいとき，マネーサプライ M はどのような水準に調整すればよいか．LM 方程式の具体例 (4-7) に基づいて計算しなさい．さらにこの場合の (4-7) 式の諸記号を内生変数と外生変数に分類しなさい．

5 数学付録 (A-8)，(A-9) などを利用して以下の2つを導出しなさい.
(1) LM 曲線の傾きを表す (4-9) 式.
(2) マネーサプライの均衡利子率に対する効果を表す (4-10) 式.

チャップリン対ヒックス事件

　第3章で説明したように投資需要は投資の限界効率と利子率が一致するところで決まります．第4章では利子率は貨幣市場で決まることがわかりました．ではもう一方の投資の限界効率（投資の予想収益率）は具体的にどこで決まると考えるべきでしょうか．

　このことについてケインズは『一般理論』のなかで「現存株式に対する高い相場はそれに対応する類型の資本の限界効率の上昇を意味[する]．… このようにして，ある種の投資物件は，専門的企業者の真正の期待によるよりもむしろ，株式取引所で取引する人たちの，株式価格に現われる平均的な期待によって支配されるのである．」（Keynes（1936, p. 152））と書いています（注：ケインズの言う資本の限界効率は投資の限界効率と同じものです）．つまり投資の限界効率は株式取引所で決まり，それは株価に反映されているということになります．

　それでは株価はどのような要因で決まるのでしょうか．この問いに対しては現在でも確定した答えはありません．むしろ「株価などの金融価格のすさまじい上下動について，合理的に筋の通った説明ができた人はいない．」（Akerlof and Shiller（2009, p. 131））などと言われますが，ケインズは次のような有名な比喩によって自身の見解を述べています．「玄人筋の行う[株式]投資は，投票者が100枚の写真のなかから最も容貌の美しい6人を選び，その選択が投票者全体の平均的な好みに最も近かった者に賞品が与えられるという新聞投票に見立てることができよう．」（Keynes（1936, p. 156））すなわち株式の取引は自分がどう思うかではなく他人がどう思っているかを基準にして行われるということです．なるほど，資産運用の専門家でもあったケインズらしいたとえですね．

　ところでこの「美人投票」という発想はどこから生まれたのでしょうか．じつはそのもととなる事件が現実に起こっています．そしてそ

の事件はケインズの1921年の著書『確率論』（Keynes（1921，pp. 27-30））で言及されています．その事件とは「チャップリン対ヒックス事件」のことです．チャップリンは（喜劇王のチャップリンではなく）女優のチャップリン，ヒックスは（IS-LMモデルを考案したヒックスではなく）俳優で劇場支配人のヒックスです．

その事件の発端は1908年ヒックスがイギリスの新聞『デイリー・エクスプレス』で企画した美人コンクールでした．応募したのは6000人．そのなかから地区ごとに読者が最も美しいと思った女性を投票によって選び，ヒックスは選ばれた50人の女性を面接し，そのなかの12人に女優としての契約を結ぶことになっていました．しかしある地区で首位になったチャップリンに面接の案内が届くのが遅かったため彼女は面接を受けることができませんでした．そこで彼女はヒックスに対して損害賠償請求の裁判を起こし1911年に勝訴しました．ケインズはこの事件を，確率を数値化すること（この場合はもし彼女が面接を受けていたら獲得したであろう利益の計算）がいかに難しいかの例として用いました．

『確率論』から15年後に出版された『一般理論』のなかで美人投票は株式取引所に参加する人々の心理を表現するために用いられました．「彼らの関心は，投資物件を『いつまでも』保有するために買う人にとってそれが本当にどれだけの価値を持つかということではなく，3カ月後とか1年後とかに，市場が群集心理の影響の下で，それをどれだけに評価するかということである．」（Keynes（1936，pp. 154-155））そのような株式取引所で決まる株価そして投資の限界効率は当然不安定な動きをすることになります．「完全雇用を提供するに足る高い水準に有効需要を維持することが困難であるのは，慣行的でかなり安定的な［高い］長期利子率と，気まぐれで高度に不安定な資本の限界効率とが結びついているためである．」（Keynes（1936，p. 204））このような好ましくない結果をもたらす株式取引所における取引のあり方をケインズは批判しました．

群集心理に大きく左右される株価の決まり方は今日でもしばしば

「ケインズの美人投票」と呼ばれています．それは確かに比喩ですが，
しかし，事実に基づいた比喩なのです．

参考文献

G．A．アカロフ，R．J．シラー，山形浩生訳『アニマルスピリット：
　　人間の心理がマクロ経済を動かす』東洋経済新報社，2009年．（原
　　著2009年．）

J．M．ケインズ，佐藤隆三訳『確率論』（ケインズ全集第8巻）東洋
　　経済新報社，2010年．（原著1921年．）

J．M．ケインズ，塩野谷祐一訳『雇用・利子および貨幣の一般理論』
　　東洋経済新報社，1995年．（原著1936年．）

第 5 章

IS-LM モデル

この章では *IS-LM* モデルに基づいてマクロ経済を分析します．1節では *IS-LM* モデルの一般形と具体例を作りその均衡解に注目します．2節では政府の実施する拡張的財政政策が完全雇用達成に役立つことを，3節では中央銀行が実施する拡張的金融政策が完全雇用達成に役立つことを示します．さらに4節では財政政策と金融政策の組合せの利点について説明します．最後に5節では財政政策と金融政策の優劣について考察します．

1 財市場と貨幣市場の同時均衡

財市場の均衡は *IS* 方程式あるいは *IS* 曲線で表すことができることを第3章で説明しました．さらに，貨幣市場の均衡は *LM* 方程式あるいは *LM* 曲線によって表すことができることを第4章で説明しました．この章では，財市場と貨幣市場が同時に均衡する状態においてマクロ経済を分析します．

ここで用いるマクロ経済モデルは，*IS* 曲線（あるいは *IS* 方程式）と *LM* 曲線（あるいは *LM* 方程式）からなっているので，**IS-LM モデル**（**IS-LM model**）と言います．そしてそれを用いたマクロ経済の分析を **IS-LM 分析** と言います．この章では *IS-LM* 分析を行います．

一般形

まず *IS-LM* モデルの一般形を作ってみましょう．これまでに得た *IS* 方程式の一般形（3-8）と *LM* 方程式の一般形（4-8）を組み合わせた，Y と i に関する連立方程式

図5-1 IS-LM モデル

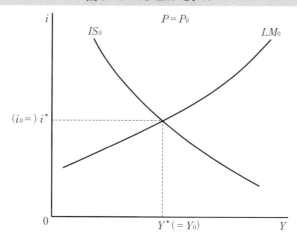

$$Y = C(Y - T) + I(i) + G \tag{3-8}$$

$$\frac{M}{P} = L(Y, i) \tag{4-8}$$

が *IS-LM* モデルの一般形です．*IS-LM* モデルの内生変数は Y と i，外生変数はそれ以外の変数です．

　財市場と貨幣市場の同時均衡は，この連立方程式の解 Y^* と i^* によって表されます．この解は財市場と貨幣市場がともに均衡しているときの経済の状態を表しているので，**均衡解**（equilibrium solution）と言います．残念ながら，一般形では均衡解 Y^* と i^* を具体的に書くことができません．

　しかし以下で見るように，グラフを用いると，一般形の場合でも十分に有益な分析が可能です．図5-1には，*IS* 曲線 IS_0 と *LM* 曲線 LM_0 を同時に描いています．IS_0 は第3章の図3-5に描いた *IS* 曲線に，そして LM_0 は第4章の図4-9に描いた *LM* 曲線に対応しています．*IS* 曲線と *LM* 曲線の交点は財市場と貨幣市場の同時均衡を表すので，**均衡点**（equilibrium point）と言います．そして均衡点にある経済は均衡状態にあると言います．均衡点の座標

が上述した均衡解です. 図 5-1 では均衡解を $Y^* = Y_0$, $i^* = i_0$ としていますが, それらは図 3-5 あるいは図 4-9 の Y_0 と i_0 に対応しています.

具体例

次に, *IS-LM* モデルの具体例を作ってみましょう. これまでに得た *IS* 方程式の具体例 (3-17) と *LM* 方程式の具体例 (4-7) を組み合わせると *IS-LM* モデルの具体例

$$Y = -\frac{\beta}{1-\alpha}i + \frac{C_0 + I_0 + G - \alpha T}{1-\alpha} \tag{3-17}$$

$$\frac{M}{P} = kY + (\mu - i) \tag{4-7}$$

ができます.

均衡解 Y^* と i^* は連立方程式 (3-17), (4-7) を実際に解くことによって得られます. この連立方程式を解くのはそれほど困難ではないでしょう. 1 つの便利な解法としては, 2 つの方程式を Y と i に関して,

$$(1-\alpha)Y + \beta i = C_0 + I_0 + G - \alpha T$$

$$kY - i = \frac{M}{P} - \mu$$

のように整理して, 数学付録 (A-2) を適用する方法があります. そうすると,

$$Y^* = \frac{(C_0 + I_0 + G - \alpha T) + \beta\left(\frac{M}{P} - \mu\right)}{(1-\alpha) + \beta k} \tag{5-1}$$

$$i^* = \frac{k(C_0 + I_0 + G - \alpha T) - (1-\alpha)\left(\frac{M}{P} - \mu\right)}{(1-\alpha) + \beta k} \tag{5-2}$$

となることがただちにわかります.

図 5 - 2　経済の不均衡と安定な均衡点

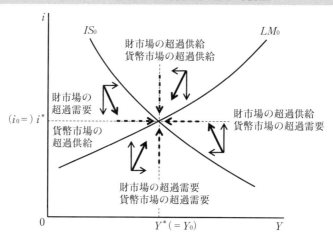

Y^* と i^* はいずれも，消費関数の α と C_0，投資関数の β と I_0，政府支出 G，租税 T，貨幣の取引需要の k，貨幣の資産需要の μ，そして実質マネーサプライ $\dfrac{M}{P}$ のすべてに依存しています．したがって，それらの外生変数のどれが変化しても均衡解は影響を受けることになります．

経済の不均衡

$IS\text{-}LM$ 分析では通常，均衡状態にある経済に注目します．言い換えると，均衡解や均衡点が分析対象になります．次節以降でもそのような分析を行います．

しかし，なぜ均衡状態のみを分析対象とすることが許されるかという疑問が生じるかもしれません．そこで次節に進む前に，経済が均衡状態にない場合，すなわち不均衡状態にある場合を考えてみましょう．

図 5 - 2 は図 5 - 1 と同じものですが，均衡点以外の状況を詳しく描写しています．経済が均衡点以外の場所にあるとすると，それはおおよそ，IS_0 曲線と LM_0 曲線で 4 つに分割された領域のどこかにあることになります．そして，各領域では図の矢印が示すような国民所得 Y と利子率 i の調整が行われます．

矢印だけを見ると若干複雑に見えますが，その意味は，財市場と貨幣市場についてのこれまでの説明を思い出すと容易に理解できます．

　まず財市場における国民所得の調整について見てみましょう．このときは右下がりの IS_0 曲線だけに注目します．IS_0 曲線は Yi 平面を2つに分割しています．もちろん曲線上は財市場の均衡を表しています．Y の調整がどのように行われるかは利子率を一定とした水平線上で考えます．たとえば水平線 $i＝i_0$ 上では均衡国民所得は Y_0 ですが，それより左の $Y＜Y_0$ の部分では財市場は超過需要の状態にあり，したがって企業は国民所得が Y_0 になるまで産出量を増やします．逆に，水平線上の Y_0 より右の $Y＞Y_0$ の部分では財市場は超過供給の状態にあり，企業は国民所得が Y_0 になるまで産出量を減らします．水平線 $i＝i_0$ 上の太い点線の矢印は，企業のそのような生産調整の方向を示しています．

　このような財市場の生産調整についての説明は，すでに第3章の図3-6で総需要と総供給に基づく45度線分析を行ったときと基本的に同じです．上述した太い点線の矢印は，図3-6で両側から Y_0 に向かう太い矢印に対応しています．

　水平線 $i＝i_0$ 上での以上の説明は，利子率の値をどのようにとっても成り立ちます．したがって，IS_0 曲線の左側（右側）の領域では財市場は超過需要（超過供給）の状態であり，国民所得は増加（減少）します．そのため IS_0 曲線の左側（右側）の領域では水平の矢印がすべて右向き（左向き）になっていることを確認してください．

　次に貨幣市場における利子率の調整について見てみましょう．このときは右上がりの LM_0 曲線だけに注目します．LM_0 曲線も Yi 平面を2つに分割しています．もちろん曲線上は貨幣市場の均衡を表しています．i の調整がどのように行われるかは国民所得を一定とした垂線上で考えます．たとえば垂線 $Y＝Y_0$ 上では均衡利子率は i_0 ですが，それより下の $i＜i_0$ の部分では貨幣市場は超過需要（債券市場は超過供給）の状態にあるので，利子率は i_0 になるまで上昇します（債券価格は低下）．逆に，垂線上の i_0 より上の $i＞i_0$ の部分では貨幣市場は超過供給（債券市場は超過需要）の状態にあるので，利子率は i_0 になるまで低下します（債券価格は上昇）．垂線 $Y＝Y_0$ 上の太い点線の矢印

は，貨幣市場のそのような利子率の調整の方向を反映しています.

このような貨幣市場における利子率の調整についてはすでに，$Y = Y_0$ とした第4章の図4-5で流動性選好説として詳しく説明しました．図5-2の垂線 $Y = Y_0$ 上の太い点線の矢印は，図4-5の縦軸上で上と下から i_0 に向かう矢印に対応しています.

垂線 $Y = Y_0$ 上での以上の説明は，国民所得の値をどのようにとっても成り立ちます．したがって，LM_0 曲線の下側（上側）の領域では貨幣市場は超過需要（超過供給）の状態であり，利子率は上昇（低下）します．そのため LM_0 曲線の下側（上側）の領域では垂直の矢印がすべて上向き（下向き）になっています.

IS_0 曲線と LM_0 曲線で4つに分割された各領域では，上で説明した国民所得と利子率の動きが合成され，合計4通りの方向の動きが生まれます．図中の4本の太い実線の矢印がそれを表しています．たとえば，IS_0 曲線の左側でかつ LM_0 曲線の上方の領域では，国民所得は増加し利子率は低下するので，経済は Yi 平面を南東方向に移動することになります.

さて，不均衡状態の経済は果たして均衡点に近づいていくでしょうか．もしそうでなければ均衡点だけを分析対象にする意味がありません．実際，この疑問に正確に答えるためにはさらに詳しい状況設定をする必要があります．しかし，図の矢印の方向からおおよそわかるように，通常，経済は均衡点に接近します．そして，そのような均衡点は**安定**（**stable**）であると言います．均衡点が安定であれば，その均衡点を基準にしてマクロ経済を分析することが正当化されます．以下で行う *IS-LM* 分析でも，安定な均衡点を仮定しています．（演習問題1参照.）

2 財政政策の有効性

IS-LM モデルの均衡点は，政府の特定の財政政策や中央銀行の特定の金融政策に対応する経済の状態を表しています．そして *IS-LM* 分析では，その状態が完全雇用の状態であるかどうかを問題にします.

図 5 - 3　拡張的財政政策

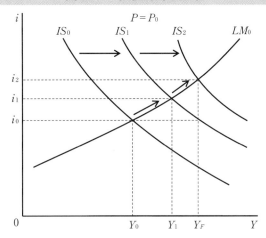

経済が完全雇用の状態にあるときの国民所得を**完全雇用国民所得**（full employment national income）と言います．これを Y_F で表しましょう．もし国民所得が $Y < Y_F$ のように完全雇用国民所得を下回っていると，それは非自発的失業の存在を意味します．そのようなとき，拡張的財政政策の実施が国民所得や雇用量を増やし失業者を救済する効果があるならば，財政政策は**有効**（**effective**）である，と言います．以下では，財政政策の有効性について，*IS-LM* モデルの一般形と具体例を使って調べてみましょう．

一般形

図 5 - 3 の均衡点 (Y_0, i_0) は図 5 - 1 と同じです．$Y_0 < Y_F$ なので，経済は完全雇用の状態ではありません．そこで，政府支出を G_0 から G_1 に増やすような政府の財政政策が実施されたとすると，*IS* 曲線は IS_0 から IS_1 へ右方シフトします（図 3 - 7 参照）．そうすると，もとの点 (Y_0, i_0) では経済は不均衡状態となり，経済は新しい（安定な）均衡点 (Y_1, i_1) によって表されるようになります．図から明らかなように，$Y_0 < Y_1$ となるので，拡張的財政政策により国民所得は増加しています．これは，財政政策が有効であることを示しています．

拡張的財政政策により国民所得が増加する理由は，第 3 章で見た有効需要の

原理によって説明できます．第3章では，たとえば総需要の一部である政府支出が増加すると，その増加分に消費需要の増加分を足した大きさの国民所得の増加が生じることが明らかになりました．IS-LM モデルでもそのような変化が生じています．しかし重要な違いがあります．それは投資需要の減少です．

図を見ると，拡張的財政政策の実施により利子率が i_0 から i_1 に上昇しています．なぜでしょうか．この変化は第4章で見た流動性選好説によって説明できます．すなわち，価格 P とマネーサプライ M が一定の状態で国民所得が Y_0 から Y_1 に増加するとき，利子率が i_0 のままだと貨幣市場に超過需要が発生するので，貨幣市場が均衡するように利子率が LM 曲線上の i_1 まで上昇するのです．その結果，民間投資は $I(i_0)$ から $I(i_1)$ に減少します．このように，政府支出の増加が利子率を上昇させ民間投資を減少させることを**クラウディング・アウト**（**crowding out**）と言います．政府の拡張的財政政策（とくに政府投資の増加）が民間投資を「押し出す」という意味です．

ところで，IS_1 曲線は点 (Y_F, i_0) を通っています．このことは，もし利子率が i_0 のまま変わらなければ，G_1 だけの政府支出により完全雇用が達成されることを意味します．しかし，実際には国民所得は Y_F より少ない Y_1 までしか増えません．完全雇用を達成するためには，政府支出を G_1 よりさらに増やし，IS 曲線を IS_2 までシフトさせる必要があります．言い換えると，かなり大規模な拡張的財政政策が必要になります．そのときの均衡点は (Y_F, i_2) であり，確かに完全雇用が達成されています．しかし，利子率は i_1 より高い i_2 まで上昇し民間投資はさらに減少するので，長期的な観点から経済にとって望ましいとは言えません．

┃具体例

（5-1）式より，均衡点における国民所得 Y^* は政策変数 G，T の関数であることがわかります．そして，拡張的財政政策の効果は，

$$dY^* = \frac{1}{(1-\alpha)+\beta k} dG \qquad (5\text{-}3)$$

$$dY^* = -\frac{\alpha}{(1-\alpha)+\beta k} dT \qquad (5\text{-}4)$$

と表すことができます. (5-3) 式と (5-4) 式から, 1単位の政府支出の増加と1単位の減税では, 前者のほうが国民所得を増加させる効果が大きいと言えます. (演習問題5参照.)

次に, (5-3) 式と (5-4) 式を各々, 利子率を一定として得た (3-18) 式と (3-19) 式と比べてみましょう. そうすると, 違いは (5-3) 式と (5-4) 式の分母に現れた βk という項であることがわかります. そして, $\beta k > 0$ なので, IS-LM モデルにおける拡張的財政政策の効果が低下していることが確認できます. その原因は, 一般形で述べたように, 利子率の上昇による民間投資の減少です. (演習問題2参照.)

政府支出の変化分に対する利子率の変化分は, (5-2) 式より,

$$di^* = \frac{k}{(1-\alpha)+\beta k} dG \qquad (5\text{-}5)$$

と書くことができます. dG の係数は正なので, 政府支出が増加すると利子率が上昇することを確認できます.

クラウディング・アウトについても調べてみましょう. 第3章で作った投資関数の具体例 (3-7) の均衡点における値を I^* と書くと,

$$I^* = -\beta i^* + I_0, \quad \beta > 0, \quad I_0 > 0 \qquad (5\text{-}6)$$

となります. (5-6) 式の i^* に (5-2) 式を代入すると,

$$I^* = -\beta \frac{k(C_0 + I_0 + G - \alpha T) - (1-\alpha)\left(\dfrac{M}{P} - \mu\right)}{(1-\alpha)+\beta k} + I_0 \qquad (5\text{-}7)$$

となります. (5-7) 式より, 政府支出の増加に対する投資の変化は,

$$dI^* = -\frac{\beta k}{(1-\alpha)+\beta k}dG \tag{5-8}$$

と表すことができます．（5-8）式の dG の係数は負なので，政府支出が1単位増加すると民間投資が $\dfrac{\beta k}{(1-\alpha)+\beta k}$ 単位減少することが確認できます．（演習問題3参照．）

3 | 金融政策の有効性

　財政政策の場合と同様に，非自発的失業が存在しているとき拡張的金融政策の実施が国民所得や雇用量を増やし失業者を救済する効果があるならば，金融政策は有効である，と言います．この節では，金融政策の有効性について，IS-LM モデルの一般形と具体例を使って調べてみましょう．

一般形

　図5-4の均衡点 $(Y_0,\ i_0)$ は図5-3と同じです．$Y_0 < Y_F$ なので，経済は完全雇用の状態ではありません．そこで，マネーサプライを M_0 から M_1 に増やすような中央銀行の金融政策が実施されたとすると，LM 曲線は LM_0 から LM_1 へ下方シフトします（図4-10参照）．そうすると，もとの点 $(Y_0,\ i_0)$ では経済は不均衡状態となり，経済は新しい均衡点 $(Y_1,\ i_1)$ に移ります．図から明らかなように，$Y_0 < Y_1$ となるので，拡張的金融政策により国民所得は増加しています．これは，金融政策が有効であることを示しています．

　非自発的失業が存在しているときに中央銀行がマネーサプライを増やすのはなぜでしょうか．それは，利子率を下げて投資需要を増やし，それが有効需要の原理を通じてそれ以上の国民所得の増加をもたらすからです．図では，利子率は i_0 から i_1 に低下しています．それに応じて投資需要は $I(i_0)$ から $I(i_1)$ に増加します．そして，もとの国民所得 Y_0 に投資需要の増加分 $dI(=I(i_1)-I(i_0))$ の投資乗数倍を足すと新しい国民所得 Y_1 になります．（(3-10) 式参照．）

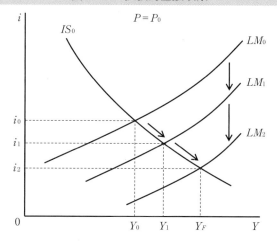

図5-4 拡張的金融政策

　しかし，$Y_1 < Y_F$ なので経済はまだ完全雇用の状態ではありません．完全雇用を達成するためにはマネーサプライを M_1 よりさらに増やし，LM 曲線を LM_2 までシフトさせる必要があります．言い換えると，かなり大規模な拡張的金融政策が必要になります．そのときの均衡点は (Y_F, i_2) であり，完全雇用が達成されています．しかも利子率は i_1 より低い i_2 まで低下するので民間投資はさらに増加しています．これは経済にとって望ましいと言えます．ただし，インフレ発生の可能性が否定できないので，マネーサプライの無制限の増加は望ましくないと考えられます．

具体例

　(5-1) 式より，均衡点における国民所得 Y^* は政策変数 M の関数であることがわかります．そして，拡張的金融政策の効果は，

$$dY^* = \frac{\beta}{[(1-\alpha)+\beta k]P}dM \tag{5-9}$$

と表すことができます．dM の係数は正なので，マネーサプライが増加すると国民所得が増加することが確認できます．

マネーサプライの変化分に対する利子率の変化分は，(5-2) 式より，

$$di^* = -\frac{1-\alpha}{(1-\alpha)+\beta k}\frac{1}{P}dM \qquad (5\text{-}10)$$

と書くことができます．dM の係数は負なので，マネーサプライが増加すると利子率が低下することがわかります．(5-10) 式を，国民所得を一定として得た (4-11) 式と比べてみましょう．そうすると，1 単位のマネーサプライが利子率を低下させる効果は (5-10) 式のほうが小さくなっています．その理由は流動性選好説によって説明できます．すなわち，価格と国民所得が一定の状態でマネーサプライが M_0 から M_1 に増加するとき，国民所得が Y_0 のままだと利子率は (4-11) 式が示すようにマネーサプライの増加分の $\frac{1}{P}$ 倍だけ低下します．しかし IS-LM モデルではその場合財市場に超過需要が発生するので，財市場が均衡するように国民所得が増加します．価格とマネーサプライが一定の状態で国民所得が増加するので，流動性選好説に従い利子率は上昇します．その上昇分だけ利子率の i_0 からの低下分が小さくなることを (5-10) 式は表しています．

マネーサプライの増加が投資需要に与える効果についても調べてみましょう．これについては，(5-7) 式を用いると，

$$dI^* = \frac{(1-\alpha)\beta}{[(1-\alpha)+\beta k]P}dM \qquad (5\text{-}11)$$

と表すことができます．(5-11) 式より，マネーサプライが 1 単位増加すると民間投資が $\dfrac{(1-\alpha)\beta}{[(1-\alpha)+\beta k]P}$ 単位増加することがわかります．

4 ポリシー・ミックス

以上の説明から，財政政策と金融政策はいずれも不況時における失業対策と

図5-5　ポリシー・ミックス

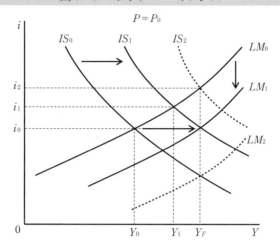

なることがわかりました.

　しかしながら, 両政策には欠点もありました. 財政政策は有効ですが, クラウディング・アウトを生じさせます. また, 金融政策も有効ですが, 大規模なマネーサプライの増加はインフレの懸念を引き起こします.

　そのような副作用を発生させず, かつ完全雇用を達成するための方法が**ポリシー・ミックス**（**policy mix**）です. 一般に, 複数の政策を同時に実施することをポリシー・ミックスと言います. IS-LM 分析における代表的なポリシー・ミックスは, 民間投資を阻害しないように利子率を比較的低水準に維持するとともにインフレを発生させないようにマネーサプライの増加を抑制しながら, 国民所得を完全雇用水準にまで増加させるための財政政策と金融政策の組合せです.

一般形

　図5-5はこのようなポリシー・ミックスを, 図5-3をもとにして描いています. 3本の IS 曲線 IS_0, IS_1, IS_2 は図5-3と同じものです. そこに図5-4の3本の LM 曲線 LM_0, LM_1, LM_2 をつけ加えています.

　図5-3で見たように, 財政政策のみで完全雇用を達成しようとすると, か

なり大規模な政府支出の増加あるいは減税が必要であり，しかも利子率の上昇による民間投資の減少という副作用を伴いました．これは IS_0 曲線から IS_2 曲線への大きな右方シフトが意味していることでした．他方，図5-4で見たように，金融政策のみで完全雇用を達成しようとすると，かなり大規模なマネーサプライの増加が必要であり，このとき民間投資は増加しますがインフレ発生が懸念されました．これは，LM_0 曲線から LM_2 曲線への大きな下方シフトが意味していることでした．

そこで，拡張的財政政策は IS_1 曲線が表す程度にとどめ，また拡張的金融政策も LM_1 曲線が表す程度にとどめ，両方を同時に実施した結果が図5-5です．このようなポリシー・ミックスの場合には，利子率を i_0 という比較的低水準に維持し，マネーサプライも M_1 という比較的低水準に抑えながら，完全雇用国民所得 Y_F を達成することが可能になっています．そしてそれは単独の政策ではできなかった成果です．

具体例

（3-17）式と（4-7）式からなる具体例を用いて，完全雇用国民所得と低水準の利子率を同時に実現するためのポリシー・ミックスを考えてみましょう．これまでと同様，完全雇用国民所得を Y_F，目指す低水準の利子率を i_0 で表します．そしてそれらを同時に実現するための政府支出を G_F，マネーサプライを M_F とします．ただしここでは租税 T は一定としましょう．

そうすると，G_F は，（3-17）式において，$Y = Y_F$ かつ $i = i_0$ としたときの G の値です．したがって，

$$G_F = (1-\alpha)Y_F + \beta i_0 - (C_0 + I_0 - \alpha T) \tag{5-12}$$

となります．さらに，M_F は，（4-7）式において，$Y = Y_F$ かつ $i = i_0$ としたときの M の値です．したがって，

$$M_F = (kY_F + \mu - i_0)P \tag{5-13}$$

となります．（5-12）式と（5-13）式において興味深いのは，ポリシー・ミックスは政府と中央銀行の協力関係を前提としているにもかかわらず，それに必

要な政府支出 G_F とマネーサプライ M_F は政府と中央銀行が互いに独立に決定できるという点です．（演習問題4参照.）

5 財政政策と金融政策のどちらが役立つか？

以上で行った詳細な *IS-LM* 分析の結果，拡張的財政政策または拡張的金融政策によって，あるいは財政政策と金融政策を組み合わせたポリシー・ミックスによって，完全雇用の達成が可能であることがわかりました．したがって，繰り返しになりますが，財政政策と金融政策はいずれも不況時における失業対策として役立つ，という理論的結論が導き出されたことになります．

ただし，経済学者の間では両方の政策が同等に評価されてきたとは必ずしも言えない，ということを知っておいたほうがいいでしょう．財政政策と金融政策の優劣についてはこれまでさまざまな議論が展開されてきましたが，早い時期には財政政策のほうが重視されました．その理由として持ち出された事例は，利子率に反応しない投資と流動性の罠の2つです．

利子率に反応しない投資

投資が利子率に反応しない場合，*IS* 曲線はどのようになるでしょうか．投資が利子率に反応しない場合には $I=\bar{I}$ と書くことができます．ただし $\bar{I}$ は正の定数です．そしてこの場合 $I'(i)=0$ です．第3章では *IS* 曲線の一般形の傾きは（3-9）式で表されましたが，$I'(i)=0$ の場合にはそれを用いることができません．しかし，その分母と分子を反対にすると，

$$\frac{dY}{di}=\frac{I'(i)}{1-C'(Y-T)}=0$$

であることを確認できます．そしてこれは均衡国民所得 Y が利子率の値にかかわらず一定の値であることを意味しています．このとき，*IS* 曲線は横軸のその一定の値を通る垂線になります．

以上の説明は *IS* 曲線の具体例（3-11）を用いるとさらにはっきりします．

図5-6　利子率に反応しない投資と金融政策の無効

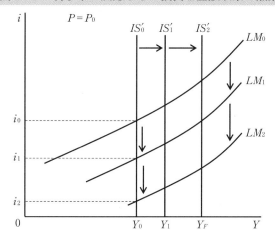

(3-11) 式はこの場合，$Y^* = \dfrac{C_0 + \bar{I} + G - \alpha T}{1 - \alpha}$ となり，均衡国民所得は確かに一定の値になります．そしてこの結果は (3-13) 式の 2 行目で $I = \bar{I}$ としたものにほかなりません．

　注意すべきは，第 3 章 5 節の拡張的財政政策についての説明は，右下がりの IS 曲線を垂直な IS 曲線にかえても成り立つということです．すなわち，拡張的財政政策によって垂直な IS 曲線は垂直のまま右方にシフトします．

　図 5-6 は，図 5-4 をもとにして，IS 曲線が垂直になった場合を描いたものです．財市場の均衡が IS'_0 曲線で表されるとき均衡国民所得は Y_0 です．IS'_0 曲線と LM_0 曲線からなる $IS\text{-}LM$ モデルの均衡点は (Y_0, i_0) です．このとき $Y_0 < Y_F$ なので，経済は完全雇用の状態ではありません．そこで，中央銀行が失業対策としてマネーサプライを増やすと，LM 曲線は LM_0，LM_1，LM_2 の順に下方シフトします．そうすると，均衡点における利子率は図のように i_0，i_1，i_2 の順で低下します．しかし国民所得は Y_0 のままで不変です．利子率の低下に投資が反応しないからです．このように，失業対策として金融政策が機能しないとき，金融政策は**無効**（**ineffective**）である，と言います．

　このような場合でも財政政策は有効です．図では，拡張的財政政策の実施に

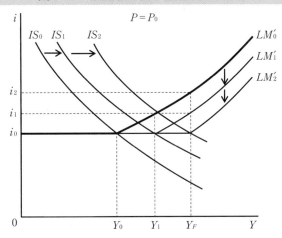

図 5-7　流動性の罠と金融政策の無効

より *IS* 曲線が右方シフトし，対応する国民所得も増加しています．そして，*LM* 曲線の位置にかかわらず，IS_2' 曲線のところで完全雇用国民所得 Y_F が実現しています．

流動性の罠

　第 4 章 5 節で説明したように，流動性の罠が発生すると *LM* 曲線は水平な部分を持ちます．そして，マネーサプライを増やしていくとこの水平な部分は，図 4-12 で示したように，その範囲が広がっていきます．図 5-7 は，図 4-12 に，3 本の *IS* 曲線 IS_0, IS_1, IS_2 をつけ加えたものです．

　IS_0 曲線と LM_0' 曲線からなる *IS-LM* モデルの均衡点は (Y_0, i_0) です．図 5-7 の i_0 は流動性の罠が発生する低水準の利子率を表しています．均衡点では $Y_0 < Y_F$ なので，経済は完全雇用の状態ではありません．そこで，中央銀行が失業対策としてマネーサプライを増やすと，*LM* 曲線は LM_0', LM_1', LM_2' の順に下方シフトします．しかし，図のように利子率は i_0 に張りついてそれ以下には下がりません．したがって，財市場の均衡が IS_0 曲線で表されるかぎり，均衡点の位置は変わりません．すなわち，流動性の罠が発生すると金融政策は無効になります．

そのような場合でも財政政策は有効です．図を見ると，LM 曲線が LM_2' に
なったときに，拡張的財政政策の実施により IS 曲線が右方シフトすると，均
衡点は水平線 $i=i_0$ 上を右に移動することがわかります．すなわち，利子率は
一定ですが，国民所得は増加しています．そして，IS_2 曲線と LM_2' 曲線の交
点では完全雇用国民所得 Y_F が実現しています．

▍金融政策の優位，財政政策の復活

以上の２つの場合には金融政策は無効です．そしてそのような場合でも財政
政策は有効です．このことから，金融政策よりも財政政策のほうが失業対策と
して役立つと主張できるように見えます．しかし以上の説明は，右下がりの
IS 曲線と右上がりの LM 曲線の交点を分析する通常の IS-LM 分析に基づい
ているわけではありません．通常の IS-LM 分析では財政政策も金融政策も有
効です．

最後に，実際の財政・金融政策がどうであったかを知るために，例としてア
メリカの歴史を簡単に振り返ってみましょう．まず，1950年代と1960年代の財
政・金融政策は裁量的でした．**裁量的政策（discretionary policy）**とは時々
の状況に応じて当局の判断で変更される政策のことです．

1970年代以降は金融政策が重視されるようになりました．主な理由としては，
①金融政策の機動性，②政府の財政赤字の累積，③変動為替相場制の採用，が
挙げられます．①は，政府が拡張的財政政策を実施しようとするときには国会
における承認等に時間がかかるのに対し金融政策には財政政策の場合ほどの制
度上の制約はなく迅速に対応できるということ，②は，政府が多額の財政赤字
をかかえているときに拡張的財政政策を実施することによる財政赤字の累積に
対する懸念が高まったということ，③は，変動為替相場制の下では金融政策が
有効であるという理論的結果（第６章４節参照）があるということです．

金融政策の手段として，1970年代はマネーサプライが重視されましたが，
1990年代以降は利子率（とくに短期利子率）が用いられるようになりました．
いずれの場合の金融政策も**ルールに基づく政策（rule-based policy）**である
ことが強調されました．それまでの裁量的政策が経済の変動を増幅させ経済状
態を悪化させたという認識があったからです．これに対して失業対策としての

財政政策は顧みられなくなりました.

　しかし，2008年のリーマン・ショックから始まった世界的な経済危機はそのような金融政策優位の状況を一変させました．事実上ゼロ金利の状態の中で金融政策にできることは限られていたため，ほぼすべての主要国において大規模な裁量的財政政策が実施されました．さらに2020年以降の新型コロナウイルス・パンデミックへの対応でも政府による裁量的財政政策の重要性が再確認されました.

　以上のような歴史的過程を経て，財政政策と金融政策はどちらもマクロ経済学の重要な研究対象であり続けています.

本章のまとめ

1 *IS-LM* モデルは *IS* 曲線と *LM* 曲線からなるマクロ経済モデルである.

2 拡張的財政政策だけを実施すると，国民所得は増加するが，利子率が上昇して投資が減少する.

3 拡張的金融政策だけを実施すると，国民所得は増加し，利子率は低下して投資は増加するが，インフレの懸念が生じる.

4 ポリシー・ミックスを実施すると，投資の減少とインフレの発生を回避して，完全雇用国民所得を達成できる.

5 投資が利子率に反応しない場合と流動性の罠が発生する場合には，金融政策は無効になる.

1 不均衡状態の経済の動きに関する仮定としてよく用いられるものに，財市場の緩慢な調整と貨幣市場の瞬時の調整という組合せがある．すなわち，生産の調整は時間がかかるが利子率の調整は一瞬で終了するという仮定である．この状況を，図5-2を参考にして，作図しなさい．さらにそのような経済の動きを簡潔に述べなさい．

2 IS-LM モデルの具体例 (3-17)，(4-7) における拡張的財政政策の効果について以下の問いに答えなさい．

(1) 消費関数の具体例 (3-4) の均衡点における値を C^* と書くと，

$$C^* = \alpha(Y^* - T) + C_0, \quad 0 < \alpha < 1, \quad C_0 > 0$$

となる．上式に (5-1) 式を代入して C^* を (5-1) 式と同様にモデルの外生変数で表しなさい．

(2) (1)の結果を利用して，政府支出の変化分 dG に対する消費の変化分 dC^* の関係を表す式を書きなさい．

(3) (2)の結果および (5-8) 式を用いて，政府支出が dG だけ増加したときの均衡点における総需要 $C^* + I^* + G$ の変化分を計算し，それが (5-3) 式で表された国民所得の増加と一致することを確認しなさい．

(4) (3-18) 式で表される政府支出乗数と，(5-3) 式で表される拡張的財政政策の効果を比べると，何が言えるか．

3 IS-LM モデルの具体例 (3-17)，(4-7) において生じるクラウディング・アウトについて以下の問いに答えなさい．

(1) 均衡点における投資関数の具体例 (5-6) について，利子率の変化分 di^* に対する投資の変化分 dI^* の関係を表す式を書きなさい．

(2) (1)の結果と，政府支出の変化分 dG に対する利子率の変化分 di^* を表す (5-5) 式から，クラウディング・アウトを表す (5-8) 式を導出しなさい．

(3) (2)の結果からクラウディング・アウトの発生経路について何が言える
    か.

4 均衡解 Y^* と i^* が (5-1) 式と (5-2) 式で与えられることがわかっている
とする. それらを政府支出 G とマネーサプライ M の連立方程式と見なし,
完全雇用国民所得 Y_F と低水準の利子率 i_0 を同時に達成する G の値と M
の値を計算しなさい.

5 IS-LM モデルの具体例 (3-17), (4-7) において租税が $T = \tau Y, 0 < \tau < 1$
のように国民所得に依存する場合を考える.
(1) 均衡解を税率 τ の関数として $Y^*(\tau)$, $i^*(\tau)$ と書くことにする. 数学付録
    (A-2) を利用して IS-LM モデルを解きなさい.
(2) (1)の結果と数学付録 (A-7) を利用して, $-\dfrac{dY^*(\tau)}{d\tau}\dfrac{\tau}{Y^*(\tau)}$ (税率 τ が
    1％低下したとき均衡点の国民所得 $Y^*(\tau)$ は何％増えるか) を計算しな
    さい.
(3) (2)の結果と数学付録 (A-6) を利用して, 命題「税率 τ を上げると税
    収 $\tau Y^*(\tau)$ は増える.」は真, 偽のうちどちらかを判定しなさい.

Y の意味

　この章では *IS-LM* モデルを，多くの数式と図の助けを借りて，理解しました．言うまでもなく，*IS-LM* モデルはマクロ経済学の創始者ケインズの主著『一般理論』に基づいています．したがって，『一般理論』が書かれなかったならば，*IS-LM* モデルが生まれることもなかったでしょう．

　ただし，序章で述べたとおり，*IS-LM* モデルを作ったのはケインズではなく，ヒックスです．『一般理論』はほとんどが文章です．図は1つしかなく，数式が多めに登場するところでは「代数式を好まない人（その気持はよくわかる）は，この章の最初の節を省略してもほとんど失うところはないであろう．」と親切なコメントがついています．とても文系向きの本のようですが，「きわめて難解」というのが理系出身者も含めた統一見解になっています．そのため，ヒックスが1937年の論文で『一般理論』を要約した *IS-LM* モデルがケインズ経済学の基礎として普及したのです．

　ケインズ自身はヒックスの *IS-LM* モデルをどう思っていたのでしょう．これについては，ケインズからヒックスに送られた1937年3月31日付の手紙のなかで，「大変興味深いもので，批判するところはほとんどありません．」と述べられています．この手紙によると，*IS-LM* モデルはケインズから御墨つきをいただいたことになります．

　ところで，不思議なことに，ヒックスのその論文には *Y* が出てきません．*Y* は国民所得を表すマクロ経済学の代表的な記号です．もちろん『一般理論』でも *Y* が用いられています．その『一般理論』を読んだヒックスが，*Y* のかわりに用いた記号は *I* でした．*I* は投資ではなかったでしょうか．

　経済学では数式の記号に英語の頭文字を使うことが一般的です．たとえば，*C* と *I* は各々 Consumption（消費）と Investment（投資）の頭文字です．では *Y* はどうでしょうか．*Y* はマクロ経済学で最も頻繁

に用いられる記号であるにもかかわらず，それが何の頭文字であるかは
はっきりとしません．そこで，以下のケインズの文章を見てみましょう
（モグリッジ（D. E. Moggridge））．

"The following notation will be used.

Y for Yncome

D for effective Demand …"

この文章は，1934年にケインズが書いた『一般理論』の草稿のなかにあ
ります．しかし，1936年に出版された実際の『一般理論』のなかにはあ
りません．

上の草稿の文章から判断すると，Yは英語では Income，日本語では
（国民所得ではなく単に）所得を表します．したがって，記号としては
Iになるところですが，Iは Investment のほうで使っているので，In-
come を Yncome に書き換えてその頭文字の Y を使ったことになりま
す．『一般理論』でも Y は Income（所得）を指しています．しかし，
ヒックスは所得に I を選び，投資には Capital（資本）の C を用いまし
た．

ヒックスの論文を読んだケインズは，同じ手紙のなかで次のように指
摘しています．「細かい点をひとつ．貴方は所得に I という文字を用い
ていることを残念に思います．もちろん，所得か投資かのいずれかを選
択しなければなりません．しかし，両者を試みてから，所得に Y，投
資に I を用いるのがわかりやすいと考えています．」

このとき，ケインズ54歳，ヒックス32歳．ケインズ革命始まりの頃の
ひとこまです．

参考文献

J. R. ヒックス「ケインズと『古典派』」，江沢太一・鬼木甫訳『貨幣理
　　論』オックスフォード大学出版局，1969年，第 7 章．（原論文1937
　　年．）

J. R. ヒックス，貝塚啓明訳『経済学の思考法──貨幣と成長について
　　の再論』岩波書店，1985年，188ページ．（原著1977年．）

J. M. ケインズ，塩野谷祐一訳『雇用・利子および貨幣の一般理論』東洋経済新報社，1995年.（原著1936年.）

Donald E. Moggridge, ed., *The Collected Writings of John Maynard Keynes, Vol. XIII, The General Theory and After, Part I, Preparation*, London: Macmillan, 1973.

第 6 章

マンデル゠フレミング・モデル

この章では外国と輸出入や資産選択でつながっている開放マクロ経済を分析します．1節では輸出入を追加した *IS* 方程式を導出します．2節では外国の資産市場も考慮した *LM* 方程式について考察します．3節ではそれらを連立させたマンデル゠フレミング・モデルを作ります．そしてマンデル゠フレミング・モデルを用いて，4節では変動為替相場制の下で，5節では固定為替相場制の下で，財政・金融政策の有効性について調べます．

1 財市場の均衡

　これまでは閉鎖経済の分析を行いましたが，この章では（そしてこの章でのみ）開放経済を考えます．開放経済は外国と財や資産の取引を行っている経済です．ここでの「外国」は分析対象の「自国」以外のすべての国の経済を一括して指しています．「自国」は通常，「外国」の国民所得や利子率に影響を与えるほど大きくはないので，「小国」です．そしてここでもそのような意味での小国経済を分析します．「自国」は「国内」，「外国」は「海外部門」あるいは「世界」と表現されることもあります．また，この章では，開放マクロ経済学の慣例に従い貨幣のことを通貨と表現する場合があります．ただし英語ではどちらも money であり，両者はまったく同じものです．

　閉鎖経済の分析の基礎は *IS-LM* モデルでしたが，小国開放経済の分析にはマンデル゠フレミング・モデルを用います．第3章の冒頭で述べたように，マンデル゠フレミング・モデルは *IS-LM* モデルに海外部門を追加したものです．そして，そこでも財市場と貨幣市場の同時均衡を通して開放マクロ経済の本質をとらえます．

　まず財市場の均衡から見ていきましょう．開放経済が閉鎖経済と異なるのは，

輸出，輸入，為替レートが入ってくることです．そのため，第1章5節で説明した (1-35) 式を利用します．それを改めて，

$$Y = C + I + G + NX \tag{6-1}$$

と書くことにしましょう．右辺の純輸出 NX は，実質輸出額 EX と実質輸入額 $\varepsilon \cdot IM$ の差額であることを思い出してください．$\varepsilon \left(= \dfrac{eP_f}{P} \right)$ は実質為替レートです．$NX = EX - \varepsilon \cdot IM$ であり，$NX = EX - IM$ ではないことに注意しましょう．

さて，純輸出 NX はどのような関数になるでしょうか．それを知るためにはその構成要素である EX と IM がどのような関数であるかを見てみるのがよいでしょう．**輸出関数**（**export function**）の一般形として通常用いられるのは，

$$EX = EX(Y_f, \varepsilon), \quad EX_{Y_f}(Y_f, \varepsilon) > 0, \quad EX_\varepsilon(Y_f, \varepsilon) > 0$$

です．Y_f は外国の実質国民所得です．$EX_{Y_f}(Y_f, \varepsilon)$ と $EX_\varepsilon(Y_f, \varepsilon)$ は各々 $EX(Y_f, \varepsilon)$ の Y_f と ε に関する偏導関数であり，$\dfrac{\partial EX(Y_f, \varepsilon)}{\partial Y_f}$，$\dfrac{\partial EX(Y_f, \varepsilon)}{\partial \varepsilon}$ と書いても同じことです．上式より，輸出は外国の実質国民所得 Y_f と実質為替レート ε の増加関数です．外国の景気がよくなり Y_f が増加すると，外国からの国内財に対する需要が増えて輸出 EX が増加します（$EX_{Y_f}(Y_f, \varepsilon) > 0$）．また，第1章3節で説明したように，高い（低い）ε の値は国内財の価格が外国財の価格に比べて安い（高い）ことを意味するので，ε の値が上昇すると外国からの国内財に対する需要が増えて輸出 EX が増加します（$EX_\varepsilon(Y_f, \varepsilon) > 0$）．

輸入関数（**import function**）の一般形としてよく用いられるのは，

$$IM = IM(Y, \varepsilon), \quad IM_Y(Y, \varepsilon) > 0, \quad IM_\varepsilon(Y, \varepsilon) < 0$$

です．$IM_Y(Y, \varepsilon)$ と $IM_\varepsilon(Y, \varepsilon)$ は各々 $IM(Y, \varepsilon)$ の Y と ε に関する偏導関数

であり，$\dfrac{\partial IM(Y,\ \varepsilon)}{\partial Y}$，$\dfrac{\partial IM(Y,\ \varepsilon)}{\partial \varepsilon}$ と書いても同じことです．上式より，輸入は自国の実質国民所得 Y の増加関数ですが，実質為替レート ε の減少関数です．自国の景気がよくなり Y が増加すると外国財への需要が増えて輸入 IM が増加します（$IM_Y(Y,\ \varepsilon)>0$）．また，ε の値が上昇して外国財の価格が相対的に高くなると外国財への需要が減って輸入 IM は減少します（$IM_\varepsilon(Y,\ \varepsilon)<0$）．

　以上の考察より，純輸出関数の一般形を，

$$\begin{aligned} NX &= EX(Y_f,\ \varepsilon)-\varepsilon\cdot IM(Y,\ \varepsilon) \\ &= NX(Y,\ \varepsilon),\quad NX_Y(Y,\ \varepsilon)<0,\quad NX_\varepsilon(Y,\ \varepsilon)>0 \end{aligned} \tag{6-2}$$

のように書くことにしましょう．ただし，ここでは外国の経済状態は分析対象の小国経済とは関係なく決まると仮定しているので，(6-2) 式の 2 行目では Y_f を省略しています．$NX_Y(Y,\ \varepsilon)$ と $NX_\varepsilon(Y,\ \varepsilon)$ は各々 $NX(Y,\ \varepsilon)$ の Y と ε に関する偏導関数です．純輸出 NX が Y の減少関数になること（$NX_Y(Y,\ \varepsilon)<0$）は，$IM_Y(Y,\ \varepsilon)>0$ という仮定からただちに導かれます．しかし，純輸出 NX が ε の増加関数になるかどうかは明らかではありません．なぜなら，ε の値が上昇すると EX は増加し IM は減少するので純輸出は増加するように見えますが，$\varepsilon\cdot IM$ が EX より大きく増加することにより純輸出が減少するかもしれないからです．そこで現実的観点から，(6-2) 式では純輸出 NX は実質為替レート ε の増加関数である（$NX_\varepsilon(Y,\ \varepsilon)>0$）と仮定しています．この仮定を**マーシャル＝ラーナーの条件**（**Marshall-Lerner condition**）と言います．（正確な説明は演習問題 1 参照．）

　輸出関数の具体例として，

$$EX = EX_0\cdot\varepsilon,\quad EX_0>0 \tag{6-3}$$

そして輸入関数の具体例として，

$$IM = \sigma Y\varepsilon^{-1},\quad 0<\sigma<\alpha<1 \tag{6-4}$$

を考えてみましょう．EX_0 と σ は正の定数，α は消費関数の具体例 (3-4) の

限界消費性向です．このとき定義に従い純輸出は，

$$NX = EX_0 \cdot \varepsilon - \sigma Y \tag{6-5}$$

となります．そして $NX_Y(Y, \varepsilon) = -\sigma < 0$ かつ $NX_\varepsilon(Y, \varepsilon) = EX_0 > 0$ が成立しています．(6-5) 式の右辺の σ は**限界輸入性向**（**marginal propensity to import**）と呼ばれ，国民所得 1 単位の増加に対して実質輸入額 $\varepsilon \cdot IM$ が何単位増加するか（実質純輸出が何単位減少するか）を表しています．

一般形

財市場の均衡式 (6-1) に，消費関数の一般形 (3-2)，投資関数の一般形 (3-6)，純輸出関数の一般形 (6-2) を代入すると，

$$Y = C(Y - T) + I(i) + G + NX(Y, \varepsilon) \tag{6-6}$$

となります．これが開放経済の場合の財市場の均衡を表す IS 方程式です．

数学付録（A-5）と（A-8）を利用すると，Yi 平面での傾きは，

$$\frac{di}{dY} = \frac{1 - C'(Y_D) - NX_Y(Y, \varepsilon)}{I'(i)} = \frac{1 - [C'(Y_D) + NX_Y(Y, \varepsilon)]}{I'(i)} < 0 \tag{6-7}$$

のように負になります．なぜなら，$0 < C'(Y_D) < 1$，$NX_Y(Y, \varepsilon) < 0$，$I'(i) < 0$ と仮定しているからです．したがって，マンデル＝フレミング・モデルにおいても IS 曲線は右下がりになります．（演習問題 5 参照．）

(6-7) 式の右辺の分子の $C'(Y_D) + NX_Y(Y, \varepsilon)$ が経済学的に何を意味するかを考えてみましょう．(6-2) 式より $C'(Y_D) + NX_Y(Y, \varepsilon) = C'(Y_D) - \varepsilon \cdot IM_Y(Y, \varepsilon)$ となります．たとえば $\varepsilon \cdot IM_Y(Y, \varepsilon)$ を，国民所得が 1 単位増加したときの家計の外国財に対する消費需要の増加分と見なすと，$C'(Y_D) + NX_Y(Y, \varepsilon)$ はそのときの国内財に対する消費需要の増加分と見なせます．$\varepsilon \cdot IM_Y(Y, \varepsilon)$ と $C'(Y_D) + NX_Y(Y, \varepsilon)$ を足した $C'(Y_D)$ は，家計の（国内財と外国財を含む）消費需要全体の増加分になるからです．したがって，経済学的には $0 < C'(Y_D) + NX_Y(Y, \varepsilon) < 1$ が自然な仮定であり，以下でもそのように仮定します．（第 1 章の演習問題 4 参照．）

均衡国民所得に対する拡張的財政政策の効果を見るために，IS 方程式の一般形（6-6）に数学付録（A-5）と（A-9）を適用すると，

$$dY = \frac{1}{1-[C'(Y_D)+NX_Y(Y,\ \varepsilon)]}dG \tag{6-8}$$

$$dY = -\frac{C'(Y_D)}{1-[C'(Y_D)+NX_Y(Y,\ \varepsilon)]}dT \tag{6-9}$$

となります．（6-8）式と（6-9）式から，政府支出が増加するとき（$dG>0$）にも，減税が実施されるとき（$dT<0$）にも，均衡国民所得が増加することがわかります．したがって，拡張的財政政策が実施されると，IS 曲線（6-6）は右方にシフトすることがわかります．ただし，シフトの程度は政府支出の場合のほうが減税の場合より大きくなります．（演習問題5参照．）

　（6-8）式の dG の係数 $\dfrac{1}{1-[C'(Y_D)+NX_Y(Y,\ \varepsilon)]}$ を**外国貿易乗数（foreign trade multiplier）**と言います．外国貿易乗数は開放経済において政府支出1単位の増加に対して均衡国民所得が何単位増加するかを表しています．$0<C'(Y_D)+NX_Y(Y,\ \varepsilon)<1$ なので，外国貿易乗数は 1 より大きい値をとります．すなわち，（6-8）式は政府支出の増加に対してそれを超える均衡国民所得の増加が生じることを表しています．

　ただし，（3-15）式で表された閉鎖経済の場合の政府支出乗数と比べると，（6-8）式の外国貿易乗数の分母には正の項 $-NX_Y(Y,\ \varepsilon)$ があるため，政府支出増加の均衡国民所得に対する効果が低下していることがわかります．このことを経済学的に説明するとどうなるでしょうか．そのために，財市場が国内最終財の市場であること，そして国内最終財の産出量が国民所得の大きさと一致すること（$Q=Y$）を思い出しましょう．そうすると，政府支出の増加により国民所得が増加しても，そのうち $\varepsilon\cdot IM_Y(Y,\ \varepsilon)$ だけが外国財の購入に向けられるため，閉鎖経済の場合に比べて国内最終財に対する需要がその分だけ減少します．その結果，開放経済において国内最終財市場が均衡するときの総供給と総需要は，（6-8）式が示すように，閉鎖経済の場合に比べて減少するのです．

　均衡国民所得に対する実質為替レート ε の影響は，IS 方程式の一般形

(6-6) に数学付録（A-5）と（A-9）を適用すると，

$$dY = \frac{NX_\varepsilon(Y, \varepsilon)}{1 - [C'(Y_D) + NX_Y(Y, \varepsilon)]}d\varepsilon \qquad (6\text{-}10)$$

と計算できます．$NX_\varepsilon(Y, \varepsilon) > 0$ より $d\varepsilon$ の係数は正になります．すなわち，ε の値が上昇すると IS 曲線（6-6）は右方シフトすることがわかります．（演習問題5参照．）

（6-10）式の経済学的意味は（6-8）式をもとにするとすぐに理解できます．そのために，（6-10）式を，

$$dY = \frac{1}{1 - [C'(Y_D) + NX_Y(Y, \varepsilon)]}\frac{\partial NX(Y, \varepsilon)}{\partial \varepsilon}d\varepsilon$$

と書き換えてみましょう．右辺の $\dfrac{\partial NX(Y, \varepsilon)}{\partial \varepsilon}$ は ε の値が1単位上昇したとき，純輸出 $NX(Y, \varepsilon)$ が何単位増加するかを示しています．そして，$\dfrac{\partial NX(Y, \varepsilon)}{\partial \varepsilon}d\varepsilon$ は，ε の値が $d\varepsilon$ 単位上昇したときの純輸出 $NX(Y, \varepsilon)$ の増加分を表しています．（6-8）式は政府支出が dG 単位増加すると均衡国民所得がその外国貿易乗数倍増加することを意味していました．同様に考えると，（6-10）式は純輸出が $\dfrac{\partial NX(Y, \varepsilon)}{\partial \varepsilon}d\varepsilon$ 単位増加すると均衡国民所得はその外国貿易乗数倍増加することを意味しています．すなわち，開放経済の財市場においては，政府支出の増加も純輸出の増加も均衡国民所得に対して同じ効果を持つのです．

▌具体例

財市場の均衡式（6-1）に，消費関数の具体例（3-4），投資関数の具体例（3-7），純輸出関数の具体例（6-5）を代入すると，

$$Y = \alpha(Y - T) + C_0 - \beta i + I_0 + G + EX_0 \cdot \varepsilon - \sigma Y \qquad (6\text{-}11)$$

となります. これを Y について解くと,

$$Y = -\frac{\beta}{1-(\alpha-\sigma)}i + \frac{C_0+I_0+G-\alpha T}{1-(\alpha-\sigma)} + \frac{EX_0}{1-(\alpha-\sigma)}\varepsilon \tag{6-12}$$

となります. これが開放経済の IS 曲線の具体例です. 閉鎖経済の IS 曲線の具体例 (3-17) と比べてみましょう.

(6-12) 式の場合, (6-7) 式, (6-8) 式, (6-9) 式, (6-10) 式に対応するのは各々,

$$\frac{di}{dY} = \frac{1-\alpha+\sigma}{(-\beta)} = -\frac{1-(\alpha-\sigma)}{\beta} < 0$$

$$dY = \frac{1}{1-(\alpha-\sigma)}dG$$

$$dY = -\frac{\alpha}{1-(\alpha-\sigma)}dT$$

$$dY = \frac{EX_0}{1-(\alpha-\sigma)}d\varepsilon \left(= \frac{1}{1-(\alpha-\sigma)}EX_0 d\varepsilon\right)$$

であることを確認してください. 外国貿易乗数は $\frac{1}{1-(\alpha-\sigma)}$ であり, 輸入関数の仮定 $0<\sigma<\alpha<1$ から, それは 1 より大きいことがわかります. (演習問題 2 参照.)

▌変動為替相場制と固定為替相場制

以上の財市場の説明では, 実質為替レートが変化する状況を想定していました. 正確に言うと, 短期のマクロ経済では P と P_f は一定と仮定しているので, 変化するのは名目為替レート e です. 日々変化する為替レートの下で暮らしている私たちにとって, そのような想定での説明に違和感はなかったと思います. しかし, 歴史を振り返れば明らかなように, 為替レートが固定的であった時期も長く続きました.

可変的な名目為替レートに基づく国際通貨制度を**変動為替相場制**（**floating**

exchange rate system），固定的な名目為替レートに基づく国際通貨制度を**固定為替相場制（fixed exchange rate system）** と言います．前者は，為替レートが通貨（あるいは貨幣）の需給に応じて外国為替市場で決定される制度です．後者は，事前に決定された固定為替レートが維持されるように，中央銀行が常にその固定為替レートで自国通貨と外国通貨の交換に応じなくてはならないという重大な責任を負っている制度です．開放経済の分析ではどちらの制度もその理論的・歴史的重要性から分析対象になります．

固定為替相場制における財市場は，これまでの説明において $e=\bar{e}$ または $\varepsilon=\bar{\varepsilon}$ とするだけで同様に分析できます． $\bar{e}$ と $\bar{\varepsilon}$ は各々所与の名目為替レートと実質為替レートです．ただし，これらの値は不変ということではなく，為替レートの切り上げや切り下げにより変化します．

2 資産市場の均衡

次に資産市場の分析に移りましょう．前章までの閉鎖経済では，国内資産市場のみを考えましたが，開放経済では外国資産市場も考慮に入れなくてはなりません．自国資産市場での資産選択の対象は，自国中央銀行が発行した自国通貨と自国の政府または企業が発行した自国債券です．外国資産市場での資産選択の対象は，外国中央銀行が発行した外国通貨と外国の政府または企業が発行した外国債券です．

自国の国民と外国の国民はどちらの資産市場にも参加できるので，両国民とも，自国通貨，自国債券，外国通貨，外国債券という4種類の資産の間の資産選択を行うことになります．それぞれの資産市場において，自国通貨と外国通貨は確実な価値貯蔵手段であり，自国債券と外国債券は，安全性においては通貨に劣りますが，収益性が高いのが特徴です．

自国債券の利子率 i はこれまで同様，自国の資産市場（あるいは貨幣市場）が均衡するように決定されます．したがって開放経済でも LM 方程式の一般形（4-8）あるいはその具体例（4-7）をそのまま用いることができます．閉鎖経済のときと異なるのは，自国通貨と自国債券が自国の国民だけでなく外国の

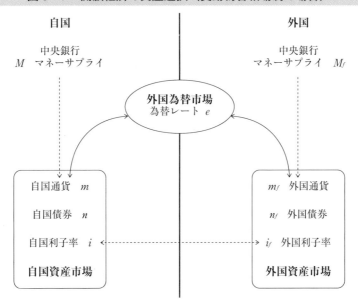

図6-1　開放経済の資産選択（変動為替相場制の場合）

国民にも保有されていることです．したがって，利子率の決定は外国の国民が行う資産選択からも影響を受けます．

　外国債券の利子率も外国の資産市場（あるいは貨幣市場）が均衡するように決定されます．ただし，自国は小国なので，その決定に対して影響力を持ちません．そこで，外国資産市場で決まる外国利子率をi_fと書き，これは所与の値であるとします．重要な点は，iとi_fが異なる値をとるときに何が起こるかです．これは国際通貨制度に依存します．2つに分けて説明しましょう．

変動為替相場制

　図6-1には変動為替相場制における資産選択を描いています．記号はこれまでにも用いたものです．下付きのfは外国を意味しています．

　さて，もし$i > i_f$ならばどうなるでしょう．この場合は自国債券を保有したほうが外国債券を保有するより有利です．そこで自国債券への需要が増加します．しかし自国債券を購入するためには自国通貨が必要なので，自国通貨への

需要が増加します．これは外国為替市場において，外国通貨売り，自国通貨買いという形で現れます．この状況を外国から自国への**資本流入（capital inflow）**と言います．そして，その結果，自国通貨の外国通貨に対する価値が高まります．このことを，自国通貨の**増価（appreciation）**と言います．自国通貨が「円」であれば「円高」がこれに対応します．ただし，記号で同じことは，e あるいは ε の値が低下する，と表現されるので注意が必要です．

逆に，$i < i_f$ ならば，外国債券を保有したほうが自国債券を保有するより有利なので，外国債券を購入するために外国通貨への需要が増加します．これは外国為替市場において，自国通貨売り，外国通貨買いという形で現れます．この状況を自国から外国への**資本流出（capital outflow）**と言います．そして，その結果，自国通貨の外国通貨に対する価値が低下します．このことを，自国通貨の**減価（depreciation）**と言います．自国通貨が「円」であれば「円安」がこれに対応します．記号で同じことは，e あるいは ε の値が上昇する，と表現されます．

以上をまとめると，変動為替相場制の下では，$i > i_f$ ($i < i_f$) ならば e そして ε の値が低下（上昇）します．次節で見るように，このような為替レートの変化は，

$$i = i_f \tag{6-13}$$

となるまで続きます．

固定為替相場制

図6-2には固定為替相場制における資産選択を描いています．変動為替相場制と異なり，名目為替レートは $e = \bar{e}$ のように固定されています．

もし $i > i_f$ ならばどうなるでしょう．この場合は自国債券を保有したほうが外国債券を保有するより有利なので，自国債券への需要，そして自国債券を購入するための自国通貨への需要が増加します．ここまでは変動為替相場制と同じです．しかし固定為替相場制の下では外国為替市場が存在しないので，自国通貨を手に入れるために外国通貨が自国中央銀行に持ち込まれます．この状況を外国から自国への**資本流入**と言います．これに対して，自国中央銀行は持ち

図6-2 開放経済の資産選択（固定為替相場制の場合）

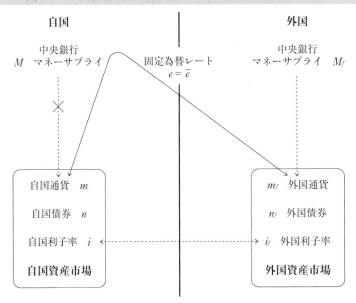

込まれた外国通貨を固定為替レート $\bar{e}$ で自国通貨に交換しなければなりません。その結果，自国のマネーサプライ M が増加します。

　逆に，$i<i_f$ ならば，外国債券を保有したほうが自国債券を保有するより有利なので，外国債券を購入するために外国通貨への需要が増加します。そこで，外国通貨と交換するため自国通貨が自国中央銀行に持ち込まれます。この状況を自国から外国への**資本流出**と言います。これに対して，自国中央銀行は持ち込まれた自国通貨を固定為替レート $\bar{e}$ で外国通貨に交換しなければなりません。その結果，自国のマネーサプライ M が減少します。

　以上をまとめると，固定為替相場制の下では，$i>i_f\,(i<i_f)$ ならば M が増加（減少）します。次節で見るように，このようなマネーサプライの変化は，

$$i=i_f$$

となるまで続きます。上式は（6-13）式と同じで，2つの為替相場制で共通です。

3 | マンデル=フレミング・モデルの構築

閉鎖経済の *IS-LM* モデルを開放経済を分析するために拡張したモデルを**マンデル=フレミング・モデル**（**Mundell-Fleming model**）と言います．マンデル=フレミング・モデルはマンデル（R. A. Mundell）とフレミング（J. M. Fleming）の2人によって独立に開発されました．マンデル=フレミング・モデルは1節で得た *IS* 方程式と2節で得た *LM* 方程式を組み合わせて作ることができます．ただし，マンデル=フレミング・モデルは変動為替相場制の場合と固定為替相場制の場合に分けて考える必要があります．

▌一般形（変動為替相場制の場合）

変動為替相場制の下でのマンデル=フレミング・モデルは，

$$Y = C(Y-T) + I(i) + G + NX(Y, \varepsilon) \tag{6-6}$$

$$\frac{M}{P} = L(Y, i) \tag{4-8}$$

$$i = i_f \tag{6-13}$$

となります．内生変数は Y, i, ε（または e）の3つです．(6-6) 式と (4-8) 式から，国内財市場と国内貨幣市場を同時に均衡させる自国国民所得 Y と自国利子率 i が決定されます．しかし，次節で見るように，(6-13) 式が成立しないとそれは安定な均衡点ではありません．(6-13) 式は名目為替レート e の変化により達成されます．

▌具体例（変動為替相場制の場合）

IS 方程式の具体例 (6-12) と *LM* 方程式の具体例 (4-7) を用いると，マンデル=フレミング・モデルの具体例

$$Y = -\frac{\beta}{1-(\alpha-\sigma)}i + \frac{C_0 + I_0 + G - \alpha T}{1-(\alpha-\sigma)} + \frac{EX_0}{1-(\alpha-\sigma)}\varepsilon \tag{6-12}$$

$$\frac{M}{P} = kY + (\mu - i) \tag{4-7}$$

$$i = i_f \tag{6-13}$$

ができます。このモデルの均衡解 Y^*, i^*, ε^* を求めてみましょう.

(6-13) 式より均衡における自国利子率は外国利子率 i_f に等しくなるので,

$$i^* = i_f$$

です。それを (4-7) 式に代入して整理すると, 均衡における国民所得は,

$$Y^* = \frac{1}{k}\left[\frac{M}{P} - (\mu - i_f)\right] \tag{6-14}$$

となります。さらに, 均衡における実質為替レートは, 上で得た Y^* と i^* を (6-12) 式に代入して整理すると,

$$\varepsilon^* = \frac{1-(\alpha-\sigma)}{EX_0}Y^* + \frac{\beta}{EX_0}i_f - \frac{C_0 + I_0 + G - \alpha T}{EX_0}$$

となります。(演習問題3参照.)

■ 一般形（固定為替相場制の場合）

固定為替相場制の IS 方程式は (6-6) 式において $\varepsilon = \bar{\varepsilon}$ としたものです。それを (6-15) 式とすると, 固定為替相場制の下でのマンデル＝フレミング・モデルは,

$$Y = C(Y-T) + I(i) + G + NX(Y, \bar{\varepsilon}) \tag{6-15}$$

$$\frac{M}{P} = L(Y, i) \tag{4-8}$$

$$i = i_f \tag{6-13}$$

となります．内生変数は Y, i, M の3つです．ε（または e）は所与の値 $\bar\varepsilon$（または $\bar e$）です．変動為替相場制の場合と同様に，（6-15）式と（4-8）式から，国内財市場と国内貨幣市場を同時に均衡させる自国国民所得 Y と自国利子率 i が決定されますが，（6-13）式が成立しないとそれは安定な均衡点ではありません．5節で見るように，固定為替相場制の場合には（6-13）式はマネーサプライ M の変化により達成されます．

▌具体例（固定為替相場制の場合）

固定為替相場制の場合の IS 方程式の具体例は（6-12）式で $\varepsilon=\bar\varepsilon$ としたものです．それを（6-16）式とすると，固定為替相場制の場合のマンデル＝フレミング・モデルの具体例は，

$$Y=-\frac{\beta}{1-(\alpha-\sigma)}i+\frac{C_0+I_0+G-\alpha T}{1-(\alpha-\sigma)}+\frac{EX_0}{1-(\alpha-\sigma)}\bar\varepsilon \tag{6-16}$$

$$\frac{M}{P}=kY+(\mu-i) \tag{4-7}$$

$$i=i_f \tag{6-13}$$

となります．このモデルの均衡解 Y^*, i^*, M^* を求めてみましょう．

変動為替相場制の場合と同じく，自国利子率については $i^*=i_f$ となります．今度はそれを，（4-7）式ではなく，（6-16）式に代入することにより，均衡における国民所得を，

$$Y^*=-\frac{\beta}{1-(\alpha-\sigma)}i_f+\frac{C_0+I_0+G-\alpha T}{1-(\alpha-\sigma)}+\frac{EX_0}{1-(\alpha-\sigma)}\bar\varepsilon \tag{6-17}$$

のように求めることができます．さらに，均衡におけるマネーサプライは，上で得た Y^* と i^* を（4-7）式に代入して整理すると，

$$M^*=[kY^*+(\mu-i_f)]P$$

となります．

4 変動為替相場制における財政・金融政策

閉鎖経済の $IS\text{-}LM$ モデルと同様，マンデル=フレミング・モデルにおいても，その均衡における国民所得が完全雇用国民所得 Y_F である保証はありません．むしろ，それに満たない状況が一般に想定されています．そこで，開放経済において，財政政策あるいは金融政策が有効であるかどうかを調べてみましょう．まず変動為替相場制から始めます．

拡張的財政政策

マンデル=フレミング・モデルの一般形に基づいて描かれた図6-3では，経済の均衡は IS_0 曲線と LM_0 曲線の交点 (Y_0, i_0) です．なぜならそこでは $i_0 = i_f$ となっているからです．しかし，国民所得は $Y_0 (< Y_F)$ であり，非自発的失業が発生しています．そこで，政府が失業対策として拡張的財政政策を実施して，IS_0 曲線を IS_1 曲線の位置まで右方シフトさせたとします．図から明らかなように，IS_1 曲線と LM_0 曲線の交点 (Y_1, i_1) では国民所得は $Y_0 < Y_1$ となり，閉鎖経済の場合と同様に財政政策は有効であるかに見えます．しかしそうは言えません．

そこでの自国利子率 i_1 は外国利子率 i_f より高くなっているため，2節で説明したように，資本流入（外国為替市場での外国通貨売り・自国通貨買い）が起こり，e の値（そして ε の値）が低下（自国通貨が増価）します．その結果，(6-10) 式が示すように，IS_1 曲線は左方シフトを始めます．そしてそれは，IS_1 曲線がもとの IS_0 曲線の位置にくるまで続きます．結局，経済の均衡は，水平線 $i = i_f$ 上のもとの点 (Y_0, i_0) に戻ってしまいます．したがって点 (Y_0, i_0) は安定な均衡点です．そして，変動為替相場制において財政政策は無効です．これは閉鎖経済の $IS\text{-}LM$ モデルとまったく異なる結果です．

拡張的金融政策

次に金融政策が有効であるかを調べてみましょう．図6-4では，図6-3と同様，経済の均衡は IS_0 曲線と LM_0 曲線の交点 (Y_0, i_0) です．そこでは $i_0 = i_f$

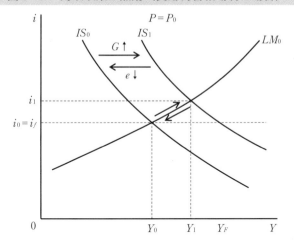

図6-3　財政政策は無効（変動為替相場制の場合）

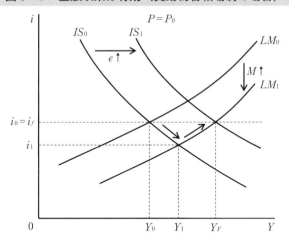

図6-4　金融政策は有効（変動為替相場制の場合）

となっています．しかし，国民所得は $Y_0 (< Y_F)$ であり，非自発的失業が発生しているので，中央銀行が失業対策として拡張的金融政策を実施して，LM_0曲線を LM_1 曲線の位置まで下方シフトさせたとします．LM_1 曲線は点(Y_F, i_f) を通っていることに注意してください．図から明らかなように，IS_0

曲線とLM_1曲線の交点(Y_1, i_1)では国民所得は増加しています。しかし、点(Y_1, i_1)は均衡点ではありません。

そこでの自国利子率i_1は外国利子率i_fより低くなっているため、資本流出（外国為替市場での自国通貨売り・外国通貨買い）が起こり、eの値（そしてεの値）が上昇（自国通貨が減価）します。その結果、IS_0曲線は右方シフトを始めます。そしてそれは、IS_0曲線がIS_1曲線の位置にくるまで続きます。なぜなら、IS_1曲線とLM_1曲線の交点では$i=i_f$となるので、その点で資本流入が止まりeの値も変化しなくなるからです。したがって点(Y_F, i_f)は安定な均衡点です。そして、閉鎖経済の場合と同様に、変動為替相場制の開放経済においても金融政策は有効であることが示されました。

具体例

一般形に基づく図6-3と図6-4を用いた以上の説明から、変動為替相場制のマンデル=フレミング・モデルの均衡点は（6-13）式の水平線$i=i_f$とLM曲線の交点であることがわかります。したがって、若干形式的な方法ですが、LM方程式が与えられれば、それに$i=i_f$を代入することによりただちに均衡国民所得の値を知ることができます。

具体例の（6-14）式はこのような方法で得られています。同式を見ると、政策変数としてマネーサプライMが含まれているので、拡張的金融政策が実施されると均衡国民所得は、

$$dY^* = \frac{1}{kP}dM$$

のように増加することがわかります。しかし同式には政府支出や租税は含まれていないので、均衡国民所得はそれらの政策変数に影響を受けません。このように、具体例からは財政・金融政策が有効であるかどうかを直接確認することができます。

5 | 固定為替相場制における財政・金融政策

前節では非常に興味深い結果が得られました．すなわち，変動為替相場制の場合，財政政策は無効ですが，反対に金融政策は有効でした．これは，財政政策も金融政策も有効である閉鎖経済とは異なる結果でした．では固定為替相場制においてはどうなるでしょうか．この節ではこのことについて考察します．

拡張的財政政策

マンデル＝フレミング・モデルの一般形に基づいて描かれた図6-5では，経済の均衡はIS_0曲線とLM_0曲線の交点(Y_0, i_0)です．そこでは$i_0 = i_f$となっています．しかし，国民所得は$Y_0 (< Y_F)$であり，非自発的失業が発生しているので，政府が失業対策として拡張的財政政策を実施して，IS_0曲線をIS_1曲線の位置まで右方シフトさせたとします．IS_1曲線は点(Y_F, i_f)を通っていることに注意してください．図から明らかなように，IS_1曲線とLM_0曲線の交点(Y_1, i_1)では国民所得は増加しています．しかし，点(Y_1, i_1)は均衡点ではありません．

そこでの自国利子率i_1は外国利子率i_fより高くなっているため，2節で説明したように，資本流入（外国通貨が自国通貨との交換のため自国中央銀行に持ち込まれること）が起こり，自国のマネーサプライMが増加します．その結果，(4-10) 式が示すように，LM_0曲線は下方シフトを始めます．そしてそれは，LM_0曲線がLM_1曲線の位置にくるまで続きます．なぜなら，IS_1曲線とLM_1曲線の交点では$i = i_f$となるので，その点で資本流入が止まりMの値も変化しなくなるからです．したがって点(Y_F, i_f)は安定な均衡点です．そして，閉鎖経済の場合と同様に，固定為替相場制の開放経済においても財政政策は有効であることが確認できました．ただし，これは変動為替相場制の場合と反対の結果です．

拡張的金融政策

では，金融政策はどうでしょうか．図6-6では，図6-5と同様，経済の均

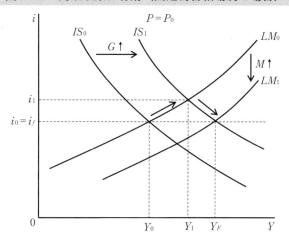

図6-5 財政政策は有効（固定為替相場制の場合）

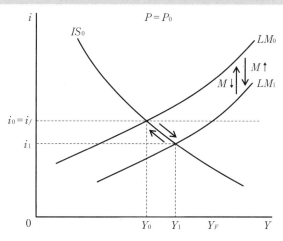

図6-6 金融政策は無効（固定為替相場制の場合）

衡は IS_0 曲線と LM_0 曲線の交点 (Y_0, i_0) です．そこでは $i_0 = i_f$ となっています．しかし，国民所得は $Y_0 (< Y_F)$ であり，完全雇用国民所得に達していません．そこで，中央銀行が拡張的金融政策を実施して，LM_0 曲線を LM_1 曲線の位置まで下方シフトさせたとします．図から明らかなように，IS_0 曲線と LM_1 曲

線の交点 (Y_1, i_1) では国民所得は $Y_0 < Y_1$ となり，金融政策は有効であるかに見えます．しかしそうではありません．

そこでの自国利子率 i_1 は外国利子率 i_f より低くなっているため，資本流出（自国通貨が外国通貨との交換のため自国中央銀行に持ち込まれること）が起こり，自国のマネーサプライ M が減少します．その結果，LM_1 曲線は上方シフトを始めます．そしてそれは，LM_1 曲線がもとの LM_0 曲線の位置にくるまで続きます．なぜなら，IS_0 曲線と LM_0 曲線の交点では $i = i_f$ となるので，その点で資本流出が止まり M の値も変化しなくなるからです．したがって点 (Y_0, i_0) は安定な均衡点です．そして，固定為替相場制において金融政策は無効です．これは閉鎖経済の $IS\text{-}LM$ モデルとまったく異なる結果です．また，これは変動為替相場制の場合と反対の結果です．

なお，以上の拡張的財政政策と拡張的金融政策の説明から明らかになったことは，固定為替相場制の下で中央銀行にできるのは，$i = i_f$ となるように受動的に自国通貨と外国通貨を交換することだけです．したがって，固定為替相場制をとることは，中央銀行が裁量的金融政策を放棄することを意味します．図6-2の自国中央銀行の下方にある×はそのことを意味しています．

▍具体例

一般形に基づく図6-5と図6-6を用いた以上の説明から，固定為替相場制のマンデル=フレミング・モデルの均衡点は (6-13) 式の水平線 $i = i_f$ と IS 曲線の交点であることがわかります．したがって，若干形式的な方法ですが，IS 方程式が与えられれば，それに $i = i_f$ を代入することによりただちに均衡国民所得の値を知ることができます．

具体例の (6-17) 式はそのような方法で得られています．同式を見ると，政策変数として政府支出 G と租税 T が含まれているので，拡張的財政政策が実施されると均衡国民所得は，

表6-1　マンデル＝フレミング・モデルにおける財政・金融政策の効果

	変動為替相場制	固定為替相場制
財政政策	無効	有効
金融政策	有効	無効

$$dY^* = \frac{1}{1-(\alpha-\sigma)}dG$$

$$dY^* = -\frac{\alpha}{1-(\alpha-\sigma)}dT$$

のように増加することがわかります．しかし同式には政策変数であるマネーサプライ M は含まれていないので，均衡国民所得はマネーサプライに影響を受けません．このように，具体例からは財政・金融政策が有効であるかどうかを直接確認することができます．

　最後に，4節と5節で得られた財政・金融政策の有効性についての結果を表6-1にまとめておきます．説明は少し複雑だったかもしれませんが，そこから得られた結果は対称的で簡単です．表6-1を正確な理解に役立ててください．（演習問題4参照.）

1 マンデル=フレミング・モデルは，閉鎖経済の *IS-LM* モデルに海外部門を追加した開放マクロ経済モデルである．

2 変動為替相場制においては，為替レートは外国為替市場において，通貨に対する需要とその供給によって決定される．

3 固定為替相場制においては，事前に決定された固定為替レートが維持されるように，中央銀行が自国通貨と外国通貨を交換する．

4 変動為替相場制においては，財政政策は無効だが金融政策は有効である．

5 固定為替相場制においては，財政政策は有効だが金融政策は無効である．

1 マーシャル=ラーナーの条件について以下の問いに答えなさい.

(1) マーシャル=ラーナーの条件を正確に述べると,「実質輸出額 EX と実質輸入額 $\varepsilon \cdot IM$ が等しいとき,輸出の価格弾力性と輸入の価格弾力性の和が1より大きい」となる.以下の計算式はそのことを証明している.ここで,輸出の価格弾力性と輸入の価格弾力性は,輸出関数と輸入関数を ε のみの関数と見なして,各々,$\dfrac{\varepsilon}{EX}\dfrac{dEX}{d\varepsilon}$ と $-\dfrac{\varepsilon}{IM}\dfrac{dIM}{d\varepsilon}$ のように定義される.以下の空欄 A と B に適当な記号を入れて計算式を完成させなさい.

$$\frac{dNX}{d\varepsilon} = \frac{dEX}{d\varepsilon} - \left(\mathrm{A}\qquad\right) - \varepsilon\frac{dIM}{d\varepsilon}$$
$$= IM\left[\left(\mathrm{B}\qquad\qquad\right) - \frac{\varepsilon}{IM}\frac{dIM}{d\varepsilon} - 1\right]$$
$$= IM\left[\left(\frac{\varepsilon}{EX}\frac{dEX}{d\varepsilon}\right) + \left(-\frac{\varepsilon}{IM}\frac{dIM}{d\varepsilon}\right) - 1\right] > 0$$

(2) 輸出関数が (6-3) 式,輸入関数が (6-4) 式のとき,輸出の価格弾力性と輸入の価格弾力性の和が2になることを示しなさい.

(3) 輸出関数が $EX = EX_0 \cdot \varepsilon^2$, $EX_0 > 0$,輸入関数が $IM = \sigma Y - \varepsilon$, $\sigma Y > 0$ のとき,(1) で用いた「輸出の価格弾力性と輸入の価格弾力性の和は1より大きい」という条件が成立するかどうかを調べなさい.

2 政府のある開放経済における財市場の均衡について以下の問いに答えなさい.

(1) 投資と貯蓄の均等式を I, S, G, T, EX, IM, ε を用いて書きなさい.

(2) (1) の均等式に貯蓄関数 (3-5),投資関数 (3-7),輸出関数 (6-3),輸入関数 (6-4) を代入して均衡国民所得 Y_0 を求め,それが (6-12) 式の

Y と一致することを確かめなさい.

(3) (1)の投資と貯蓄の均等式から(2)で得た均衡国民所得 Y_0 が求められることを図3-6にならって図示しなさい.

3 変動為替相場制のマンデル＝フレミング・モデルの具体例（162〜163ページ）の均衡解について以下の問いに答えなさい.

(1) (6-12) 式と (4-7) 式を同時に満たす国民所得と自国利子率を実質為替レート ε の関数として各々 $Y(\varepsilon)$, $i(\varepsilon)$ と書くことにする. 数学付録 (A-2) を利用して連立方程式 (6-12), (4-7) を解きなさい.

(2) (1)で求めた $i(\varepsilon)$ が外国利子率 i_f と等しくなるときの実質為替レートの値 ε^* を求めなさい.

(3) $\varepsilon = \varepsilon^*$ として(1)で求めた $Y(\varepsilon^*)$ が (6-14) 式の Y^* に一致することを確かめなさい.

4 マンデル＝フレミング・モデルの具体例を用いて，完全雇用政策としての政府による輸入制限について考える. そのため，輸入関数 (6-4) を,
$$IM = \sigma Y \varepsilon^{-1} - \nu, \quad 0 < \sigma < \alpha < 1, \quad \nu > 0$$
に置き換える. 正の定数 ν（読み方はニュー）は政府による輸入削減量を表す.

(1) *IS* 方程式 (6-11) を上の輸入関数を用いて書き換えなさい.

(2) 変動為替相場制の下で政府の輸入制限策は有効か無効かを理由とともに述べなさい. さらにそのときの純輸出の増減について(1)で得た結果を利用して説明しなさい.

(3) 固定為替相場制の下で政府の輸入制限策は有効か無効かを理由とともに述べなさい. さらにそのときの純輸出の増減について(1)で得た結果（ただし $\varepsilon = \bar{\varepsilon}$ とする）を利用して説明しなさい.

5 数学付録 (A-5), (A-8), (A-9) などを利用して以下の4つを導出しなさい.

(1) *IS* 曲線の傾きを表す (6-7) 式.

(2) 政府支出の均衡国民所得に対する効果を表す（6-8）式．

(3) 租税の均衡国民所得に対する効果を表す（6-9）式．

(4) 実質為替レートの均衡国民所得に対する効果を表す（6-10）式．

マーシャル晩年の境地

　マーシャルのk，マーシャル=ラーナーの条件．この本ではこれまで２度にわたってマーシャルにお世話になりました．マーシャルと呼び捨てにするにはあまりに偉大なイギリスの経済学者アルフレッド・マーシャル．主著『経済学原理』（初版1890年，第8版1920年）は当時世界中で読まれる経済学の教科書であり，需要曲線と供給曲線の交差図や弾力性の概念など今日でも頻繁に用いられる経済学の分析用具が数多く登場します．彼はまた1903年にケンブリッジ大学経済学科を創設し学問として独立した経済学の発展に寄与しました．

　その門下生の一人であるケインズはマーシャルを「その専門の分野において，100年間を通じて世界中で最も偉大な学者であった.」（Keynes（1924，p. 321））と評価し，なぜマーシャルがそのようになれたかを次のように分析しています．すなわち経済学の大家は「いくつかの違った方面で高い水準に達しており，めったに一緒には見られない才能をかね具えていなければならない．彼はある程度まで，数学者で，歴史家で，政治家で，哲学者でなければならない．彼は記号も分かるし，言葉も話さなければならない．彼は普遍的な見地から特殊を考察し，抽象と具体とを同じ思考の動きのなかで取り扱わなければならない．彼は本来の目的のために，過去に照らして現在を研究しなければならない．人間の性質や制度のどんな部分も，まったく彼の関心の外にあってはならない．彼はその気構えにおいて目的意識に富むと同時に公平無私でなければならず，芸術家のように超然として清廉，しかも時には政治家のように世俗に接近していなければならない．こうした理想的な多面性の多くを，そのすべてではないが，マーシャルは具えていた.」（Keynes（1924，p. 322））

　マーシャルは最初は数学を専攻していたのですが，経済学に転じてからはできるだけ数学を出さないようにしていました．それは経済学を専門だけのものにするのではなく一般の人たちにも理解してもらいたか

ったからです．逆に経済学の数学化を強力に推し進めたのは1970年に第2回ノーベル経済学賞を受賞したサミュエルソンです．その天才サミュエルソンはマーシャルについて「物事にはっきりした焦点を与えないというのがこの人のもち味の一部であった．しかし天才なら許されることも，それに及ばない凡人の間では許されてはならない．」(Samuelson (1947, p. 190)) とやや皮肉めいて述べていますが，マーシャルは天才が認める天才だったということなのでしょう．

したがって，凡人の目から見れば，マーシャルこそ経済学の道を究めた達人と言えるのではないでしょうか．仮に本人にその自覚があったとしても誰も疑うことはないでしょう．

ところがそうではなかったようです．マーシャルが晩年に次のように書いていたことが伝わっています．「そうしていま，半世紀近くもほとんど経済学の研究にだけ専心してきた終りにあたって，私は研究を始めた頃よりもいっそう，経済学について無知であることを自覚している．」(Keynes (1924, p. 320)) もちろんこのなかには謙遜が入っているでしょう．しかしマーシャルほどの大家にしても経済をとらえることがいかに難しいかという意味にもとれると思います．

ですから経済（学）が難しいと思っている人は別に心配する必要はありません．むしろそれが当たり前なのです．大事なのは諦めないで続けることです．とくに経済学を専攻している人は，上のマーシャルの言葉のなかの「半世紀」を「4年」に，「研究」を「勉強」に置き換えてみてください．そして，卒業式の日にマーシャルみたいに言ってみるというのはどうでしょう．

参考文献

J. M. ケインズ，大野忠男訳「アルフレッド・マーシャル」，『人物評伝』（ケインズ全集第10巻）東洋経済新報社，1980年．（原論文1924年．）

P. A. サミュエルソン，佐藤隆三訳『経済分析の基礎』勁草書房，1967年．（原著1947年．原著増補版1983年，その邦訳1986年．）

第 III 部

中期のマクロ経済学

**フリードマン「インフレーションは
いつでもどこでも貨幣的現象である.」**

（出所）Milton Friedman, *Inflation: Causes and Consequences*, Bombay: Asia Publishing House, 1963, p. 17.（M. フリードマン, 新開陽一訳「インフレーションの原因と結果」『インフレーションとドル危機』日本経済新聞社, 1970 年, 48 ページ.）

第 **7** 章

AD-AS モデル

この章では AD-AS モデルに基づいて中期のマクロ経済を分析します．1節では AD-AS モデルについて概説します．2節では AD（総需要）の側を表す総需要関数を導き，AD 曲線を描きます．3節では AS（総供給）の側を表す総供給関数を導き，AS 曲線を描きます．4節では AD-AS モデルの一般形と具体例を作りその均衡解を調べます．5節では財政・金融政策の有効性を検討し，IS-LM モデルとの違いを明らかにします．

1　AD-AS モデル

第Ⅱ部で用いた IS-LM モデルやマンデル＝フレミング・モデルのような短期のマクロ経済モデルでは，価格 P と名目賃金率 W はある値に固定されていると仮定しました．そのような状態を，価格や名目賃金率は**硬直的（rigid）**である，または**粘着的（sticky）**である，と言うこともあります．この章では，中期のマクロ経済モデルである ***AD-AS モデル***について説明します．AD-AS モデルでは，価格や名目賃金率は**伸縮的（flexible）**であると仮定します．具体的に言うと，AD-AS モデルでは国民所得 Y や利子率 i とともに価格 P や名目賃金率 W が内生変数になり，それらがモデルのなかで決定されます．

AD-AS モデルの AD は**総需要（aggregate demand）**を，そして AS は**総供給（aggregate supply）**を意味します．IS-LM モデルは Yi 平面に描くことができましたが，AD-AS モデルは YP 平面に描くことができます．YP 平面において AD 曲線は右下がりに，AS 曲線は右上がりになり，Y と P はそれらの交点において同時に決定されます．

その名前からも，そして曲線の形状からも，AD-AS モデルに基づいた分析，すなわち ***AD-AS 分析***は，ミクロ経済学における右下がりの需要曲線と右上

がりの供給曲線を用いた市場分析に非常に似ています。しかし以下で詳しく説明するように，AD-AS モデルにおける AD 曲線と AS 曲線はマクロ経済学独特の構造を持っているので，ミクロ経済学の需要曲線や供給曲線と混同しないように十分注意してください（図2-5参照）。

2 総需要関数

それでは，AD（総需要）の側から見ていきましょう。

一般形

じつは，AD は IS-LM モデルそのものです。第5章で説明したように，IS-LM モデルの一般形は，Y と i に関する連立方程式

$$Y = C(Y-T) + I(i) + G \tag{3-8}$$

$$\frac{M}{P} = L(Y, i) \tag{4-8}$$

でした。IS-LM 分析では，この連立方程式の解である Y と i に注目しました。言い換えると，IS 曲線（3-8）と LM 曲線（4-8）の交点が分析の中心でした。

AD-AS 分析ではとくにその交点における Y に注目します。それは一般形として，

$$Y = AD(P, G, T, M) \tag{7-1}$$

と書くことができます。AD-AS 分析では，（7-1）式の Y を総需要と言います。この総需要 Y は，第5章で Y^* と表したものとまったく同じです。（7-1）式は，総需要 Y が価格 P，政府支出 G，租税 T，マネーサプライ M の関数であることを示しています。とくに，G, T, M を所与として，Y を P の関数と見なした場合の（7-1）式を，**総需要関数（aggregate demand function）**と言います。そして，総需要関数を YP 平面に描いたものを**総需要曲線（aggregate demand curve）**または **AD 曲線**と呼びます。AD 曲線は AD-AS 分析で

図7-1　*IS-LM* モデルと *AD* 曲線の関係

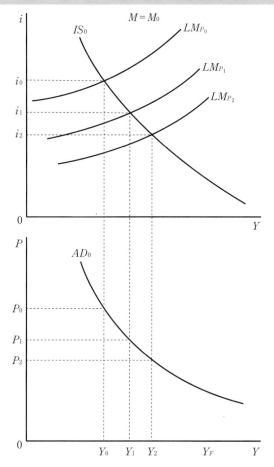

重要な役割を演じます．そこで *AD* 曲線の形状を調べてみましょう．

　図7-1には，*IS-LM* モデルからどのように *AD* 曲線が導かれるかが示され
ています．上の Yi 平面には1本の *IS* 曲線 IS_0 と，3本の *LM* 曲線が描かれ
ています．マネーサプライは M_0 に固定されています．したがって *LM* 曲線の
位置の違いは，(4-8) 式の左辺の価格 P がどのような値をとるかによります．
図では，$P_0 > P_1 > P_2$ という大小関係にある3つの価格に対応する *LM* 曲線
LM_{P_0}，LM_{P_1}，LM_{P_2} が描かれています．*LM* 曲線は価格が下がり実質マネー

サプライが増加すると下方にシフトするので，IS_0 曲線と 3 本の LM 曲線の交点は IS_0 曲線上を下に向かって降りていきます．そのとき，交点の Y は増加します．

上述したように，(7-1) 式の Y は IS 曲線 (3-8) と LM 曲線 (4-8) の交点における Y です．P_0, P_1, P_2 に対応するそのような Y を，下の YP 平面に各々 Y_0, Y_1, Y_2 で示しています．上の説明から，そして図からも明らかなように，$Y_0 < Y_1 < Y_2$ となります．したがって，(7-1) 式の Y は P の減少関数であることがわかります．そして，(7-1) 式を YP 平面に描いた AD 曲線 AD_0 は右下がりです．図から，P_0, P_1, P_2 に対応して利子率が $i_0 > i_1 > i_2$ のように下がっていることも確認できます．ただし，AD-AS モデルでは利子率が前面に出ることはありません．

拡張的財政政策

図 7-1 において政府が拡張的財政政策（政府支出の増加または減税）を実施すると AD 曲線はどうなるでしょうか．図 7-2 はその結果を示しています．図 7-2 の Yi 平面では，拡張的財政政策によって IS 曲線が IS_0 の位置から IS_1 の位置に右方シフトしています．それに伴い，3 本の LM 曲線との交点は各 LM 曲線に沿って上がっています．すなわち，P の各値に対して，新しい交点の Y の値は増加しています．

この結果を下の YP 平面に描いたものが新しい AD 曲線 AD_1 です．P の各値に対して Y の値は増加するので，AD_1 曲線はもとの AD_0 曲線の右側にあります．このことから，拡張的財政政策によって AD 曲線は右方シフトすることがわかります．

拡張的金融政策

中央銀行による拡張的金融政策（マネーサプライの増加）の場合はどうなるでしょうか．図 7-3 によってそのことを見てみましょう．この図は，図 7-1 においてマネーサプライが M_0 から M_1 に増加したときの様子を描いています．Yi 平面の 3 本の LM 曲線 LM'_{P_0}, LM'_{P_1}, LM'_{P_2} は各々，$M = M_0$ のときの LM 曲線 LM_{P_0}, LM_{P_1}, LM_{P_2} が拡張的金融政策によって下方シフトしたものです．

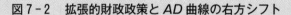

図7-2　拡張的財政政策とAD曲線の右方シフト

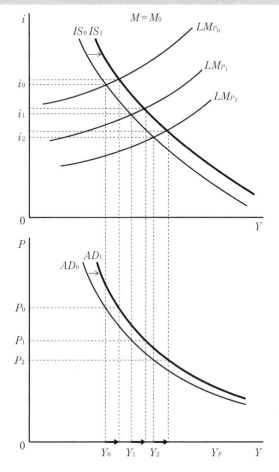

図からわかるように，$M = M_1$のときのIS_0曲線と各LM曲線の交点のYの値はもとの値よりも大きくなっています．

　下のYP平面におけるAD_1曲線はこの結果を描いたものです．Pの各値に対してYの値は増加するので，AD_1曲線はもとのAD_0曲線の右側にあります．このことから，拡張的金融政策によってもAD曲線は右方シフトすることがわかります．

　ただし，図7-2のAD_1曲線と図7-3のAD_1曲線は右方シフトという点で

図7-3 拡張的金融政策とAD曲線の右方シフト

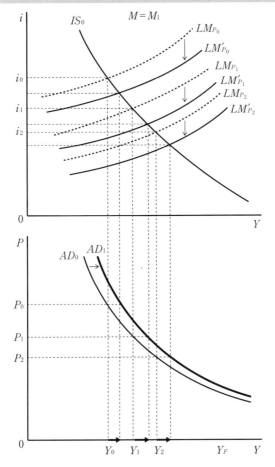

は同じですが，経済学的に重要な違いがあります．それは，P の各値に対して前者は利子率が上昇し，後者は利子率が低下しているという点です．

┃具体例

　上述したように，総需要関数は IS-LM モデルを解いて得られる Y を P の関数と見なしたものなので，その具体例はすでに第5章で IS-LM モデルの均衡解 (5-1) として作っていることになります．ここではその Y^* を Y に変え

て，改めて，

$$Y = \frac{(C_0 + I_0 + G - \alpha T) + \beta\left(\dfrac{M}{P} - \mu\right)}{(1 - \alpha) + \beta k} \tag{7-2}$$

と書くことにします．（7-2）式が総需要関数（7-1）の具体例です．（7-2）式
が表す AD 曲線は直角双曲線であり，YP 平面では右下がりの曲線になります．

（7-2）式より，拡張的財政政策および拡張的金融政策が総需要 Y に与える
効果は，

$$dY = \frac{1}{(1 - \alpha) + \beta k} dG \tag{7-3}$$

$$dY = -\frac{\alpha}{(1 - \alpha) + \beta k} dT \tag{7-4}$$

$$dY = \frac{\beta}{[(1 - \alpha) + \beta k]P} dM \tag{7-5}$$

と書けることがわかります．これらは第5章ですでに（5-3）式，（5-4）式，
（5-9）式として得られたものと同じです．

以上の3つの結果は，価格を一定としたとき，拡張的財政政策（$dG > 0$ ま
たは $dT < 0$）および拡張的金融政策（$dM > 0$）が総需要 Y を増加させること
を意味しています．すなわち，YP 平面において，拡張的財政・金融政策が
AD 曲線を右方にシフトさせることを示しています．

3 ┃ 総供給関数

次に，AS（総供給）の側を説明しましょう．前節で説明した AD（総需要）
の側は，実際には IS-LM モデルの均衡そのものでした．言い換えると，前節
の総需要関数は財市場と貨幣市場の同時均衡を表していました．これに対して，
AS（総供給）の側は労働市場の均衡を表します．ただし，それは（ミクロ経

済学が分析対象とする）通常の労働市場の均衡とは少し異なります．これは初めて紹介する内容なので，まず通常の労働市場の均衡から見ていきましょう．

労働市場の均衡

労働市場も，財市場や貨幣市場の場合と同様，需要と供給が分析の基礎になっています．労働を需要するのは企業です．労働を供給するのは労働者（あるいは家計）です．労働需要と労働供給が一致するように調整されるのは**名目賃金率** W です．

企業の目的は利潤の最大化です．企業は利潤が最大になるように労働者を雇用します．そのときの労働者の総数，あるいはそのときの労働時間の合計が労働需要となります．その労働需要は，後に第9章4節で示すように，**実質賃金率** $\dfrac{W}{P}$ の減少関数になります．すなわち，企業は実質賃金率が低下するとより多くの労働者を雇用しようとします．そうすることが利潤を最大にするからです．

労働者の目的は効用の最大化です．労働者は効用が最大になるように労働を供給します．そのときの労働時間の合計あるいはそれを労働者の人数に換算したものが労働供給となります．その労働供給は，ここでは実質賃金率 $\dfrac{W}{P}$ の増加関数になると仮定します．なぜそうなるかの数学的説明は若干複雑なので省略しますが，労働供給の決定はおおよそ次のように行われます．

1人の労働者は，消費を増やすか余暇を増やすことによって，その効用を高めることができます．消費を増やすためにはより多くの労働を供給してより多くの賃金を得なくてはなりません．逆に，余暇を増やすことは労働供給を減らすことを意味します．労働者に利用可能な時間は限られているので，労働者はどれだけの時間を労働にあて，どれだけの時間を余暇にあてるべきかを考えなくてはなりません．その結果，その労働者の効用を最大にするような労働時間が決定されるのです．そのような労働時間を労働者全体で合計したものが労働供給になりますが，ここではそれが実質賃金率の増加関数になると仮定します．すなわち，労働者は全体として実質賃金率が上昇するとより多くの労働を供給

しようとする，と仮定するのです。

　以上の説明に基づき，図7-4の上図には，経済全体の労働市場を描いています。横軸には労働（量）N，縦軸には実質賃金率$\frac{W}{P}$をとっています。ただし，図では価格がP_0であるとしています。このとき，企業の労働需要関数は，

$$N^D = N^D\left(\frac{W}{P_0}\right), \quad N^{D'}\left(\frac{W}{P_0}\right) < 0 \tag{7-6}$$

と書くことができます。労働需要N^Dは実質賃金率の減少関数です。したがって，図の労働需要曲線は右下がりになっています。他方，労働者の労働供給関数は，

$$N^S = N^S\left(\frac{W}{P_0}\right), \quad N^{S'}\left(\frac{W}{P_0}\right) > 0 \tag{7-7}$$

と書くことができます。労働供給N^Sは実質賃金率の増加関数です。したがって，図の労働供給曲線は右上がりになっています。

　労働市場は名目賃金率Wの調整により均衡します。労働市場が均衡するときの名目賃金率の値を図ではW_Fで表しています。W_Fを均衡名目賃金率と言います。WがW_Fより低いときには，労働市場に超過需要が発生します。いわゆる売り手市場の状態です。超過需要があるときには，縦軸上の上向きの矢印が示しているように，名目賃金率はW_Fに向かって上昇します。逆に，WがW_Fより高いときには，労働市場に超過供給が発生します。いわゆる買い手市場の状態です。超過供給があるときには，縦軸上の下向きの矢印が示しているように，名目賃金率はW_Fに向かって下落します。このような名目賃金率の需給調整によって労働市場は$W = W_F$において均衡します。

　労働市場が均衡するときの実質賃金率$\frac{W_F}{P_0}$を均衡実質賃金率と言います。均衡実質賃金率は均衡名目賃金率の価格に対する比率です。注意すべきは，均衡実質賃金率の値はただ1つであるのに対し，均衡名目賃金率の値はPの値によって変わるということです。たとえば，もし価格が$2P_0$のように2倍に

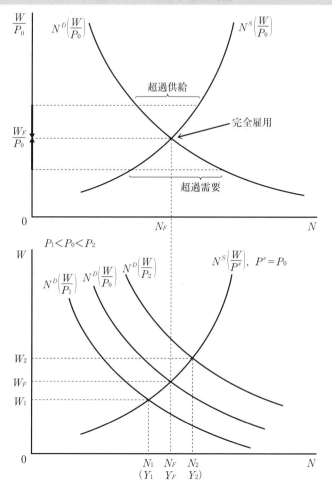

図7-4 労働市場の均衡

なれば均衡名目賃金率の値も $2W_F$ のように2倍になります.

労働市場が均衡するときの労働を N_F とすると,

$$N_F = N^D\left(\frac{W_F}{P_0}\right) = N^S\left(\frac{W_F}{P_0}\right)$$

が成立しています．このとき，働く意思のある労働者は全員職に就いているので，N_Fは**完全雇用量**です．そして，経済の完全雇用の状態は$N = N_F$である状態です．さらに，これまでもしばしば用いてきた完全雇用国民所得Y_Fとは，雇用量がN_Fのときの国民所得ということになります．労働市場を分析することにより，完全雇用の意味が明確になりました．

■ フリードマンの労働者錯覚モデル

ミクロ経済学ではおなじみの，通常の労働市場の均衡を説明しました．しかし，もしそれをそのままマクロ経済学に適用すると，経済は伸縮的な名目賃金率の調整によって常に完全雇用の状態にあることになります．経済が常に完全雇用状態にあるという前提に立つ理論もあります．それが第Ⅳ部で説明する新古典派理論です．しかし，*AD-AS* モデルは，経済は必ずしも完全雇用の状態にはないという前提に立っています．したがって，これまでの労働市場の説明に何らかの修正を加える必要があります．

そのような修正の試みとして1968年に発表されその後のマクロ経済学に大きな影響を与えたのが，フリードマンの**労働者錯覚モデル**と呼ばれる考え方です．フリードマンは図7‒4の下図で示されるような労働市場を考えました．下図の横軸は上図と同じく労働Nをとっていますが，縦軸は，便宜上，貨幣賃金率Wをとっています．フリードマンの労働者錯覚モデルが通常の分析と異なるのは，価格を**現実の価格**（actual price）と（労働者の）**予想価格**（expected price）に分けた点です．現実の価格は**実際の価格**，予想価格は**期待価格**と言うこともあります．2つの価格の違いを理解するためには，前期と今期の区別をすることが大切です．

まず，企業の労働需要関数は，

$$N^D = N^D\left(\frac{W}{P}\right), \quad N^{D'}\left(\frac{W}{P}\right) < 0 \tag{7-8}$$

です．Pは現実の価格です．現実の価格とは実際に今期成立する価格です．$P = P_0$とすれば，上式は（7-6）式とまったく同じです．次に，労働者の労働供給関数は，

$$N^S = N^S \left(\frac{W}{P^e} \right), \quad N^{S'} \left(\frac{W}{P^e} \right) > 0$$

になります．P^e は労働者の予想価格です．ここで言う予想価格とは，労働者
が前期に，今期実現すると予想した価格です．W が労働市場の需給調整をす
ることは変わりありません．

　以上のような労働需要関数と労働供給関数を前提にして，フリードマンは，
現実の価格と予想価格が一致する状態を**長期**（**long run**），そして，現実の価
格と予想価格が一致しない状態を**短期**（**short run**）と呼びました．2 つの状
態を区別するのは，労働市場の均衡が長期と短期で異なるからです．

　まず，長期について見てみましょう．たとえば，前期に労働者が今期の価格
が P_0 になると予想したとします．すなわち $P^e = P_0$ です．そして，長期では，
今期実際に成立する価格も P_0 になります．すなわち $P = P_0$ です．このとき，
図 7-4 の下図の $N^D \left(\dfrac{W}{P_0} \right)$ が企業の労働需要曲線，そして $N^S \left(\dfrac{W}{P^e} \right)$（ただし
$P^e = P_0$）が労働者の労働供給曲線です．縦軸には W をとっていますが，実
質賃金率を計算する際の価格は企業も労働者も P_0 を用いているので，今期の
労働市場は上図とまったく同じになります．すなわち，伸縮的な W の需給調
整により，労働市場は $W = W_F$ で均衡し，完全雇用 $N = N_F$ が成立します．
言い換えると，長期では国民所得 Y は完全雇用国民所得 Y_F に一致します．

　短期ではどのようになるでしょうか．長期の例と同じく，$P^e = P_0$ であると
しましょう．短期では労働者の予想がはずれています．たとえば，今期の現実
の価格が予想価格 P_0 より低い P_1 になったとします．このとき，企業はただ
ちにその事実を認識します．すなわち，実質賃金率を計算する際の価格として，
P_0 ではなく，P_1 を用います．下図の $N^D \left(\dfrac{W}{P_1} \right)$ は現実の価格 P_1 に基づいた企

業の労働需要曲線です．この労働需要曲線は $N^D \left(\dfrac{W}{P_0} \right)$ が左方シフトした位置

にあります．なぜでしょうか．それは，企業の労働需要が実質賃金率の減少関
数だからです．縦軸の W が同じ値であれば，$P_0 > P_1$ なので，2 つの実質賃

金率 $\dfrac{W}{P_0}$, $\dfrac{W}{P_1}$ の大小関係は必ず $\dfrac{W}{P_0} < \dfrac{W}{P_1}$ となります．したがって，W の値にかかわらず $N^D\left(\dfrac{W}{P_1}\right) < N^D\left(\dfrac{W}{P_0}\right)$ が成立します．すなわち，労働需要曲線 $N^D\left(\dfrac{W}{P_1}\right)$ は常に労働需要曲線 $N^D\left(\dfrac{W}{P_0}\right)$ の左側に位置します．

他方，労働者は企業に比べて情報収集能力が劣っているため，すぐには $P_1 = P < P^e = P_0$ という事実を認識できません．そのため，$P = P_1$ にもかかわらず，今期の実質賃金率を計算する際の価格として，依然として前期に設定した予想価格 P_0 を用います．労働者は現実の価格を P_0 であると「錯覚」するわけです．そうすると，今期においても，労働者の労働供給曲線は $N^S\left(\dfrac{W}{P_0}\right)$ のままで変わりません．

したがって，短期の労働市場の均衡は，労働需要曲線 $N^D\left(\dfrac{W}{P_1}\right)$ と労働供給曲線 $N^S\left(\dfrac{W}{P_0}\right)$ の交点によって表されることになります．そこでは，名目貨幣賃金率は $W_1 (< W_F)$，雇用量は $N_1 (< N_F)$ となっています．すなわち，短期において現実の価格が予想価格を下回ると，雇用量は完全雇用量を下回り，したがって国民所得も完全雇用国民所得を下回ります．

短期において，現実の価格が予想価格を上回った場合も同様に説明できます．下図では，$P_2 = P > P^e = P_0$ の場合が描かれています．そのときの労働市場の均衡においては，名目貨幣賃金率は $W_2 (> W_F)$，雇用量は $N_2 (> N_F)$ となっています．すなわち，短期において現実の価格が予想価格を上回ると，雇用量は完全雇用量を上回り，したがって国民所得は完全雇用国民所得を上回ります．（演習問題1，2参照．）

短期と長期の総供給関数

フリードマンの労働者錯覚モデルは，$AD\text{-}AS$ モデルの AS（総供給）の側の基礎となります．まとめると，AS（総供給）の側は短期と長期に分かれ，

短期では現実の価格が予想価格を下（上）回ると国民所得は完全雇用国民所得を下（上）回り，長期では現実の価格と予想価格が一致し，国民所得も完全雇用国民所得に一致します．

これらの結果の数学的表現を**総供給関数**と言います．もちろんそれには短期と長期の2通りがあります．**短期総供給関数**（**short-run aggregate supply function**）の代表的具体例は，

$$Y = Y_F + \theta(P - P^e), \quad \theta > 0 \tag{7-9}$$

です．θ は正の定数です．(7-9) 式は，現実の価格 P が予想価格 P^e より高い（低い）ときには国民所得 Y が完全雇用国民所得 Y_F より大きい（小さい）ことを表現しています．(7-9) 式を YP 平面に描いたものを**短期総供給曲線**（**short-run aggregate supply curve**），または**短期 AS 曲線**と言います．短期 AS 曲線は必ず点 (Y_F, P^e) を通る右上がりの直線になります．

図7-5には，(7-9) 式が表す短期 AS 曲線 SAS を，図7-4の下図に対応させて描いています．図7-4では現実の価格が $P_1 < P_0 < P_2$ であるとき，労働市場の均衡での雇用量は $N_1 < N_F < N_2$ でした．図7-5の Y_1 と Y_2 は各々雇用量が N_1 と N_2 のときの国民所得です．したがって，$Y_1 < Y_F < Y_2$ となります．3点 $(Y_1, P_1), (Y_F, P_0), (Y_2, P_2)$ を通る短期 AS 曲線 SAS は確かに右上がりになっています．さらに，図7-4では $P^e = P_0$ でした．したがって，SAS は確かに点 (Y_F, P^e) を通っています．

長期の定義は $P^e = P$ です．これを短期総供給関数 (7-9) に代入すると，

$$Y = Y_F \tag{7-10}$$

となります．(7-10) 式が**長期総供給関数**（**long-run aggregate supply function**）です．(7-10) 式は，長期では国民所得が完全雇用国民所得に一致することを示しています．(7-10) 式を YP 平面に描いたものを**長期総供給曲線**（**long-run aggregate supply curve**），または**長期 AS 曲線**と言います．図7-5の太線が長期 AS 曲線 LAS です．(7-10) 式からも明らかなように，長期 AS 曲線は横軸の完全雇用国民所得 Y_F を通る垂線です．

なお，ここでは総供給関数あるいは AS 曲線をフリードマンの労働者錯覚モ

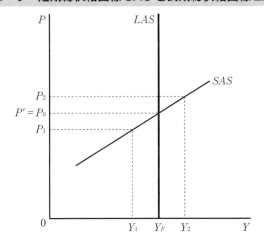

図7-5　短期総供給曲線 SAS と長期総供給曲線 LAS

デルに基づいて導出しましたが，ほかの導出方法もいくつか提案されています．そしてそれらの経済学的含意は異なります．たとえば，ルーカスの不完全情報モデルでは，P^e は（労働者ではなく）企業の予想価格という位置づけになり，その場合の総供給関数は**ルーカスの供給関数**（**Lucas supply function**）として有名です．しかし，それも（7-9）式と同じ形をしています．重要なのは，それらが，予想価格と現実の価格の不一致により経済は完全雇用水準から乖離する，という考え方に基づいていることです．（演習問題3参照．）

4 ┃ 国民所得と価格の同時決定

　AD-AS モデルの両側がそろいました．AD（総需要）の側を構成するのは総需要関数あるいは AD 曲線です．AS（総供給）の側を構成するのは，短期および長期の総供給関数あるいは AS 曲線です．これらを用いてマクロ経済を分析しましょう．

一般形

総供給関数としては（7-9）式のような具体的な形を用いるのが一般的です．したがって，AD-AS モデルの一般形は次のような Y と P の連立方程式になります．

$$Y = AD(P, G, T, M) \tag{7-1}$$
$$Y = Y_F + \theta(P - P^e) \tag{7-9}$$

内生変数は Y と P です．AD-AS 分析では，この連立方程式の解 Y^* と P^* が分析対象となります．総需要関数（7-1）は財市場と貨幣市場の同時均衡を表し，総供給関数（7-9）は労働市場の均衡を表しているので，AD-AS モデルの均衡解 Y^*, P^* はそれら 3 つの市場の同時均衡を表しています．ただし，その均衡において $P^e \neq P$ ならばそれは**短期均衡**，$P^e = P$ ならばそれは**長期均衡**です．

図 7-6 には，国民所得と価格が同時に決定される様子を描いています．AD 曲線 AD_0 は右下がりです．短期 AS 曲線 SAS_0 は右上がりです．ここでは予想価格を P_0^e としているので，SAS_0 は点 (Y_F, P_0^e) を通っています．AD_0 曲線と SAS_0 曲線の交点 (Y_0, P_0) が現実のマクロ経済を表していると考えます．国民所得 $Y_0 (= Y^*)$ は完全雇用国民所得 Y_F に達していないことに注意しましょう．現実の価格 $P_0 (= P^*)$ は予想価格 P_0^e と一致していないので，交点 (Y_0, P_0) は短期均衡です．

具体例

総需要関数の具体例（7-2）を用いると，AD-AS モデルの具体例

$$Y = \frac{(C_0 + I_0 + G - \alpha T) + \beta\left(\dfrac{M}{P} - \mu\right)}{(1 - \alpha) + \beta k} \tag{7-2}$$
$$Y = Y_F + \theta(P - P^e) \tag{7-9}$$

ができます．

図7-6　国民所得と価格の同時決定

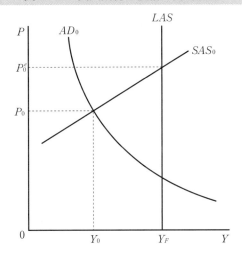

(7-9) 式を P について解き，その結果を (7-2) 式に代入して整理すると，

$$[(1-\alpha)+\beta k]Y-\frac{\theta\beta\,M}{Y-Y_F+\theta P^e}-(C_0+I_0+G-\alpha T)+\beta\mu=0 \qquad (7\text{-}11)$$

となります．(7-11) 式を満たす Y の値を $Y_0\,(>0)$ とします．そしてそれに対応する現実の価格を $P_0\,(>0)$ とすると，$Y_0,\ P_0$ が上の連立方程式の解になります．点 $(Y_0,\ P_0)$ は AD 曲線 (7-2) と AS 曲線 (7-9) の交点であり，現実のマクロ経済を表します．ただし，(7-11) 式を解くのは若干煩雑です．

5　財政・金融政策の有効性

一般形

IS-LM モデルでは財政政策も金融政策も有効でした．すなわち，どちらも国民所得や雇用量を増やすのに役立ちました．*AD-AS* モデルではどうでしょうか．この問いに答えるために，図7-6のような短期均衡にあるマクロ経済

において拡張的財政・金融政策が実施された場合を考えてみましょう.

図7-2と図7-3で示したように,拡張的財政・金融政策はAD曲線を右方にシフトさせます. 図7-7には,そのような拡張的財政・金融政策が実施された場合の2本のAD曲線AD_1とAD_2を描いています. 短期AS曲線SAS_0とAD曲線AD_1の交点では国民所得が増加しています. すなわち,AD-ASモデルにおいても財政政策と金融政策はともに有効であることがわかります.

ただし,IS-LMモデルの場合とは異なる点があります. それを理解するためにAD_1曲線が点(Y_F, P_0)を通っていることに注目してください. これは,拡張的財政・金融政策の実施後も価格が変化しないならば経済は完全雇用の状態になることを意味しています. 価格が硬直的なIS-LMモデルで分析したのはそのような経済でした. (図序-2参照.)

しかし,AD-ASモデルでは完全雇用を達成することができません. なぜでしょうか. 図に矢印で示したように,AD-ASモデルでは拡張的財政・金融政策による総需要の増加が価格の変化と国民所得の変化に分かれて作用し,価格が上昇した分だけ財政・金融政策の有効性が低下するからです. したがって,完全雇用を達成するためにはさらに大きな規模の拡張的財政・金融政策を実施する必要があります. AD_1曲線の右にあるAD_2曲線はそのような政策に対応するAD曲線です. SAS_0曲線とAD_2曲線の交点(Y_F, P_2)は長期AS曲線上にあり,そこでは現実の価格と予想価格が一致し完全雇用が実現しています. すなわち交点(Y_F, P_2)は長期均衡を表しています. (演習問題4参照.)

▌具体例

AD-ASモデルの具体例(7-2),(7-9)を用いて,財政・金融政策の有効性を調べてみましょう. 短期均衡(Y_0, P_0)にある経済において,拡張的財政・金融政策が実施されると,その効果は以下のように計算することができます.

図7-7 拡張的財政・金融政策の効果

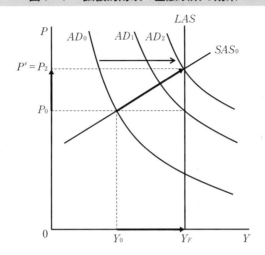

$$dY^* = \cfrac{1}{(1-\alpha) + \beta k + \cfrac{\beta M}{\theta P_0^2}} dG \tag{7-12}$$

$$dY^* = -\cfrac{\alpha}{(1-\alpha) + \beta k + \cfrac{\beta M}{\theta P_0^2}} dT \tag{7-13}$$

$$dY^* = \cfrac{\beta}{[(1-\alpha) + \beta k]P_0 + \cfrac{\beta M}{\theta P_0}} dM \tag{7-14}$$

これらを (7-3) 式, (7-4) 式, (7-5) 式と比べると, いずれも分母の値が大きくなっていることがわかります. すなわち, 政府支出の増加, 減税, マネーサプライの増加の規模が同じであれば, 価格が上昇する分だけ, それらの国民所得に対する効果は小さくなります. (演習問題5参照.)

1 AD 曲線は財市場と貨幣市場の同時均衡を表す国民所得と価格の組合せを表す.

2 AS 曲線は労働市場の均衡を表す国民所得と価格の組合せを表す.

3 AD-AS モデルでは,AD 曲線と AS 曲線の交点において国民所得と価格が同時に決定される.

4 AD-AS モデルでは,予想価格と現実の価格が一致しない状態を短期,それらが一致する状態を長期と言い,長期では完全雇用が成立する.

5 AD-AS モデルにおいても財政政策と金融政策は有効であるが,価格が上昇するため,その効果は IS-LM モデルの場合に比べて低下する.

1 図7-4の下図において，$P_2 = P > P^e = P_0$ の場合の労働市場の均衡では，名目賃金率は $W_2(>W_F)$，雇用量は $N_2(>N_F)$ となっている．以下の文章はそのようになる理由を説明している．空欄（ 1 ）〜（ 6 ）に P_0 と P_2 のいずれかを入れなさい．

「縦軸の W の値にかかわらず2つの実質賃金率 $\dfrac{W}{P_0}$，$\dfrac{W}{P_2}$ の大小関係は

$\dfrac{W}{(1\ )} < \dfrac{W}{(2\ )}$ となるが，企業の労働需要は実質賃金率の減少関数なので，

$N^D\left(\dfrac{W}{(3\ )}\right) < N^D\left(\dfrac{W}{(4\ )}\right)$ が常に成立する．このことは労働需要曲線が

$N^D\left(\dfrac{W}{(5\ )}\right)$ から $N^D\left(\dfrac{W}{(6\ )}\right)$ に右方シフトすることを意味する．労働者の労働供給曲線はもとの位置にあるので，労働市場の新しい均衡では名目賃金率は W_F から W_2 に上昇し，雇用量は N_F から N_2 に増加する．」

2 図7-4に基づいて，労働市場の均衡における価格と賃金率の関係について考える．ただし本文と同様に $P_1 < P_0 < P_2$，$P^e = P_0$ とする．

(1) 図7-4の上図では，横軸に労働 N，縦軸に実質賃金率 $\dfrac{W}{P_0}$ がとられている．この図にならって，しかし縦軸を $\dfrac{W}{P_1}$ にかえて労働市場の均衡を描きなさい．さらにその図の下に，縦軸に $\dfrac{W}{P_2}$ をとった場合の労働市場の均衡を描きなさい．

(2) 図7-4の下図には，労働市場の均衡が3つ示されている．それら3つの均衡 (N_1, W_1)，(N_F, W_F)，(N_2, W_2) は各々3つの現実の価格 P_1，P_0，P_2 に対応している．これら3つの均衡における実質賃金率 $\dfrac{W_1}{P_1}$，$\dfrac{W_F}{P_0}$，

$\dfrac{W_2}{P_2}$ の大小関係を書きなさい．(1)で描いた図を利用すること．

(3) (2)で得た結果から，価格の変化とそれに対応する名目賃金率の変化の間の関係について何がわかるか．

3 本文では，労働供給は実質賃金率の増加関数であると仮定したが，それが実質賃金率の値にかかわらず常に一定であるという仮定もマクロ経済学ではよく用いられる．その一定の労働供給量を $\bar{N}$ で表すと，労働供給関数は $N^S = \bar{N}$ と書ける．労働供給関数がこの形のとき，フリードマンの労働者錯覚モデルは成立するか．理由とともに答えなさい．ただし，労働需要関数は（7-8）式のままであるとする．

4 図7-7に描かれたような，拡張的財政・金融政策による総需要の増加が価格と産出量に与える影響について考える．

(1) 総需要曲線と短期総供給曲線の交点における名目総需要を D で表すことにする．また，同じ交点における短期総供給曲線上の価格 P と産出量（＝国民所得）Y を名目総需要 D の関数として各々 $P(D)$，$Y(D)$ と書くと，名目総供給は $P(D) \cdot Y(D)$ となる．したがって，両曲線の交点では，

$$P(D) \cdot Y(D) = D$$

が成立する．拡張的財政・金融政策による名目総需要の増加分を dD とすると，上式から次式が導かれることを示しなさい．

$$\frac{dP}{dD}\frac{D}{P} + \frac{dY}{dD}\frac{D}{Y} = 1 \tag{7-15}$$

(2) (7-15) 式の経済学的意味を述べなさい．

(3) 短期総供給曲線が（7-9）式であるとき，総需要曲線との交点 (Y_0, P_0) において（7-15）式の左辺の第1項と第2項は各々次のように書けることを示しなさい．(1)で得た結果を利用すること．

$$\frac{Y_F+\theta(P_0-P^e)}{Y_F+\theta(P_0-P^e)+\theta P_0},\quad \frac{\theta P_0}{Y_F+\theta(P_0-P^e)+\theta P_0}$$

5 *AD-AS* モデルにおける拡張的財政・金融政策の効果を表す（7-12）式，（7-13）式，（7-14）式を，数学付録（A-7）と（A-9）を利用して，導きなさい．

☕ Coffee Break

君はシュムーを見たか？

　4部からなる本書も折り返し地点を少し過ぎたところですが，このあたりでスタート地点（第Ⅰ部）のことを思い出してみるのも無駄ではないでしょう．というのは，日々マクロ経済（とくに日本経済）のなかで暮らしていると，マクロ経済学を「日常的常識」で理解しようとする人が増えてくる頃だからです．

　たとえば次のことを覚えていますか．財市場で原材料は取引されない，生産過程において家計は労働という生産要素である，所得の源泉は付加価値である，国民所得 Y は実質値である，貨幣は現金と同じではない，外生変数は外国に関する変数ではない，等々．覚えていれば大丈夫です．

　それでは1財モデルが何だったか即答できるでしょうか．第1章で説明したように，経済には1種類の（最終）財だけが存在するという仮定に基づくマクロ経済モデルのことです．この仮定そしてこのモデルのことは意識しないとついつい忘れてしまいます．確かに，新商品が次々と目の前に現れる日常生活に慣れていれば，1種類の財だけで成り立つ経済を受け入れるにはかなりの想像力が必要になるでしょう．

　そこで，誰でも納得できるような「1財」の例があればいいですね．ポイントは消費財として「食べる」ことができ，かつ投資財としてそれで「生産する」ことができるという2つの性質を兼ね備えていることです．本書ではそのような例として「小麦」を用いました．小麦は食べることができ，食べなかった小麦でまた小麦を生産することができるからです．ただし，小麦，リンゴ，コメといった農産物はよく用いられる例ではありますが，「1財」モデルを忘れないようにするにはちょっと平凡かもしれません．

　もっとインパクトのある例としてシュムー（shmoo）があります．シュムーは，アメリカの漫画のキャラクターです．シュムーは食べることができます．生でもいいし，油で揚げるとチキン，焼くとステーキのような味がします．食べなかったシュムーは猛烈に増えていきます．シ

図7-8　シュムーの見方

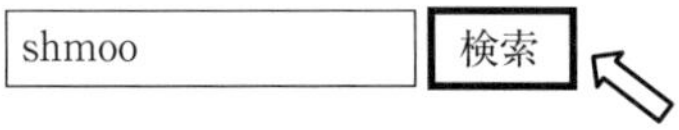

shmoo	検索

ュムーは卵を産み，ミルクも出します．そしてシュムーは，自分が幸せになるには他人を幸せにすればいいと信じています．（シュムーを見たい人は図7-8のように検索してみてください.）

シュムーはマクロ経済学者が考えたものではありませんが，消費財と投資財の両方の性質を持っているため，「1財」モデルの例として取り上げられることがあります（たとえばブランシャール）．もちろんシュムーはアメリカではなじみがあっても日本ではそうではないので，「日本版シュムー」がないか探してみるのもいいでしょう．いずれにしても，シュムーを見て1財モデルが覚えられたのであれば，私も（シュムーも）幸せです．

参考文献

O．J．ブランシャール，鴇田忠彦他訳『ブランシャール　マクロ経済学（上）』東洋経済新報社，1999年，63ページ．（原著1997年.）

第 8 章

インフレーションと失業

この章では *AD-AS* モデルとフィリップス曲線の関係を解明します．1節では
適応的期待仮説に従うと拡張的財政・金融政策が実施されなくても完全雇用が
達成されることを示します．2節では総需要の増加によるインフレ，3節では
供給ショックによるインフレを *AD-AS* モデルで分析します．4節では自然失
業率について説明し，5節ではフリードマンのフィリップス曲線の解釈とそれ
がマクロ経済学に与えた影響について述べます．

1 期待形成と完全雇用

　前章では *AD-AS* 分析のなかで *AD* 曲線のシフトの影響を調べました．*AS*
曲線についてはどうでしょうか．すでに見たように，短期 *AS* 曲線の位置は予
想価格 P^e の値によって決まります．したがって，P^e の値が変われば短期 *AS*
曲線もシフトし，その結果 *AD* 曲線との交点の位置も変わります．すなわち
P^e の値と経済の均衡は直接結びついています．このように考えると，マクロ
経済における予想あるいは期待が演じる役割は非常に大きいということがわか
ります．そこでまず予想価格自体がどのように決定されるかということについ
て説明しましょう．

2つの期待形成仮説

　労働者あるいは企業といった経済主体の予想または期待（どちらも ex-
pectation(s)）がどのように形成されるかについては，2つの重要な考え方が
あります．1つは，最初にケイガン（P. Cagan）が提唱し，その後フリード
マンが理論展開に利用した，**適応的期待仮説（adaptive expectations
hypothesis）** です．もう1つは，最初にミュース（J. F. Muth）が提唱し，ル

ーカスが理論展開に応用した，**合理的期待仮説**（**rational expectations hypothesis**）です．

適応的期待仮説は予想価格が，

$$P_t^e = aP_{t-1} + (1-a)P_{t-1}^e, \quad 0 < a \leq 1 \tag{8-1}$$

に従って決定されるという考え方です．a は定数です．左辺の P_t^e は t 期の予想価格，すなわち，$t-1$ 期において，t 期に成立するであろうと予想された価格です．右辺の P_{t-1}^e は $t-1$ 期の予想価格，すなわち，$t-2$ 期において，$t-1$ 期に成立するであろうと予想された価格です．P_{t-1} は $t-1$ 期に実現した価格であり，$t-1$ 期に P_t^e を計算するときには P_{t-1} と P_{t-1}^e はすでにわかっています．

適応的期待仮説によると，次期（t 期）の予想価格は，今期（$t-1$ 期）に実現した価格と今期（$t-1$ 期）の予想価格の加重平均です．たとえば，$a=0.5$ のときには，

$$P_t^e = 0.5P_{t-1} + 0.5P_{t-1}^e \tag{8-2}$$

となります．(8-2) 式の場合，P_t^e は P_{t-1} の値と P_{t-1}^e の値のちょうど真ん中の値になります．

(8-1) 式を変形すると，

$$P_t^e - P_{t-1}^e = a(P_{t-1} - P_{t-1}^e)$$

となります．上式は，今期（$t-1$ 期），予想価格が P_{t-1}^e であったのに対し，現実の価格との間で $P_{t-1} - P_{t-1}^e$ だけの予想誤差が生じたため，次期（t 期）の予想価格を計算するときには，その予想誤差のうちの a の割合だけ「予想を現実に適応させている」と解釈できます．とくに $a=1$ のときには予想誤差のすべてを予想の修正に反映し，その結果，

$$P_t^e = P_{t-1} \tag{8-3}$$

となります．すなわち，今期（$t-1$ 期）実現した価格が次期（t 期）も成立すると予想することになります．(8-3) 式のような予想あるいは期待を**静学的**

期待（**static expectations**）と言います．静学的期待は適応的期待の特殊な場合ですが，その扱いやすさから分析用具としてよく用いられます．

適応的期待仮説では，過去の価格の値だけを用いて予想価格を計算しています．これに対して，合理的期待仮説では，経済主体は経済理論あるいはその経済理論を具体化した経済モデルを用いて予想価格を計算すると仮定されます．その際，経済主体は，経済モデルの均衡において予想価格が実際の価格に一致するように，すなわち $P_t^e = P_t$ となるように，予想価格を計算します．したがって，合理的期待仮説においては，前提とする経済モデルが異なれば，予想価格も異なります．言い換えれば，どの経済モデルを使うかを決めるまでは，予想価格も計算できません．したがって，(8-1) 式のような便利な公式はありません．AD-AS モデルにおける合理的期待仮説の役割については以下で具体的に説明します．（演習問題1参照.）

適応的期待仮説と完全雇用

AD-AS モデルにおいてこれら2つの期待形成仮説を導入することがどのような意味を持つかを見てみましょう．そのために，非自発的失業の存在するマクロ経済を表す図7-6を用います．そして，そこに適応的期待仮説が成立すると考えた場合の経済の時間的変化を描いたのが図8-1です．図8-1では，財政・金融政策は図7-6のままで，しかし価格に関する予想は静学的期待 (8-3) であるとしています．

説明の始まりを0期としましょう．すなわち図7-6が0期の経済を表しているとしましょう．0期の予想価格は P_0^e なので，短期 AS 曲線 SAS_0 は点 (Y_F, P_0^e) を通って右上がりです．0期の経済の均衡は SAS_0 曲線と AD_0 曲線の交点 (Y_0, P_0) で表されます．すでに見たように，この点は短期均衡であり，$P_0^e > P_0$ かつ $Y_0 < Y_F$ となっています．そして図8-1の4つの点●のうち一番左上の点がまったく同じ状況を表しています．

次期すなわち1期の経済はどうなるでしょうか．適応的期待仮説（ここでは静学的期待）に従うと，次期（1期）の予想価格 P_1^e は今期（0期）実現した価格 P_0 と等しく設定されます．すなわち，図8-1に示したように，$P_1^e = P_0$ となります．1期の短期 AS 曲線 SAS_1 は点 (Y_F, P_1^e) を通りますが，$P_1^e = P_0$

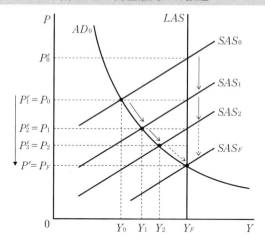

図8-1　完全雇用への接近

$<P_0^e$ であるため，SAS_1 曲線は SAS_0 曲線が下方シフトした位置にあります．1期になっても AD 曲線は同じなので，1期の経済の均衡は AD_0 曲線と SAS_1 曲線の交点 (Y_1, P_1) によって表されます．図から明らかなように，交点 (Y_1, P_1) は AD_0 曲線に沿って交点 (Y_0, P_0) より下の位置にあります．したがって，$P_0 > P_1$ かつ $Y_0 < Y_1$ となっています．しかし，$P_1^e > P_1$ なので1期も短期均衡にあります．

　2期の経済も1期の経済と同様に調べることができます．1期の時点において予想された2期の価格は，図に示したように，$P_2^e = P_1$ となります．そして $P_2^e = P_1 < P_1^e$ であるため，2期の短期 AS 曲線 SAS_2 は1期の SAS_1 曲線が下方シフトした位置にあります．したがって，2期の経済の均衡を表す AD_0 曲線と SAS_2 曲線の交点 (Y_2, P_2) は AD_0 曲線に沿って1期の交点 (Y_1, P_1) より下の位置にあり，$P_1 > P_2$ かつ $Y_1 < Y_2$ となっています．しかし $P_2^e > P_2$ なので2期も依然として短期均衡にあります．

　3期以降の経済の動きも同様にしてとらえることができるでしょう．その結果，経済の均衡は，図の矢印が示すように，AD_0 曲線上を下に向かって降りていき，次第に完全雇用を表す点 (Y_F, P_F) に接近することがわかります．4つの点●のうち一番右下の点がその長期均衡を表します．P_F は，AD_0 曲線と

長期 AS 曲線 LAS の交点における価格です．点 (Y_0, P_0) から点 (Y_F, P_F) への移行過程では，価格の持続的下落すなわち**デフレーション（deflation）**が起こっています．他方，国民所得は完全雇用国民所得に向かって増加しています．重要なのは，この過程において拡張的財政・金融政策は実施されていないという点です．前章で見たように AD-AS モデルでも拡張的財政・金融政策は有効ですが，適応的期待仮説を採用すれば，政府や中央銀行の助けがなくても完全雇用は実現されるのです．（演習問題２，３参照．）

合理的期待仮説と完全雇用

　AD-AS モデルに適応的期待仮説を導入すると完全雇用が達成されることがわかりました．ただし，完全雇用までの間，予想価格と現実の価格は $P_1^e > P_1$，$P_2^e > P_2$，$P_3^e > P_3$，… のような関係にあります．すなわち，経済主体が適応的期待仮説に従っているかぎり，予想ははずれ続けます．

　合理的期待仮説では，経済主体はこのような系統的失敗（systematic failure）を繰り返さないと仮定されています．具体的に言うと，合理的期待仮説における経済主体は，経済モデルを用いて予想が現実に一致するように予想する，と仮定されています．

一般形

　経済主体（ここでは労働者）が予想価格を計算する基礎が AD-AS モデルである場合，予想価格が現実の価格に一致するためにはどうすればよいでしょうか．図８-１からも明らかなように，それは次期（１期）の予想価格を最初から P_F に設定する以外にありません．このときに限り，予想価格 P^e と実際の価格 P が一致します．すなわち，P_F が合理的期待仮説に基づく予想価格です．そして，その予想価格は，経済主体が AD-AS モデルの構造を知っているかぎり正確に計算することができます．さらに $P^e = P_F$ ならば，国民所得は完全雇用国民所得に等しくなっています．すなわち，合理的期待仮説に従うと，経済は「瞬時に」完全雇用に到達します．

　２期以降も，AD_0 曲線と LAS 曲線の位置が変わらなければ，合理的期待仮説に基づく予想価格は P_F です．したがって，経済は常に完全雇用の状態にあ

ります．経済が完全雇用からはずれるのは AD_0 曲線が予想されない動きをするときです．とくにそのような不安定性の原因として，中央銀行の裁量的な金融政策に基づくマネーサプライの変更が強調されています．逆に，財政・金融政策の将来の動きが経済主体に正しく予想されているならば，経済主体はそれを考慮に入れて $P^e = P$ となるように予想価格を計算するので，経済は完全雇用水準を離れることはありません．

具体例

　合理的期待仮説に基づいて計算される予想価格を具体的に求めてみましょう．AD 曲線の具体例としては（7-2）式を用います．求める予想価格 $P^e = P_F$ は，AD 曲線と長期 AS 曲線 $Y = Y_F$ の交点における価格です．そこで，$Y = Y_F$ を（7-2）式に代入して P について解くと，

$$P_F = \frac{\beta M}{[(1-\alpha) + \beta k] Y_F - (C_0 + I_0 + G - \alpha T - \beta \mu)}$$

となります．合理的期待仮説に従う経済主体は予想価格をこの値に設定します．

2 ディマンドプル・インフレーション

　$AD\text{-}AS$ モデルは価格の持続的な上昇すなわち**インフレーション**（**inflation**）の分析にも利用できます．$AD\text{-}AS$ モデルは AD（総需要）の側と AS（総供給）の側からなっていますが，インフレーションの原因はそのどちらかに求めることができるからです．

　この節では，AD（総需要）の側が原因で起こるインフレについて見てみましょう．図 8-2 には，そのようなインフレの様子を描いています．ここでも 0 期から説明を始めましょう．AD 曲線 AD_0 と短期 AS 曲線 SAS_0 の交点 (Y_F, P_0) が 0 期の経済を表します．図からわかるように，そこでは予想価格 P_0^e と現実の価格 P_0 が一致しています．したがって，点 (Y_F, P_0) は長期均衡です．何も変化がなければ，経済は 1 期以降も同じ長期均衡にとどまります．

図8-2　ディマンドプル・インフレーション

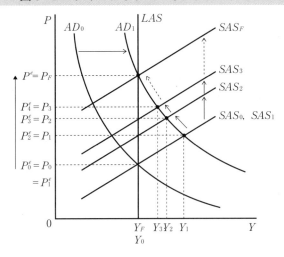

しかし，1期になり，拡張的財政・金融政策が実施されたとしましょう．AD 曲線の AD_0 から AD_1 への右方シフトがそれを表しています．そしてこの拡張的財政・金融政策は2期以降も AD 曲線が AD_1 の位置にとどまるように続行されるとします．さらに，予想価格が静学的期待に基づいて計算されるとします．そうすると1期の予想価格 P_1^e は P_0 なので，1期の短期 AS 曲線 SAS_1 は0期の SAS_0 曲線と同じになります．1期の経済はこの SAS_1 曲線と右方シフトした AD_1 曲線の交点 (Y_1, P_1) で表されます．図から明らかなように，$Y_F < Y_1$，$P_1^e = P_0 < P_1$ となっています．

2期の予想価格 P_2^e は1期に実現した価格 P_1 です．上の結果と合わせて考えると $P_1^e = P_0 < P_1 = P_2^e$ となるので，2期の短期 AS 曲線 SAS_2 は図のように1期の SAS_1 曲線が上方にシフトした位置にあります．2期の経済はこの SAS_2 曲線と AD_1 曲線の交点 (Y_2, P_2) で表されます．そして，この交点 (Y_2, P_2) は1期の交点 (Y_1, P_1) を AD_1 曲線に沿って上方の位置に移動させた位置にあるので，$Y_1 > Y_2$，$P_1 < P_2$ となっています．

2期と同様に考えると，3期の短期 AS 曲線 SAS_3 も2期の SAS_2 曲線を上方にシフトさせた位置にあり，3期の経済を表す SAS_3 曲線と AD_1 曲線の交点 (Y_3, P_3) では，$Y_2 > Y_3$，$P_2 < P_3$ となっています．

4期以降も同様に考えると、拡張的財政・金融政策によって経済は完全雇用国民所得以上の国民所得を実現しますが、この「好況」の間、価格は図の上向きの矢印が示しているように、持続的に上昇します。このようなインフレは、拡張的財政・金融政策による総需要の増加が原因で起こっているので、**ディマンドプル・インフレーション**（**demand-pull inflation**）と言います。図に示したように、経済は次第に AD_1 曲線と長期 AS 曲線 LAS の交点 (Y_F, P_F) に近づき、やがて長期均衡に到達します。ただし、この長期均衡はもとの長期均衡とは異なり、価格水準が P_0 より高い P_F になっています。

以上をまとめると、拡張的財政・金融政策は国民所得を完全雇用水準よりも増加させることができますが、ディマンドプル・インフレーションが生じる結果、増加した国民所得はもとの水準に戻り、価格はもとの水準よりも高くなります。（演習問題4参照。）

合理的期待仮説が成立する場合にはどうなるでしょうか。2通りに分けて考えるといいでしょう。まず、拡張的財政・金融政策の発動が0期にわかっているならば、経済主体は1期の予想価格を P_F に設定するので、1期の経済はすでに長期均衡 (Y_F, P_F) に到達しています。この場合、国民所得は Y_F のままで変わらず、価格だけが上昇します。

次に、拡張的財政・金融政策の発動が予想されず、1期に実施されて初めて経済主体に明らかになった場合には、1期の経済は、静学的期待の場合と同様、点 (Y_1, P_1) で表されます。しかし、この時点でその拡張的財政・金融政策が来期（2期）以降も続行され AD 曲線が AD_1 の位置にとどまることがわかったならば、経済主体は2期の予想価格を P_F に設定し、その結果、経済は2期に長期均衡 (Y_F, P_F) に到達します。

3 コストプッシュ・インフレーション

今度は AS（総供給）の側が原因で起こるインフレについて見てみましょう。この場合通常想定されているのは、突然、原材料の高騰や技術水準の低下などが起こる状況です。そのような企業の生産に不利な出来事を**供給ショック**

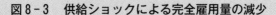

図8-3　供給ショックによる完全雇用量の減少

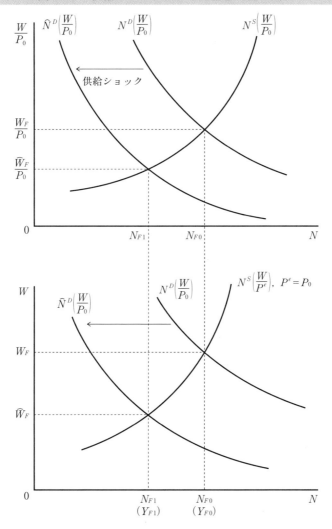

（**supply shock**）と言います．供給ショックは企業の行動にどのような影響を
与えるでしょうか．図8-3にはその変化を描いています．

　図8-3は，完全雇用を説明した図7-4をもとにしています．図7-4では，
完全雇用量が企業の労働需要曲線と労働者の労働供給曲線の交点で決定される

ということを説明しました．ただし，その場合，企業と労働者はともに同じ価格を用いて実質賃金率を計算する必要がありました．図7-4では，そして図8-3でも，その価格をP_0としています．

図8-3では，供給ショックが起こる前の完全雇用量をN_{F0}で表しています．すなわち，それは労働需要曲線$N^D\left(\dfrac{W}{P_0}\right)$と労働供給曲線$N^S\left(\dfrac{W}{P_0}\right)$の交点の雇用量であり，伸縮的な名目賃金率$W$の調整によって達成されます．この場合の均衡実質賃金率は$\dfrac{W_F}{P_0}$，そしてN_{F0}に対応する完全雇用国民所得はY_{F0}で表しています．

供給ショックが起こると，実質賃金率が以前と同じであれば，企業は労働需要を減らします．なぜなら，それが企業にとって利潤を最大にする方法だからです．したがって，供給ショックは労働需要曲線を左方にシフトさせます．図では，供給ショックが起こった後の労働需要曲線を$\widehat{N}^D\left(\dfrac{W}{P_0}\right)$で表しています．$\widehat{N}^D\left(\dfrac{W}{P_0}\right)$はもとの労働需要曲線$N^D\left(\dfrac{W}{P_0}\right)$の左側にあります．

供給ショックが起こっても労働供給曲線は同じなので，それと新しい労働需要曲線との交点が，供給ショックが起こった後の労働市場の均衡を表します．図からわかるように，供給ショック発生後は，均衡名目賃金率は$\widehat{W}_F$に，そして均衡実質賃金率は$\dfrac{\widehat{W}_F}{P_0}$に下落し，完全雇用量も$N_{F1}$に低下しています．したがって，$N_{F1}$に対応する，供給ショック発生後の完全雇用国民所得もY_{F1}に低下します．

以上より，供給ショックは完全雇用量を減少させることがわかりました．この変化はYP平面では長期AS曲線の左方シフトとなって現れます．図8-4にはそのような状況を描いています．供給ショックが起こる前の長期AS曲線はLAS_0で，供給ショックが起こった後の長期AS曲線はLAS_1で表しています．前者は図8-3の完全雇用国民所得Y_{F0}に対応し，後者は完全雇用国民所得Y_{F1}に対応しています．このような供給ショックがどのようにインフレを

図8-4　コストプッシュ・インフレーション

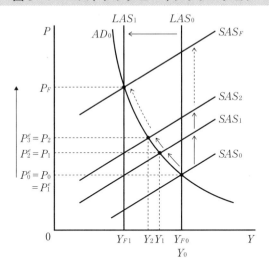

引き起こすのでしょうか.

　再び長期均衡にある0期から説明を始めます. 0期の経済は AD 曲線 AD_0 と短期 AS 曲線 SAS_0 の交点 (Y_{F0}, P_0) で表されます. 完全雇用国民所得 Y_{F0} を表す長期 AS 曲線 LAS_0 もその点を通っています.

　さて, 1期になり, 供給ショックが発生しました. その結果, 長期 AS 曲線 は LAS_1 の位置までシフトします. 0期の予想価格 P_0^e は P_0 なので, 0期の 短期 AS 曲線 SAS_0 は,

$$Y = Y_{F0} + \theta(P - P_0)$$

です. では, 供給ショックが発生した後の, 1期の短期 AS 曲線はどうなるで しょうか.

　ここでも静学的期待を仮定すると, 1期の予想価格 P_1^e は0期に実現した価 格 P_0 です. しかし, 供給ショックが発生しているので, 1期の完全雇用国民 所得は $Y_{F1}(< Y_{F0})$ です. したがって, 1期の短期 AS 曲線は,

$$Y = Y_{F1} + \theta(P - P_0)$$

となります．図ではそれをSAS_1で表しています．図から明らかなように，SAS_1曲線はSAS_0曲線が上方にシフトした位置にあります．AD曲線はAD_0のままで変わりません．したがって，1期の経済はAD_0曲線とSAS_1曲線の交点(Y_1, P_1)で表されます．この点は，0期の点(Y_{F0}, P_0)をAD曲線に沿って上方に移動させた位置にあるので，$Y_0 = Y_{F0} > Y_1$，$P_0 < P_1$となっています．

　2期の予想価格P_2^eは1期に実現した価格P_1です．1期に発生した供給ショックの影響は2期以降も持続し，完全雇用国民所得はY_{F1}のままであるとします．そうすると，2期の短期AS曲線SAS_2は，

$$Y = Y_{F1} + \theta(P - P_1)$$

となります．これは，図のように，点(Y_{F1}, P_1)を通り右上がりです．そして，$P_0 < P_1$なので，SAS_2曲線はSAS_1曲線が上方にシフトした位置にあります．2期の経済はAD_0曲線とSAS_2曲線の交点(Y_2, P_2)で表されます．この点は，1期の点(Y_1, P_1)をAD曲線に沿って上方に移動させた位置にあるので，$Y_1 > Y_2$，$P_1 < P_2$となっています．

　3期以降も同様に考えると，長期均衡(Y_{F0}, P_0)にあった経済は，供給ショックにより，AD_0曲線上を新しい長期均衡(Y_{F1}, P_F)に向かって上がっていくことがわかります．その過程で，図の上向きの矢印が示しているように，価格は持続的に上昇しています．供給ショックによって引き起こされたこのようなインフレを**コストプッシュ・インフレーション**（**cost-push inflation**）と言います．価格上昇の過程では実質賃金率も上昇を続けます（証明は本書第2版第8章の演習問題5参照）．

　図8-4には2つの完全雇用国民所得Y_{F0}とY_{F1}がありますが，供給ショックによって，当初の国民所得Y_{F0}がより低い水準のY_{F1}に向かって減少していく様子は「不況」と見なせるでしょう．インフレと景気後退が同時に進行することを**スタグフレーション**（**stagflation**）と言いますが，図8-4で描かれた経済の様子はそのような状況に近いと言うことができるでしょう．（演習問題5参照．）

4 自然失業率

これまで，経済の長期均衡は完全雇用国民所得 Y_F によって表されました．長期均衡を表すときに，完全雇用国民所得とともに，**自然失業率**（**natural rate of unemployment**）という言葉もよく用いられます．両者は経済の同じ状況を意味していますが，前者はそれを国民所得から見ているのに対し，後者は失業率から見ているという違いがあります．ここで**失業率**とは，働く意思のある労働者の全体すなわち**労働力人口**のうち，まだ職に就くことのできない労働者すなわち**失業者**の割合です．すでに職に就いている労働者は**就業者**と言います．

命名者であるフリードマンによると，自然失業率とは労働市場が長期均衡にあるときの失業率，換言すると，市場の不完全性や需要・供給の確率的変化などを考慮に入れたワルラス的一般均衡体系から生み出される失業率，ということになります．本書のこれまでの説明では，労働市場の長期均衡では失業者がいないこと，言い換えれば，ゼロの失業率を意味していました．それにもかかわらず，労働市場が長期均衡にあるときの失業率を問題にするのは奇妙に思えるかもしれません．

ところで，ケインズは現実の失業を，摩擦的失業，自発的失業，非自発的失業の3種類に分類しました．摩擦的失業は，失業者が次の職があるにもかかわらず地域間の移動や職に関する情報の欠如などのためすぐにはその職に就くことができないような場合の失業状態を指します．自発的失業は，職に就くことができるにもかかわらずよりよい職を得るためにみずからの意思で失業者のままでいるような場合の失業状態です．そして，非自発的失業は，現行賃金で働く意思があるにもかかわらず職自体が不足している場合の失業状態です．

純粋に理論的な説明では労働市場の均衡とゼロの失業率を同一視しても問題ありませんが，現実の労働市場では，非自発的失業がない場合でも摩擦的失業と自発的失業がなくなることはありません．産業構造の不断の変化等によってあるいはみずからの意思によって，そのような失業状態にある労働者が常に存在するからです．したがって，非自発的失業がない場合でも現実の失業率はゼ

ロになることはありません.

　自然失業率とはそのような非自発的失業がない場合の現実の失業率です. これまで用いてきた完全雇用の状態は非自発的失業がない場合を指しました. したがって, 自然失業率とは完全雇用が成立しているときの現実の失業率と言うことができます. あるいは, 自然失業率の下で実現する国民所得が完全雇用国民所得であると言うこともできるでしょう.

　自然失業率はマクロ経済学の重要な分析概念として広く用いられています. ただし, 注意すべきは, それは一定不変の定数を意味しているわけではないということです. それは, 日本の自然失業率, アメリカの自然失業率というように, 国に応じて異なります. 同じ国でも, 1980年代の自然失業率, 1990年代の自然失業率というように, 時期によっても異なります. しかし, おおむね数%程度の比較的安定した値であると考えられています. なお,「自然」失業率とは, 貨幣の影響を受けないで決まる失業率という意味です.

┃ オークンの法則

　自然失業率と完全雇用国民所得は経済の同じ状態を表すことがわかりましたが, 経済がそれ以外の状態にあるときにも失業率と国民所得の間に成立する重要な理論的かつ実証的関係があります. ここではそれを導出しましょう.

　現実の失業率を u, 自然失業率を u_N で表します. 完全雇用国民所得 Y_F に対応する失業率が自然失業率です. そうすると, $Y < Y_F$ のときには, 国民所得 Y が完全雇用量より少ない雇用量によって生み出されることになるので, $u > u_N$ となります. 逆に, $Y > Y_F$ のときには, Y は完全雇用量より多い雇用量によって生み出されるので, $u < u_N$ となります. もちろん $Y = Y_F$ のときには $u = u_N$ となります.

　以上の理論的関係は, 時間を考慮して,

$$-\phi(u_t - u_N) = \log Y_t - \log Y_{Ft} \tag{8-4}$$

と表すことができます. ϕ は正の定数です. $\log Y_t$ と $\log Y_{Ft}$ は各々 t 期の国民所得と完全雇用国民所得であり, いずれも自然対数表示にしています. u_t と u_N は各々 t 期の失業率と自然失業率であり, 後者は正の定数と仮定していま

す.

　数学付録（A-10-3）を用いると，(8-4) 式の右辺の（　）内は近似的に，

$$\log Y_t - \log Y_{Ft} = \log\left(1 + \frac{Y_t - Y_{Ft}}{Y_{Ft}}\right) = \frac{Y_t - Y_{Ft}}{Y_{Ft}}$$

と表すことができます．上の関係を利用すると，(8-4) 式は，

$$-\phi(u_t - u_N) = \frac{Y_t - Y_{Ft}}{Y_{Ft}} \tag{8-5}$$

と書くことができます．(8-5) 式は，Y_t を現実の産出量（あるいは GDP），Y_{Ft} を完全雇用のときの産出量（あるいは GDP）と見なすと，**オークンの法則（Okun's law）** と呼ばれる失業率と産出量（あるいは GDP）の間に観察される実証的関係を表します．この場合，Y_{Ft} を**潜在産出量（potential output）**，$\frac{Y_t - Y_{Ft}}{Y_{Ft}} \times 100$ を **GDP ギャップ**と言います．GDP ギャップは現実の GDP が潜在産出量から何%離れているかを表します．すなわちオークンの法則は現実の失業率が自然失業率を 1 %下回る（上回る）ときに GDP ギャップは ϕ %（$-\phi$ %）であるという関係を意味しています．ϕ を**オークン係数**と言います．

　オークンの法則は1962年にアメリカの経済学者オークン（A. M. Okun）が発表した，失業率と産出量の間の安定した統計的関係であり，現実の分析によく利用されます．その場合，別の表現が用いられることもあるので，それも見ておきましょう．

　(8-4) 式の t を $t-1$ に変えると，

$$-\phi(u_{t-1} - u_N) = \log Y_{t-1} - \log Y_{Ft-1} \tag{8-6}$$

になります．(8-4) 式と (8-6) 式を辺々引くと，

$$-\phi(u_t - u_{t-1}) = (\log Y_t - \log Y_{t-1}) - (\log Y_{Ft} - \log Y_{Ft-1}) \tag{8-7}$$

となります．数学付録（A-10-3）を用いると，(8-7) 式の右辺の 2 項は近似

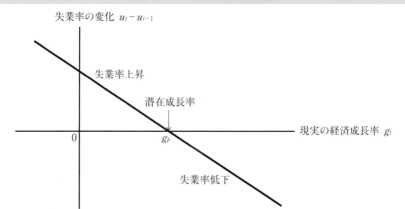

図8-5　オークンの法則

的に，

$$\log Y_t - \log Y_{t-1} = \log\left(1 + \frac{Y_t - Y_{t-1}}{Y_{t-1}}\right) = \frac{Y_t - Y_{t-1}}{Y_{t-1}}$$

$$\log Y_{Ft} - \log Y_{Ft-1} = \log\left(1 + \frac{Y_{Ft} - Y_{Ft-1}}{Y_{Ft-1}}\right) = \frac{Y_{Ft} - Y_{Ft-1}}{Y_{Ft-1}}$$

と書くことができます．1番目の式の右辺は t 期の現実の経済成長率です．これを g_t で表します．2番目の式の右辺は潜在産出量の増加率であり，**潜在成長率**と言います．潜在成長率は現実の成長率に比べて安定していると考えられるので，正の定数 g_p で表します．

　そうすると，(8-7) 式は近似的に，

$$u_t - u_{t-1} = -\frac{1}{\phi}(g_t - g_p) \tag{8-8}$$

という簡単な式に書き換えることができます．(8-8) 式がオークンの法則のもう1つの表現です．(8-8) 式によると，t 期の失業率 u_t は，現実の経済成長率 g_t が潜在成長率 g_p を上回る（下回る）ときに，$t-1$ 期に比べて低下（上昇）します．図8-5には，横軸に経済成長率 g_t，縦軸に失業率の変化 $u_t - u_{t-1}$ を

図 8-6　日本におけるオークンの法則（1975〜1998年度）

（3 月失業率変化幅，％）

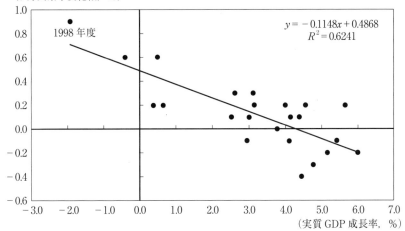

$y = -0.1148x + 0.4868$
$R^2 = 0.6241$

1998 年度

（実質 GDP 成長率，％）

（出所）　経済企画庁編『経済白書（平成11年版）』，137ページ．

とり，(8-8) 式の形のオークンの法則を描いています．そのグラフは点 $(g_p, 0)$ を通る右下がりの直線です．

　参考までに，日本のオークンの法則の計測例を図 8-6 に挙げておきます．図中の回帰式 $y = -0.1148x + 0.4868$ の x と y は各々 (8-8) 式の $g_t \times 100$ と $(u_t - u_{t-1}) \times 100$ に対応します．したがって，回帰式は (8-8) 式に合わせて書くと，$u_t - u_{t-1} = -0.1148(g_t - 0.0424)$ のようになります．すなわち，回帰式に従うと推定期間（1975〜1998年度）において日本の潜在成長率は約4.2%，オークン係数は約8.7 $\left(= \dfrac{1}{0.1148} \right)$ であったことになります．

5 　フィリップス曲線と自然失業率仮説

フィリップス曲線の発見

　自然失業率という概念は，フリードマンがフィリップス曲線を解釈するため

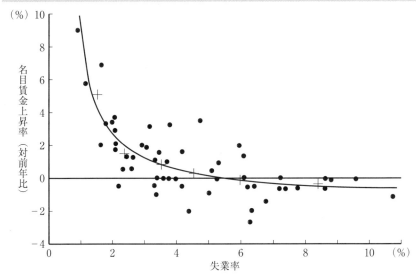

図8-7 イギリスのフィリップス曲線（1861〜1913年）

（%）

名目賃金上昇率（対前年比）

失業率

（出所）Alban W. Phillips, "The Relation between Unemployment and the Rate of Change of Money Wage Rates in the United Kingdom, 1861-1957," *Economica*, Vol. 25, 1958, p. 285.

に導入したものです．**フィリップス曲線（Phillips curve）**とは，ニュージーランドの経済学者フィリップス（A. W. Phillips）によって発見されたイギリスにおける失業率と名目賃金率の上昇率の関係を表す曲線です．図8-7がそのフィリップス曲線です．横軸に失業率，縦軸に名目賃金率の上昇率がとられています．1年ごとに失業率と名目賃金上昇率の点を記入していくと，図のような右下がりの曲線が確認できます．ほぼその曲線上にある6つの+は，左から順に，失業率が0〜2％，2〜3％，3〜4％，4〜5％，5〜7％，7〜11％の範囲にある年についての失業率と名目賃金上昇率の平均値を表しています．このフィリップス曲線は，失業率が低く（高く）なると名目賃金上昇率が高く（低く）なることを示しています．

　フィリップスの発見に触発され，アメリカでも同様の試みがなされました．図8-8はサミュエルソンとソローによって推定されたアメリカのフィリップス曲線です．もとのフィリップス曲線と異なるのは，縦軸にインフレ率をとっている点です．この場合も，イギリスのフィリップス曲線と類似の傾向を示し

図8-8　アメリカのフィリップス曲線

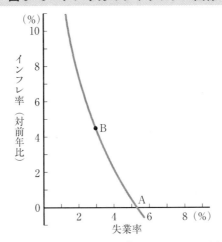

（出所）　Paul A. Samuelson and Robert M. Solow, "Analytical Aspects of Anti-Inflation Policy,"
American Economic Review, Vol. 50, 1960, p. 192.

ています．すなわち，失業率が低く（高く）なるとインフレ率が高く（低く）
なっています．なお，その後各国においてフィリップス曲線の計測が行われま
したが，フィリップス曲線は横軸に失業率をとり，縦軸はインフレ率をとるこ
とが一般的になりました．

　フィリップス曲線の存在が明らかになった当初は，それは１本の曲線である
と見なされました．すなわち，横軸の各失業率に対して，ただ１つのインフレ
率（あるいは名目賃金上昇率）が対応していると考えられました．その前提に
立つと，完全雇用を達成するための拡張的財政・金融政策は必然的にインフレ
を伴うことになり，逆に価格を安定させるためには多少の失業は受け入れざる
をえないということになります．たとえば，図8-8の点Bでは失業率が３％
と低めですがそのかわり高めの4.5％程度のインフレ率に耐えなくてはなりま
せん．逆に点Aではインフレ率０％という価格安定が達成されていますが失
業率は約5.5％にまで上昇します．一般に，一方をとれば他方を諦めなくては
ならない関係を**トレード・オフ**（**trade-off**）の関係と言いますが，完全雇用
と価格安定の関係はその代表例であると見なされたのです．

予想インフレ率とフィリップス曲線

　ところがフリードマンは，フィリップス曲線はいくつもありうると考えました．すなわち，フリードマンによれば，フィリップス曲線は**予想インフレ率**（**expected rate of inflation**）の数だけ存在します．そのことをこれまでに得た知識に基づいて説明してみましょう．

　フィリップス曲線の基礎は前章で導出した短期 AS 曲線（7-9）です．ただし，ここでは国民所得と価格を対数表示にするとともに時間を考慮して，

$$\log Y_t = \log Y_{Ft} + \theta(\log P_t - \log P_t^e), \quad \theta > 0 \tag{8-9}$$

と書き直します．（7-9）式と同様に（8-9）式も t 期の短期 AS 曲線です．とくに，t 期の予想価格 P_t^e が，$t-1$ 期において t 期に実現すると予想された価格であることに注意しましょう．また，（8-9）式において $P_t = P_t^e$ と置くと，（7-10）式と同様の，t 期の長期 AS 曲線 $Y_t = Y_{Ft}$ が得られます．

　（8-9）式はさらに，

$$\log Y_t - \log Y_{Ft} = \theta[(\log P_t - \log P_{t-1}) - (\log P_t^e - \log P_{t-1})] \tag{8-10}$$

と変形できます．ここでも数学付録（A-10-3）を用いると，（8-10）式の右辺の2項は近似的に，

$$\log P_t - \log P_{t-1} = \log\left(1 + \frac{P_t - P_{t-1}}{P_{t-1}}\right) = \frac{P_t - P_{t-1}}{P_{t-1}}$$

$$\log P_t^e - \log P_{t-1} = \log\left(1 + \frac{P_t^e - P_{t-1}}{P_{t-1}}\right) = \frac{P_t^e - P_{t-1}}{P_{t-1}}$$

となります．1番目の式の右辺は t 期の現実のインフレ率です．これを π_t で表すと，

$$\pi_t = \frac{P_t - P_{t-1}}{P_{t-1}} \tag{8-11}$$

となります．2番目の式の右辺は予想インフレ率です．予想インフレ率は期待

インフレ率とも言いますが，それは $t-1$ 期において t 期に実現すると予想されたインフレ率です．予想インフレ率を π_t^e で表すと，

$$\pi_t^e = \frac{P_t^e - P_{t-1}}{P_{t-1}} \qquad (8\text{-}12)$$

となります．（8-11）式と（8-12）式を用いると，（8-10）式は近似的に，

$$\log Y_t - \log Y_{Ft} = \theta(\pi_t - \pi_t^e) \qquad (8\text{-}13)$$

と書くことができます．

ところで，オークンの法則の原型である（8-4）式より，

$$\log Y_t - \log Y_{Ft} = -\phi(u_t - u_N)$$

なので，これを（8-13）式に代入すると，

$$-\phi(u_t - u_N) = \theta(\pi_t - \pi_t^e)$$

となり，さらに変形すると，

$$\pi_t = -\eta(u_t - u_N) + \pi_t^e, \quad \eta > 0 \qquad (8\text{-}14)$$

という形に書くことができます．ただし $\eta = \dfrac{\phi}{\theta}$ です．（8-14）式は，予想インフレ率が π_t^e のときの現実のインフレ率 π_t と失業率 u_t の関係を表しています．

すでに述べたようにフリードマンは適応的期待仮説を採用しましたが，フィリップス曲線の説明を簡単にするために，

$$P_t^e = (1 + \pi^e)P_{t-1}, \quad \pi^e \geqq 0 \qquad (8\text{-}15)$$

と仮定しました．π^e は定数です．（8-15）式は（8-1）式において P_{t-1} を $(1+\pi^e)P_{t-1}$ に置き換え，さらに $a=1$ として得られます．すなわち，（8-15）式はインフレを考慮して静学的期待（8-3）を拡張したものであり，$t-1$ 期に経済主体が t 期の予想インフレ率を π^e に設定することを意味しています．π^e の値は1つとはかぎりません．（8-3）式は $\pi^e = 0$ のときの（8-15）式に対応し

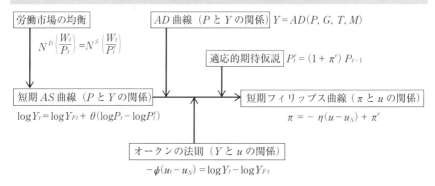

図 8 - 9　短期フィリップス曲線の導出

労働市場の均衡
$$N^D\left(\frac{W_t}{P_t}\right) = N^S\left(\frac{W_t}{P_t^e}\right)$$

AD 曲線（P と Y の関係）$Y = AD(P, G, T, M)$

適応的期待仮説　$P_t^e = (1 + \pi^e)\, P_{t-1}$

短期 AS 曲線（P と Y の関係）
$$\log Y_t = \log Y_{Ft} + \theta(\log P_t - \log P_t^e)$$

短期フィリップス曲線（π と u の関係）
$$\pi = -\eta(u - u_N) + \pi^e$$

オークンの法則（Y と u の関係）
$$-\phi(u_t - u_N) = \log Y_t - \log Y_{Ft}$$

ます.

　(8-15) 式に基づくと, (8-14) 式は t を省略して,

$$\pi = -\eta(u - u_N) + \pi^e, \quad \eta > 0 \tag{8-16}$$

と書き換えることができます. (8-16) 式は, 予想インフレ率が π^e である期間の現実のインフレ率 π と失業率 u の関係を表し, **短期フィリップス曲線**（**short-run Phillips curve**）と呼ばれます. 図 8 - 9 には, 前章で説明した労働者錯覚モデルも含めて, $AD\text{-}AS$ モデルから (8-16) 式が導出される過程を整理しています. とくに, (8-16) 式の π と u の値は短期 AS 曲線と AD 曲線の交点で決まるのであり, 前者だけでは決まらないことに注意してください.

　図 8 -10では, $u\pi$ 平面に, 2 つの予想インフレ率 $\bar{\pi}$, $\bar{\bar{\pi}}$（ただし $0 < \bar{\pi} < \bar{\bar{\pi}}$）に対応する 2 本の短期フィリップス曲線が描かれています. $\pi^e = \bar{\pi}$ である期間には, 経済は短期フィリップス曲線 $\pi = -\eta(u - u_N) + \bar{\pi}$ 上にあります. このグラフは点 $(u_N, \bar{\pi})$ を通る右下がりの直線です. もし現実の価格と予想価格が一致して現実のインフレ率と予想インフレ率が一致したならば, すなわち $\pi = \bar{\pi}$ となったならば,

$$u = u_N \tag{8-17}$$

が成立します. 図 8 -10の自然失業率 u_N を通る太い垂線が (8-17) 式を表します. これを**長期フィリップス曲線**（**long-run Phillips curve**）と言います. 長

図8-10 短期フィリップス曲線と長期フィリップス曲線

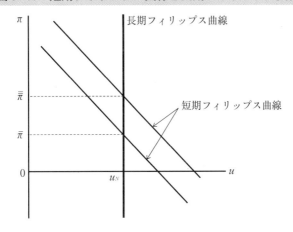

期フィリップス曲線は経済が完全雇用の状態にあることを意味します.

　次に,予想インフレ率が上昇して$\bar{\bar{\pi}}$になったとします.そうすると$\pi^e = \bar{\bar{\pi}}$である期間の経済は,短期フィリップス曲線$\pi = -\eta(u - u_N) + \bar{\bar{\pi}}$で表されます.そのグラフは点$(u_N, \bar{\pi})$の真上にある点$(u_N, \bar{\bar{\pi}})$を通る右下がりの直線です.そして,もし現実のインフレ率と予想インフレ率が一致して$\pi = \bar{\bar{\pi}}$となったならば,この場合も(8-17)式が成立します.

　まとめると次のようになります.すなわち,短期フィリップス曲線は予想インフレ率の数だけ存在し,予想インフレ率が上昇すると上方にシフトします.しかし,どの短期フィリップス曲線についても,予想インフレ率と現実のインフレ率が一致したときには経済は長期フィリップス曲線によって表されます.長期フィリップス曲線は1本だけであり,それは自然失業率を通る垂線です.

自然失業率仮説,そして政策無効命題へ

　以上のようにフィリップス曲線を短期と長期に分けて考えたフリードマンは,図8-7のイギリスのフィリップス曲線や図8-8のアメリカのフィリップス曲線を,予想インフレ率がゼロのときの短期フィリップス曲線と見なし,予想インフレ率が変わらないかぎり経済は1本の短期フィリップス曲線上にあると認めました.しかし,予想インフレ率が現実のインフレ率と一致する状態では,

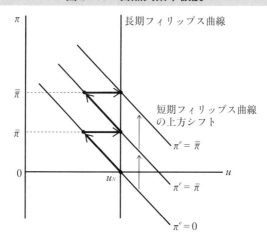

図8-11　自然失業率仮説

経済は長期フィリップス曲線上にあると主張しました.

　そのようなフリードマンの考え方を**自然失業率仮説**と言います. 自然失業率仮説の内容は本質的に図8-2のディマンドプル・インフレーションの説明と同じなので, それを思い出しながら, 図8-11を用いて詳しく説明しましょう.

　図8-11は, 図8-10に予想インフレ率 π^e が0のときの短期フィリップス曲線を追加したものです. すなわち, そこには, 予想インフレ率 π^e が0, $\bar{\pi}$, $\bar{\bar{\pi}}$ のときの短期フィリップス曲線が描かれています. 各々を $\pi^e=0$, $\pi^e=\bar{\pi}$, $\pi^e=\bar{\bar{\pi}}$ で表していますが, $0<\bar{\pi}<\bar{\bar{\pi}}$ としているので, 右下がりの3本の直線は順に上方にシフトした位置にあります. 自然失業率 u_N を通る垂線は長期フィリップス曲線です.

　最初に, 現実のインフレ率と予想インフレ率がともに0であるとしましょう. このとき経済は, 点 $(u_N, 0)$ にあり, 失業率は自然失業率に一致し, 完全雇用が成立しています. この状態は図8-2では点 (Y_F, P_0) に対応します. ここで, 失業率を u_N 以下に下げるために拡張的財政・金融政策が実施されたとしましょう. 注意すべきは, 図8-2ではこの拡張的財政・金融政策の実施は一度だけでした (そしてそれは同じ規模のまま継続されました) が, ここではそれが連続的に実施されその規模は増大し続けているという点です. これは, 図8-

2では，AD曲線がAD_0からAD_1に右方シフトした後もさらに引き続き右方にシフトし続けるという状況です．

　拡張的財政・金融政策の実施後しばらくの間は予想インフレ率は0のままなので，経済は長期均衡$(u_N, 0)$から短期フィリップス曲線$\pi^e=0$に沿って上がっていきます．すなわち，失業率は低下し，現実のインフレ率は上昇します．このことは図8-2では連続的に右方シフトを続けるAD曲線と短期AS曲線SAS_1との交点が，SAS_1上を長期均衡(Y_F, P_0)から上がっていく状況です．

　しかし，適応的期待仮説に従って予想インフレ率はやがて現実のインフレ率に一致します．図8-11では現実のインフレ率が$\bar{\pi}$になったときに経済主体がそのことに気づき，予想インフレ率を0から$\bar{\pi}$に設定し直すとしています．このとき$\pi=\bar{\pi}=\pi^e$となるので，経済は長期均衡に戻ります．しかしそれは最初とは異なる点$(u_N, \bar{\pi})$で表される長期均衡です．この状態は図8-2では点(Y_F, P_F)に対応します．ただし，点(Y_F, P_F)ではインフレ率はゼロなので，インフレ率が$\bar{\pi}(>0)$である図8-11の点$(u_N, \bar{\pi})$と正確には一致しません．

　経済が点$(u_N, \bar{\pi})$にあるとき，失業率を下げるためにさらなる（加速的な）拡張的財政・金融政策が実施されたとします．そのときの予想インフレ率は$\bar{\pi}$なので，経済は長期均衡$(u_N, \bar{\pi})$から，短期フィリップス曲線$\pi^e=\bar{\pi}$に沿って上がっていきます．この過程で失業率は低下し，現実のインフレ率は上昇します．しかし，やがて現実のインフレ率が$\bar{\bar{\pi}}$になったときに経済主体がそのことに気づき，予想インフレ率を$\bar{\pi}$から$\bar{\bar{\pi}}$に設定し直すと，$\pi=\bar{\bar{\pi}}=\pi^e$となるので，経済は長期均衡$(u_N, \bar{\bar{\pi}})$に移ります．しかしこの場合も，失業率はもとの自然失業率に戻りますが，インフレ率は以前より高くなっています．そして予想インフレ率が$\bar{\bar{\pi}}$になった経済は，図で最も上にある短期フィリップス曲線$\pi^e=\bar{\bar{\pi}}$によって記述されます．

　以上のように，フリードマンの自然失業率仮説では確かに拡張的財政・金融政策は失業率を低下させることができます．しかし，それは予想インフレ率が現実のインフレ率に「適応」するのに時間がかかるからです．やがて予想インフレ率が現実のインフレ率に一致すると，拡張的財政・金融政策の効果はなくなり，失業率は再び自然失業率に等しくなります．前節で自然失業率とは貨幣の影響を受けないで決まる失業率と説明しましたが，この節の説明から，自然

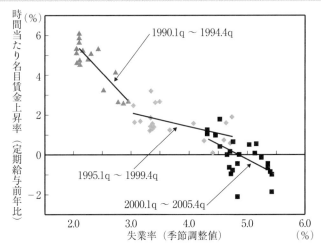

図 8-12 日本のフィリップス曲線

(縦軸) 時間当たり名目賃金上昇率（定期給与，前年比）(%)

(横軸) 失業率（季節調整値）(%)

1990.1q ～ 1994.4q

1995.1q ～ 1999.4q

2000.1q ～ 2005.4q

(注)　q は四半期のこと．たとえば1990.1q は1990年の第 1 四半期（ 1 月～ 3 月）を指す.
(出所)　内閣府『経済財政白書（平成18年版）』，40ページ.

失業率とはインフレ率とは独立な失業率と言い換えることもできます.

　自然失業率仮説では適応的期待仮説を採用しましたが，そのかわりに合理的期待仮説が成り立つ場合にはどうなるでしょうか．これも図 8-2 の説明のなかで言及したとおり， 2 通りに分けて考えることができます．まず，拡張的財政・金融政策の発動が事前にわかっているとすると，経済は長期均衡 $(u_N, 0)$ から長期均衡 (u_N, π) にただちに移ります．さらなる拡張的財政・金融政策の発動も事前にわかっているならば，経済は長期均衡 (u_N, π) から新しい長期均衡 $(u_N, \bar{\pi})$ にただちに移ります．他方，拡張的財政・金融政策の発動が予想されていなかった場合には，経済は一時的に長期均衡からはずれます．しかし拡張的財政・金融政策の実施が今後も続くことがわかれば，経済はそれに対応する長期均衡 (u_N, π) あるいは $(u_N, \bar{\pi})$ にただちに到達することになります.

　フィリップス曲線は，1958年，統計的事実として現れましたが，それに関する理論的あるいは実証的な研究・論争は，硬直的な価格と賃金を前提にした *IS-LM* モデル，あるいはそれに代表されるケインズ経済学とは大きく異なる，伸縮的な価格と賃金を前提にしたマクロ経済学，すなわち新古典派経済学を復

活・発展させることになりました。その中心になったのがフリードマンでした。そして、序章でも述べたように、自然失業率仮説を核にしたフリードマンの考え方をマネタリズム、そしてマネタリズムを信奉する経済学者をマネタリストと言います。

マネタリズムから強い影響を受け、それを合理的期待仮説という形で発展させたのがルーカスとサージェントを中心とした合理的期待形成学派です。合理的期待仮説に依拠する合理的期待形成学派は、適応的期待仮説に基づき経済が徐々に調整されるというマネタリズムの考え方をさらに推し進め、本章でも説明したように、予想された政策は経済に対してまったく影響力を持たないという主張を行いました。これを**政策無効命題**と言います。そして、合理的期待仮説は今日に至るまでマクロ経済学に大きな影響を与え続けています（序章のCoffee Break 参照）。

最後に、参考までに、日本のフィリップス曲線の計測例を図8-12に挙げておきます。この例では、図8-7と同様に、縦軸がインフレ率ではなく名目賃金上昇率になっています。そして、1990年以降インフレ率が低下するなかで下方シフトする3本の短期フィリップス曲線が描かれていることに注意してください。

本章のまとめ

1 適応的期待仮説または合理的期待仮説に従うと、拡張的財政・金融政策を実施しなくても完全雇用が実現する。

2 ディマンドプル・インフレーションは拡張的財政・金融政策による総需要の増加が原因で生じる。

3 コストプッシュ・インフレーションは原材料の突然の高騰といった供給ショックが原因で生じる。

4 非自発的失業がないときの現実の失業率を自然失業率と言う。

5 自然失業率仮説によると、予想インフレ率が現実のインフレ率に一致する長期において現実の失業率は自然失業率に一致する。

1 適応的期待仮説を表す (8-1) 式 $P_t^e = aP_{t-1} + (1-a)P_{t-1}^e$ について以下の問いに答えなさい.

(1) 同式が,

$$P_t^e = aP_{t-1} + a(1-a)P_{t-2} + a(1-a)^2 P_{t-3} + \cdots$$

と変形できることを示しなさい. ただし $0 < a < 1$ とする.

(2) (1)で得た式の過去の価格 P_{t-1}, P_{t-2}, P_{t-3}, $\cdots$ の係数の和を計算しなさい.

(3) (2)で得た結果から t 期の予想価格 P_t^e と過去の価格の関係を述べなさい.

2 静学的期待 (8-3) 式 $P_t^e = P_{t-1}$ について以下の問いに答えなさい.

(1) 図8-1では静学的期待に従う経済の変化が描かれている. この図にならって, しかし期待が (8-2) 式 $P_t^e = 0.5P_{t-1} + 0.5P_{t-1}^e$ によって形成される場合の経済の変化を描きなさい.

(2) (1)で得た図と図8-1を比較すると, 静学的期待 ($a=1$) にはどのような特徴があると考えられるか.

3 図8-1の AD 曲線を構成する消費関数が (3-2) 式ではなく,

$$C = C\left(Y_D, \frac{M}{P}\right), \quad 0 < \frac{\partial C}{\partial Y_D} < 1, \quad 0 < \frac{\partial C}{\partial\left(\dfrac{M}{P}\right)}$$

であるとしよう. この消費関数は可処分所得 Y_D だけでなく, 実質マネーサプライ $\dfrac{M}{P}$ の増加関数である. この場合, $\dfrac{M}{P}$ は経済全体の資産を代表している.

(1) 図8-1にならって, 上の消費関数の場合の経済の変化を描きなさい. ただし, 静学的期待を仮定し, 名目マネーサプライ M は一定とする.

さらに，経済が完全雇用に到達するのは 3 期以降であるとする．

(2) (1)で得た図と図 8 - 1 を比較すると，上の消費関数は経済にどのような
影響をもたらすと考えられるか．

4 図 8 - 2 において，拡張的財政・金融政策が 3 期で終了し，4 期以降は
AD 曲線がもとの AD_0 の位置に戻ったとする．

(1) このとき，3 期から始めて 4 期，5 期の国民所得と価格の動きを図に描
きなさい．

(2) 経済が長期均衡 (Y_F, P_0) に戻るごとに同様の政策が繰り返される状況で
発生する経済の動きを何と言うか．

5 新型コロナウイルス・パンデミックで打撃を受けたマクロ経済を，供給シ
ョックによる完全雇用国民所得の減少と総需要の減少が同時に起こった状
態と見なし AD-AS モデルを用いて考察する．具体的には図 8 - 4 を利用
して，1 期にパンデミックが発生したため長期 AS 曲線が 0 期の LAS_0 か
ら 1 期以降は LAS_1 に左方シフトすると同時に，AD 曲線もパンデミック
発生前の 0 期の AD_0 から 1 期以降は AD_1 という新しい位置に左方シフト
した状態を考える．このとき図 8 - 4 にならって以下の 3 つの場合のマク
ロ経済の変化を別々に図に描きかつ言葉で説明しなさい．

(1) AD 曲線の左方シフトが長期 AS 曲線の左方シフトより大きい場合．

(2) AD 曲線の左方シフトが長期 AS 曲線の左方シフトと等しい場合．

(3) AD 曲線の左方シフトが長期 AS 曲線の左方シフトより小さい場合．

Money Matters.

2006年11月，１人の経済学者がこの世を去りました．彼の追悼記事には，「ジョン・メイナード・ケインズが20世紀前半で最も影響力のあった経済学者だとすれば，ミルトン・フリードマンは20世紀後半で最も影響力のあった経済学者である．」（サマーズ（L. H. Summers））と書かれていました．本書においても，第Ⅱ部の主役がケインズであったのに対し，第Ⅲ部の主役はフリードマンでした．

ケインズ経済学全盛期の1950年代からすでにフリードマンは反ケインジアンとしてシカゴ大学を拠点に活躍していました．フリードマンは，ケインズ経済学に基づく裁量的な経済政策に強く反対しました．フリードマンの考え方はマネタリズム（monetarism）と呼ばれました．「money」から作られたこの言葉から，フリードマンが貨幣，あるいは金融政策（monetary policy）を重視していたことが窺われます．確かに Money Matters.（貨幣は重要である．）は，マネタリズムの標語でした．

ところが，1967年に行われたアメリカ経済学会での会長講演において，フリードマンは古典派の大御所であるジョン・スチュアート・ミルの次の言葉に大賛成であると述べました．

「時間と労力を節約する方法ということを別にすれば，社会経済上，貨幣ほど本質的に不重要なものはない．」

貨幣が重要であると言いながら，まったく逆の意見に賛成しているようにも思えますね．

しかしもちろんそうではありません．フリードマンは「時間と労力を節約する」効率的な機械としての貨幣こそが重要であることを強調したかったのです．貨幣がなければ経済は成り立ちません．しかし貨幣が多すぎても少なすぎても経済に悪影響が出ます．貨幣が安定的に供給され価格も安定すれば，企業も労働者もインフレ率を正確に予想することができます．そのような安定した状況をもたらすために金融政策は運営さ

れるべきだと主張したのでした.

　このように学界において巧みな論者であったフリードマンでしたが,大学の先生としてもそうであったようです.　人的資本の研究で有名な,1992年のノーベル経済学賞受賞者ベッカー（G. S. Becker）がまだフリードマンの学生であった頃の回顧談（J. Peterson, 2006）:

> 「『どうしてそんなにウキウキしてるんだい?　美人とデートにでも出かけるのかい?』といつも人に聞かれました.　そのたびに私は答えたものです,『そうじゃないんだ.　今から経済学の授業に出るところなんだよ』と.」

　家庭でのフリードマンはどうだったのでしょうか.　フリードマン家は父（ミルトン）も母（ローズ）も経済学者でした.　そして息子（デービッド）も経済学者になりました.　そのデービッドからの情報（S. W. Bowmaker, 2010）:

> 「経済学の話はほとんど父としました.　母によると,『あなたのお父さんと結婚したら私の言いたいことは半分しか言えなくなった.　あなたがしゃべれるようになったらその半分も失った』そうです.」

２人の話し上手と１人の聞き上手のいる家庭だったようです.

参考文献

Simon W. Bowmaker, ed., *The Heart of Teaching Economics: Lessons from Leading Minds*, Northampton, MA: Edward Elgar, 2010, p. 320.

M. フリードマン, 新飯田宏訳「金融政策の役割」『インフレーションと金融政策』日本経済新聞社, 1972年, １～31ページ.（原論文1968年.）

Jonathan Peterson, "Economist Changed the World," *Los Angeles Times*, November 17, 2006.

Lawrence H. Summers, "The Great Liberator," *New York Times*, November 19, 2006.

第 IV 部

長期のマクロ経済学

ケインズ「古典派理論は
完全雇用の状態における分配の理論とみなすのが
最も適当である.」

(出所) John Maynard Keynes, *The General Theory of Employment, Interest and Money*, London: Macmillan, 1936, p. 16.(J. M. ケインズ, 塩野谷祐一訳『雇用・利子および貨幣の一般理論』東洋経済新報社, 1995 年, 16 ページ.)(注:ケインズは古典派理論に新古典派理論も含めています.)

第 9 章

新古典派理論の基礎

この章では新古典派理論について説明します．1節では新古典派理論の特徴を
ケインズ理論との対比で確認します．2節では新古典派理論で重要な役割を果
たす集計的生産関数について説明します．3節では経済成長の分析のための経
済動学の手法を紹介します．4節では企業の利潤最大化行動から生産要素に対
する需要を導きます．5節では生産要素の完全利用が成立しているときの生産
関数と実質賃金率・実質利子率の関係を明らかにします．

1 新古典派理論の特徴

　第Ⅱ部では，経済が完全雇用を下回る水準で均衡しその状態が持続すること
を主張するケインズ理論を短期のマクロ経済学として説明しました．第Ⅲ部で
は，現実の価格（あるいは現実のインフレ率）が予想価格（あるいは予想イン
フレ率）に一致しない短期では完全雇用（あるいは自然失業率）は成立しない
が，それらが一致する長期では完全雇用が成立することを主張するマネタリス
トや合理的期待形成学派の理論を中期のマクロ経済学として説明しました．

　ここで強調しておきたいのは，これら2つのマクロ経済学は，どちらも短期
のマクロ経済学として分類されることもあるということです．ケインジアンも，
マネタリストも，そして合理的期待形成学派も，なぜ現実に完全雇用が成立し
ないかという原因を追究している点では同じ問題意識を持っています．そして，
完全雇用が成立しない状態を短期の特徴と見なすならば，第Ⅱ部も第Ⅲ部も短
期のマクロ経済学として1つにまとめることもできるわけです．

　本書ではそれらを短期のマクロ経済学と中期のマクロ経済学という名の下に
2つに分けて説明しましたが，その理由は，マネタリストや合理的期待形成学
派の理論が，ケインズ理論とは大きく異なる新古典派理論に属するからです．

表9-1 両派における市場均衡の調整役

	財市場	貨幣市場	労働市場
新古典派	利子率	価格	賃金率
ケインズ派	国民所得	利子率	

　序章で述べたように、マクロ経済学はその誕生以来、ケインズ理論（あるいはケインズ経済学）と新古典派理論（あるいは新古典派経済学）が対立・併存してきました．当初は、短期、中期、長期という分類ではなく、短期のケインズ理論と長期の新古典派理論という分類が一般的でした．その場合の短期は資本ストックが所与（あるいは一定）の状態、長期は資本ストックが可変的な状態と定義されました．そして、2つの理論は短期と長期の各々で棲み分けができるというサミュエルソンの新古典派総合という考え方も有力でした．

　ところが、マネタリストや合理的期待形成学派は、その理論的基礎を新古典派理論に置きながら、ケインズ理論が得意とする短期の状態の解明に挑んだのでした．したがって、第Ⅲ部は広い意味で新古典派理論に入るのです．

　では本来の新古典派理論とはどのようなものなのでしょうか．この第Ⅳ部では、短期のケインズ理論に対する長期の新古典派理論について詳しく説明します．具体的には、この第9章でその理論的基礎を、第10章でソローの新古典派成長モデルを、そして第11章で新古典派理論の応用を扱います．

　さて、すでに序章において、新古典派の理論体系の本質は事実上ミクロ経済学と同じものであると述べました．ここで改めてケインズ理論との違いを意識して、新古典派理論の特徴を挙げてみると次のようになります．

　(1) すべての市場が伸縮的な「価格」によって常に均衡している．

　(2) 予想と現実が常に一致している．

　(3) 企業行動は集計的生産関数によって記述される．

　1番目の特徴は、ミクロ経済学の一般均衡理論の特徴そのものです．ただし、マクロ経済学におけるすべての市場とは、財市場、貨幣市場、労働市場の3つです．そして新古典派理論ではそれらの市場を均衡させる「価格」は各々、利子率、価格、賃金率になります．他方、ケインズ理論では、価格と賃金率は硬直的と仮定されていました．さらに、*IS-LM* モデルから明らかなように、財

図9-1　経済成長

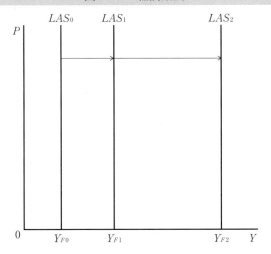

市場と貨幣市場は各々国民所得と利子率の調整により均衡しました．表9-1
ではこのような市場均衡に関する新古典派とケインズ派の考え方の違いを整理
しています．

　2番目の特徴は，第Ⅲ部でのフリードマンによる短期と長期の区別ですでに
用いられています．予想が常に現実に一致することを，**完全予見（perfect
foresight）**が成立する，と言います．新古典派理論では完全予見の成立を前
提としています．すなわち，第Ⅲ部の説明からもわかるように，新古典派理論
は常に完全雇用の成立を仮定しています．同じことですが，新古典派理論は自
然失業率に対応する長期均衡を分析対象としている，と言うこともできます．
第Ⅲ部で説明した合理的期待も突然のマネーサプライの変化といった予想され
ない出来事が起こらない状況であれば，完全予見と同じことになります．ただ
し，以下で説明するように，第Ⅳ部の労働市場は第Ⅲ部の労働市場とまったく
同じではないので，注意が必要です．

　3番目の特徴は，ミクロ経済学の企業理論の特徴と同じです．ただし，ミク
ロ経済学では一企業の生産活動をその企業の生産関数に基づいて分析しますが，
新古典派理論では一国の企業全体を集計的生産関数と呼ばれる1つの生産関数
によって表します．集計的生産関数を用いることによって，成長する経済（換

言すれば資本ストックが増加する経済）を厳密に分析することが可能になります．新古典派理論では経済は常に完全雇用国民所得水準にあるので，成長する経済とは完全雇用国民所得が増加し続ける経済のことです．図9-1には，第Ⅲ部で説明した長期 AS 曲線が，LAS_0 から LAS_1，LAS_2 へと時間の経過とともに右方シフトしている様子を描いています．新古典派理論が得意とするのはそのような長期にわたる経済の変化，すなわち経済成長の分野です．

2 集計的生産関数

この節では，新古典派理論の展開においてきわめて重要な役割を果たす集計的生産関数について，一般形，具体例の順で説明しましょう．

一般形

一国経済の産出量（Q）と，それを生み出すもととなる労働 N および資本ストック K との関係を表した数式

$$Y = F(AN, K) \tag{9-1}$$

を**集計的生産関数**（**aggregate production function**），あるいは単に生産関数と言います．(9-1) 式において Y は産出量を意味します．これまで Y は国民所得を表しましたが，(1-6) 式の $Q = Y$ という関係に基づいて，集計的生産関数を (9-1) 式のように書くのがマクロ経済学の慣例となっています．

(9-1) 式の右辺の A は**労働の効率性**（**effectiveness of labor**），そして N との積 AN を**効率労働**（**effective labor**）と言います．「百人力」という言葉がありますが，もし1人で100人分の仕事をする労働者が5000万人いる場合には，$N = 5000$（万人），$A = 100$，そして効率労働 AN は50億人となります．あるいは，A は N と K 以外の産出量を増加させる要因，すなわち**技術進歩**（**technological progress**）を表す変数と考えることもできます．そのような場合，A を技術水準，知識などと呼びます．

1次同次性

新古典派理論では，生産関数は**規模に関して収穫一定（constant returns to scale）**である，と仮定します．これは（9-1）式が任意の正の定数λに対して次の等式を満たすような関数と仮定することと同じです．

$$\lambda Y = F(A(\lambda N),\ \lambda K) \tag{9-2}$$

すなわち，生産関数が規模に関して収穫一定とは，すべての生産要素をλ倍にしたとき産出量も同じくλ倍になるということです．数学では（9-2）式を満たすような関数をNとKに関して**1次同次（homogeneous of degree one）**，そしてその関数を**1次同次関数**と言います．

生産関数が1次同次であるときには次のような展開が可能になります．すなわち，λは任意の正の定数なので$\lambda = \dfrac{1}{AN}$とすると，（9-2）式は，

$$\frac{Y}{AN} = F\left(1,\ \frac{K}{AN}\right)$$

となります．さらに$y = \dfrac{Y}{AN}$，$k = \dfrac{K}{AN}$と置くと，上式は，

$$y = f(k) \tag{9-3}$$

と簡単に書くことができます．ただし，$f(k) = F(1,\ k) = F\left(1,\ \dfrac{K}{AN}\right)$です．$y$は効率労働1単位当たりの産出量，$k$は効率労働1単位当たりの資本ストックです．とくに$A = 1$のときには，$y$は労働者1人当たりの産出量，$k$は労働者1人当たりの資本ストックになります．（9-1）式がANとKの2変数関数であるのに対し，（9-3）式はkのみの1変数関数になっています．

経済学的に見ると，（9-1）式は経済全体の労働と資本がどれだけの産出量を生み出すかを示しているのに対し，（9-3）式はその関係を効率労働1単位当たり（$A = 1$のときには労働者1人当たり）で表現しています．（9-1）式と（9-3）式の関係は，後者の両辺にANをかけて，

$$Y = F(AN, K) = AN f(k) \tag{9-4}$$

と変形することでとらえることができます。以下での生産関数の理論展開では，その扱いやすさから（9-3）式を用いることが多くなります。

$f(k)$ の性質

効率労働1単位当たりの生産関数 $f(k)$ は次の3つの性質を持つと仮定します。

$$f(0) = 0 \tag{9-5}$$
$$f'(k) > 0 \tag{9-6}$$
$$f''(k) < 0 \tag{9-7}$$

$f'(k)$ と $f''(k)$ は各々 $f(k)$ の k に関する1次と2次の導関数です。図9-2には，$y = f(k)$ のグラフを ky 平面に描いています。仮定（9-5）よりそれは原点を通り，仮定（9-6）より右上がりであり，さらに仮定（9-7）より上方にふくらんだ形状をしています。数学的には，$f''(k) < 0$ を満たす $f(k)$ は凹関数である，と言います。

ここで注意すべきは，これら3つの仮定はすべてもとの集計的生産関数（9-1）の性質を経済学的に規定しているということです。まず仮定（9-5）は，任意の AN に対して $F(AN, 0) = 0$ であること，すなわち資本ストックがなければ産出量はゼロであることを表しています。なぜなら，（9-4）式で $K = 0$ とすると，

$$Y = F(AN, 0) = AN f(0) = 0$$

となるからです。

仮定（9-6）は**資本の限界生産力**（または**資本の限界生産性**）（いずれも**marginal productivity of capital**）が正であることを意味しています。資本の限界生産力を MPK で表し，（9-4）式を K に関して偏微分すると，

図9-2　効率労働1単位当たりの生産関数

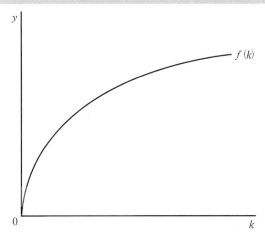

$$MPK = \frac{\partial F(AN,\,K)}{\partial K}$$

$$= AN\,f'(k)\frac{1}{AN} = f'(k) > 0 \qquad (9\text{-}8)$$

となります．(9-8) 式の1行目は資本の限界生産力の定義です．それは経済全体の資本が1単位増加したときの経済全体の産出量の増加分と言うことができます．2行目は (9-4) 式に数学付録 (A-5) を適用すると導くことができます．(9-8) 式より $f'(k)$ は MPK と同じであることがわかります．したがって，仮定 (9-6) より資本の限界生産力は正になります．

　仮定 (9-7) はその資本の限界生産力が逓減することを表しています．なぜなら，(9-8) 式をもう一度 K に関して偏微分すると，仮定 (9-7) より，

$$\frac{\partial MPK}{\partial K} = \frac{\partial^2 F(AN,\,K)}{\partial K^2} = f''(k)\frac{1}{AN} < 0 \qquad (9\text{-}9)$$

となるからです．なお，資本の限界生産力は，**資本の限界生産物**（**marginal product of capital**）と言うこともあります．

生産関数 (9-1) にはもう1つの生産要素として労働が入っています. 労働についても形式的に同様の考察が可能です. すなわち, $k>0$ のとき, 以下の関係が成立します.

$$MPL = \frac{\partial F(AN,\ K)}{\partial N}$$

$$= A[f(k) - f'(k)k] > 0 \tag{9-10}$$

$$\frac{\partial MPL}{\partial N} = \frac{\partial^2 F(AN,\ K)}{\partial N^2} = \frac{A}{N} f''(k)k^2 < 0 \tag{9-11}$$

(9-10) 式の1行目は**労働の限界生産力**（または**労働の限界生産性**）（いずれも **marginal productivity of labor**）MPL の定義であり, 2行目はそれが3つの仮定より正になることを表しています.（演習問題1参照.）(9-11) 式は労働の限界生産力が逓減することを表しています. 労働の限界生産力は, **労働の限界生産物**（**marginal product of labor**）と言うこともあります.

具体例

集計的生産関数の代表的具体例は**コブ=ダグラス生産関数**（**Cobb-Douglas production function**）

$$Y = BK^{\alpha}N^{1-\alpha},\ \ 0 < \alpha < 1 \tag{9-12}$$

です. ここで α は定数であり, B は技術水準を表します. コブ=ダグラス生産関数は, 数学者のコブと経済学者のダグラスが共同開発した生産関数です.（Coffee Break 参照.）

(9-12) 式は本来のコブ=ダグラス生産関数の形ですが, $B = A^{1-\alpha}$ とすると,

$$Y = K^{\alpha}(AN)^{1-\alpha},\ \ 0 < \alpha < 1 \tag{9-13}$$

となり, (9-1) 式に対応した形に書き換えることができます. (9-12) 式と (9-13) 式は数学的には同じであり, 状況に応じて便利なほうを用います. ここではこれまでの説明と合わせるために, 後者を用いることにしましょう.

まず (9-13) 式が N と K に関して1次同次関数であることを確認してみましょう. (9-13) 式の右辺の N と K をともに λ 倍すると,

$$(\lambda K)^{\alpha}(A(\lambda N))^{1-\alpha}=\lambda^{\alpha}K^{\alpha}\lambda^{1-\alpha}(AN)^{1-\alpha}=\lambda K^{\alpha}(AN)^{1-\alpha}=\lambda Y$$

となり, (9-13) 式は N と K に関して1次同次関数であることがわかります.

次に, 上式の最初と最後の辺で $\lambda=\dfrac{1}{AN}$ とすると,

$$y=k^{\alpha} \tag{9-14}$$

が得られます. (9-14) 式は (9-3) 式の具体例であり, 3つの仮定 (9-5) ～ (9-7) を満たしています. (演習問題2参照.)

3 経済動学

　1節で, 新古典派理論では生産関数を用いることによって成長する経済を分析することが可能になると述べました. 2節では生産関数を詳しく説明しましたが, 成長する経済はその生産関数によって決定される産出量の持続的な増加によって表されます. 増加する産出量を記述するためにはほかに何が必要でしょうか. それは時間を明確に導入することです. 序章でも述べたように, 一般に, 時間の経過を明確にして変数の動きを分析することを動学と言います. そして経済学の場合にはとくに**経済動学**（**economic dynamics**）と言います. 経済成長は景気循環とともに経済動学の中心的な分析対象です.

　時間を明確に導入する方法には2通りあります. 1つはすでに本書で何度か用いています. それは, 時間の流れを0期, 1期, … というように期間に区切る方法です. もう1つは時間の流れを区切ることなく連続的にとらえる方法です. 前者に基づく分析は**期間分析**（**period analysis**）, 後者に基づく分析は**連続分析**（**continuous analysis**）と言います.

　図9-3には2つの分析法でとらえられる経済変数の動きを描いています. 期間分析の場合, 経済変数の値は飛び飛びに（離散的に）現れるのに対し, 連

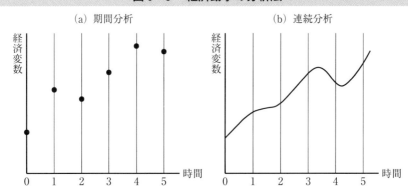

図 9 - 3 　経済動学の分析法

(a) 期間分析

経済変数

0　1　2　3　4　5　時間

(b) 連続分析

経済変数

0　1　2　3　4　5　時間

続分析の場合にはつながって（連続的に）現れます。期間分析で用いられる時間を離散時間，連続分析で用いる時間を連続時間と言うこともあります。マクロ経済学ではどちらの分析法もよく用いられますが，現実のマクロ経済データは1年あるいは四半期といった期間ごとに発表されるので，期間分析のほうが身近に感じられるでしょう。以下でも引き続き期間分析を行います。

　次式は，期間分析ができるように集計的生産関数 (9-1) に時間 t を導入したものです。

$$Y_t = F(A_t N_t, K_t) \tag{9-15}$$

(9-15) 式は，0期から始まり1期，2期，…と進む経済において，t 期の産出量 Y_t が t 期の労働の効率性 A_t，t 期の労働 N_t，t 期の資本ストック K_t によって決まることを表しています。$A_t N_t$ はもちろん t 期の効率労働です。

　図 9 - 4 は t 期から $t+1$ 期にかけての経済の動きを描いています。t 期の期首には資本ストックが K_t だけ存在します。期中ではそれと労働 N_t が企業によって生産に用いられ，(9-15) 式に従って最終財が Y_t だけ生み出されます。そして最終財のうち C_t だけが消費財として家計によって購入され，I_t だけが $t+1$ 期の生産のために企業によって投資財として購入されます。ただし，t 期の生産過程において δK_t だけの資本減耗が生じます。δ は第1章で説明した資本減耗率であり，$0 \leqq \delta \leqq 1$ です。したがって，t 期の期末における資本ストッ

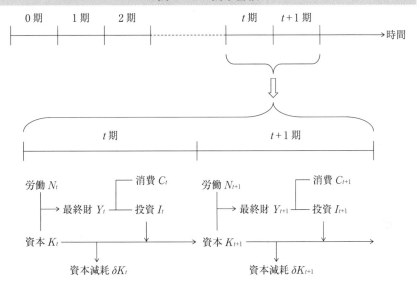

図9-4　資本蓄積

0期　　1期　　2期　　　　　　　　t期　　$t+1$期　　　　　→時間

t期　　　　　　　　　　　　$t+1$期

労働 N_t　　　┌── 消費 C_t　　　労働 N_{t+1}　　　┌── 消費 C_{t+1}
　　　└→ 最終財 Y_t ── 投資 I_t　　　　└→ 最終財 Y_{t+1} ── 投資 I_{t+1}
資本 K_t ──────────→ 資本 K_{t+1} ──────────→
　　　　資本減耗 δK_t　　　　　　　　　　資本減耗 δK_{t+1}

ク K_{t+1} は,

$$K_{t+1}=(1-\delta)K_t+I_t \tag{9-16}$$

のように計算できます.（9-16）式を**資本の蓄積方程式（capital accumulation equation）**と言います.

　（9-16）式の資本ストック K_{t+1} は $t+1$ 期の期首の資本ストックでもあり, $t+1$ 期の生産に用いられます. 図に示したように, $t+1$ 期の経済も t 期の経済と同様の繰り返しになります. とくに $t+1$ 期の生産関数を書くと,

$$Y_{t+1}=F(A_{t+1}N_{t+1}, K_{t+1}) \tag{9-17}$$

のようになります. なお, 図9-4と図1-1は同じことを表しています.

4 | 生産要素の供給と需要

前節の図9-4に関する説明では，労働者全員が生産に参加し，資本ストックもすべて生産のために稼働し，生産された財はすべて売れるかのように表現しました．新古典派理論では実際，労働の完全雇用，資本のフル稼働，さらにはそのような状況における財市場の均衡を仮定します．

ではなぜそのような組合せが毎期成立すると言えるのでしょうか．この節と次節では，そのような新古典派の主張を理論的に正当化します．

生産要素の供給

一般に，生産要素が取引される市場を要素市場と言います．要素市場においても，需要と供給の両面から分析が行われます．ここでの生産要素は労働と資本ストックです．いずれの生産要素も供給するのは家計（あるいは労働者）であり，需要するのは企業です．以下では，t 期末において $t+1$ 期の計画を立てている家計と企業を考えます．

まず生産要素の供給から見てみましょう．$t+1$ 期の家計の労働供給関数は，

$$N_{t+1}^S = N_{t+1} \tag{9-18}$$

とします．N_{t+1}^S は $t+1$ 期の労働供給量，N_{t+1} は $t+1$ 期の労働力人口です．労働供給関数（9-18）は，（7-7）式のような実質賃金率の増加関数ではなく，労働供給量がその期の労働力人口に一致することを表しています．このことを，労働者は労働を非弾力的に（inelastically）供給する，と言います（第7章の演習問題3参照）．

家計が $t+1$ 期に所有する（そして供給する）資本ストック K_{t+1} は，

$$K_{t+1} = (1-\delta)K_t + S_t \tag{9-19}$$

となります．S_t は t 期の貯蓄です．（1-6）式と（1-7）式より，$S_t = Y_t - C_t = Q_t - C_t$ と書くことができるので，S_t は t 期の所得 Y_t から消費 C_t を差し引いた残額であるのはもちろんですが，t 期の産出量 Q_t のうち消費されなかった

財としての投資財の供給量も表しています．このように貯蓄 S_t には2通りの意味があることになります．（9-19）式の貯蓄 S_t は後者の意味で用いられています．

（9-19）式は（9-16）式とともに資本の蓄積方程式と呼ばれます．以下で見るように，資本ストックの需給が一致するときには $I_t = S_t$ となるので，両式のどちらを用いても $t+1$ 期の資本ストック K_{t+1} を計算することができます．

▌企業の利潤

次に，生産要素に対する需要について見てみましょう．企業が毎期どれだけの労働と資本を需要するかは，企業が何を目的に生産を行うかによります．そして，ミクロ経済学同様，新古典派理論でも企業の目的は利潤の最大化です．したがって，企業は利潤が最大になるように生産要素を需要します．

そこでマクロ経済学においても企業の利潤を定義する必要があります．以下では，t 期末において，$t+1$ 期の名目利潤 Φ_{t+1}^e を最大にするために，$t+1$ 期の生産に用いる労働 N_{t+1}^D と資本 K_{t+1}^D を計算する企業を考えましょう．この生産計画において生産要素と利潤の関係は次式のようになります（（1-2）式も参照）．

$$P_{t+1}^e Y_{t+1} + P_{t+1}^e (1-\delta) K_{t+1}^D = W_{t+1} N_{t+1}^D + (1+i_{t+1}) P_t K_{t+1}^D + \Phi_{t+1}^e \quad (9\text{-}20)$$

（9-20）式の P_t は t 期の現実の価格，P_{t+1}^e は $t+1$ 期の予想価格すなわち $t+1$ 期に実現するであろうと t 期に予想された価格です．W_{t+1} は $t+1$ 期の労働に対して支払われる名目賃金率，i_{t+1} は t 期に借り入れた資金に対して適用される名目利子率です．W_{t+1} と i_{t+1} は t 期に決まると考えます．

（9-20）式の左辺は，もし企業が N_{t+1}^D だけの労働と K_{t+1}^D だけの資本を用いて $t+1$ 期に Y_{t+1} だけの生産を行ったときの分配可能な価値の総額を表しています．なぜなら，$P_{t+1}^e Y_{t+1}$ は $t+1$ 期の予想総収入，$P_{t+1}^e (1-\delta) K_{t+1}^D$ は $t+1$ 期の生産後に残る資本 $(1-\delta) K_{t+1}^D$ の予想名目価値だからです．生産過程で資本ストックが δ の率で減耗するので，資本の価値はその分だけ減少します．

右辺は左辺の予想名目価値がどのように分配されるかを表しています．雇用された労働者 N_{t+1}^D に対しては賃金総額として $W_{t+1} N_{t+1}^D$ が支払われ，生産に

用いられた資本ストックの所有者には元利合計として $(1+i_{t+1})P_t K_{t+1}^D$ が用意され，残額が企業の利潤 Φ_{t+1} となります．したがって正確に言うと Φ_{t+1}^e は予想利潤です．

注意すべきは，右辺の第2項が $(1+i_{t+1})P_{t+1}^e K_{t+1}^D$ となっていないことです．その理由は，企業が資本ストック K_{t+1}^D をその所有者である家計から調達するのが t 期だからです．t 期の価格は P_t なので，企業は家計から名目単位で $P_t K_{t+1}^D$ だけを借りる形になります．そして，$t+1$ 期にはその借入総額に名目利子率 i_{t+1} を適用した $(1+i_{t+1})P_t K_{t+1}^D$ だけの元利合計額を支払うことになるのです．

(9-20) 式を変形すると，

$$
\Phi_{t+1}^e = P_{t+1}^e Y_{t+1} - W_{t+1}N_{t+1}^D - P_{t+1}^e\left[(1+i_{t+1})\frac{P_t}{P_{t+1}^e}-(1-\delta)\right]K_{t+1}^D
$$

$$
= P_{t+1}^e Y_{t+1} - W_{t+1}N_{t+1}^D - P_{t+1}^e\left[\frac{1+i_{t+1}}{1+\pi_{t+1}^e}-(1-\delta)\right]K_{t+1}^D
$$

となります．上式の2行目では (8-12) 式に基づき $\pi_{t+1}^e = \dfrac{P_{t+1}^e - P_t}{P_t}$ という表記を用いています．π_{t+1}^e は $t+1$ 期の予想インフレ率（あるいは期待インフレ率）です．

さらに，上式の [ ] 内の経済学的意味を理解するために，**実質利子率**（**real rate of interest**）r_{t+1}^e を，

$$
r_{t+1}^e = \frac{1+i_{t+1}}{1+\pi_{t+1}^e}-1 \tag{9-21}
$$

と定義します．実質利子率は貸借関係を実質単位でとらえたときの予想利子率です．たとえば，t 期に実質単位で X だけを借りたときには $t+1$ 期に $r_{t+1}^e X$ だけの利子が実質単位で発生します．この実質利子率 r_{t+1}^e を用いると，予想利潤は，

$$
\Phi_{t+1}^e = P_{t+1}^e Y_{t+1} - W_{t+1}N_{t+1}^D - P_{t+1}^e(r_{t+1}^e+\delta)K_{t+1}^D \tag{9-22}
$$

と書くことができます。名目利子率 i_{t+1} と実質利子率 r_{t+1}^e の関係は，

$$1 + i_{t+1} = (1 + r_{t+1}^e)(1 + \pi_{t+1}^e) \tag{9-23}$$

と表すこともあります。（9-21）式あるいは（9-23）式を**フィッシャー方程式（Fisher equation）**と言います。フィッシャーは序章で説明したアメリカの新古典派経済学者です。（演習問題3参照.）

　ところで，1節で述べたように，新古典派理論では予想と現実が一致します。したがって，$t+1$ 期の現実の価格を P_{t+1} とすると $P_{t+1}^e = P_{t+1}$ となります。そうすると，$t+1$ 期の予想インフレ率は，

$$\pi_{t+1}^e = \frac{P_{t+1}^e - P_t}{P_t} = \frac{P_{t+1} - P_t}{P_t} = \pi_{t+1}$$

となるので，$t+1$ 期の現実のインフレ率 π_{t+1} と一致します。π_{t+1} という記号は（8-11）式に基づいています。さらに，以下では，現実のインフレ率は一定の値 π をとると仮定します。すなわち，

$$\pi_{t+1}^e = \pi_{t+1} = \pi$$

であるとします。このとき実質利子率は予想値ではなく，（9-21）式において $\pi_{t+1}^e = \pi$ としたときの現実の値になります。それを r_{t+1} と書くと，

$$r_{t+1}^e = r_{t+1} = \frac{1 + i_{t+1}}{1 + \pi} - 1$$

となります。

　$P_{t+1}^e = P_{t+1}$ と $r_{t+1}^e = r_{t+1}$ を（9-22）式に代入すると，

$$\Phi_{t+1} = P_{t+1} Y_{t+1} - W_{t+1} N_{t+1}^D - P_{t+1}(r_{t+1} + \delta) K_{t+1}^D$$

となります。左辺の Φ_{t+1} は現実の名目利潤です。上式はミクロ経済学における利潤の定義式，すなわち利潤＝総収入－総費用，と同じ形をしています。ここでは，総収入＝$P_{t+1} Y_{t+1}$，総費用＝$W_{t+1} N_{t+1}^D + P_{t+1}(r_{t+1} + \delta) K_{t+1}^D$ となります。

　最後に，上式の両辺を P_{t+1} で割って実質単位で表示すると，

$$\phi_{t+1} = Y_{t+1} - w_{t+1}N_{t+1}^D - (r_{t+1} + \delta)K_{t+1}^D \qquad (9\text{-}24)$$

となります。ただし，$\phi_{t+1} = \dfrac{\varPhi_{t+1}}{P_{t+1}}$，$w_{t+1} = \dfrac{W_{t+1}}{P_{t+1}}$ であり，ϕ_{t+1} と w_{t+1} は各々，実質利潤と実質賃金率です。

（9-24）式がマクロ経済学でよく用いられる利潤の定義です。企業は w_{t+1} と r_{t+1} を所与として，（9-24）式で定義された利潤 ϕ_{t+1} を最大にする労働 N_{t+1}^D と資本 K_{t+1}^D を選びます。

▌生産要素に対する需要

利潤が（9-24）式のように定義されたので，それを最大にする労働と資本を計算してみましょう。そのために（9-24）式の Y_{t+1} が N_{t+1}^D と K_{t+1}^D の関数であることを利用します。すなわち，（9-17）式より，$Y_{t+1} = F(A_{t+1}N_{t+1}^D, K_{t+1}^D)$ と書けるので，これを（9-24）式に代入すると，利潤は，

$$\phi_{t+1} = F(A_{t+1}N_{t+1}^D, K_{t+1}^D) - w_{t+1}N_{t+1}^D - (r_{t+1} + \delta)K_{t+1}^D \qquad (9\text{-}25)$$

のように表すことができます。企業は（9-25）式に基づいて利潤を最大化します。

まず，企業にとって最適な労働を計算するときには，資本の需給一致 $K_{t+1}^D = K_{t+1}$ を仮定して（9-25）式を，

$$\phi_{t+1} = F(A_{t+1}N_{t+1}^D, K_{t+1}) - w_{t+1}N_{t+1}^D - (r_{t+1} + \delta)K_{t+1} \qquad (9\text{-}26)$$

のように書きます。上式の ϕ_{t+1} を最大にする N_{t+1}^D は，数学付録（A-4）に従い，上式を N_{t+1}^D に関して微分して 0 と置くことで求められます。その結果は，

$$MPL_{t+1} = \frac{\partial F(A_{t+1}N_{t+1}^D, K_{t+1})}{\partial N_{t+1}^D} = w_{t+1} \qquad (9\text{-}27)$$

と書くことができます。（9-10）式から明らかなように，（9-27）式の偏導関数は $t+1$ 期の労働の限界生産力 MPL_{t+1} を表しています。（9-27）式は，企業が利潤を最大にするためには，労働の限界生産力 MPL_{t+1} が実質賃金率 w_{t+1} に

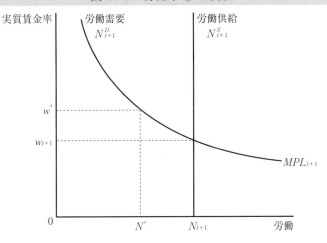

図9-5　労働市場の均衡

一致するように労働 N_{t+1}^D を決定しなければならないことを意味しています.

　図9-5には,横軸に労働,縦軸に実質賃金率をとり,企業の労働需要曲線を描いています.曲線上の各点の縦軸の座標は横軸の労働 N_{t+1}^D に対応する MPL_{t+1} です.(9-10) 式より MPL_{t+1} は常に正であり,(9-11) 式より MPL_{t+1} は労働の増加とともに逓減することがわかっています.したがって労働需要曲線は右下がりになります.そして,たとえば図のように実質賃金率の値が w' で与えられると,それに MPL_{t+1} が等しくなるときの横軸の値 N' が企業の労働需要になります.図から明らかなように,労働需要は実質賃金率の減少関数になります.さらに図には労働供給曲線 (9-18) を,横軸の N_{t+1} を通る垂線として描いています.

　次に,企業にとって最適な資本ストックを求めましょう.手順は労働の場合と同様です.資本の場合は,労働の需給一致 $N_{t+1}^D = N_{t+1}$ を仮定して (9-25) 式を,

$$\phi_{t+1} = F(A_{t+1}N_{t+1},\ K_{t+1}^D) - w_{t+1}N_{t+1} - (r_{t+1}+\delta)K_{t+1}^D \tag{9-28}$$

のように書きます.ϕ_{t+1} を最大にする K_{t+1}^D は,上式を K_{t+1}^D に関して微分して 0 と置くと計算できます.その結果は,

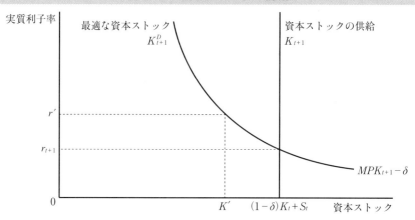

図9-6 資本ストックの需給

$$MPK_{t+1} = \frac{\partial F(A_{t+1}N_{t+1},\ K_{t+1}^D)}{\partial K_{t+1}^D} = r_{t+1} + \delta \tag{9-29}$$

と書くことができます．(9-8) 式より，(9-29) 式の偏導関数は $t+1$ 期の資本の限界生産力 MPK_{t+1} を表していることがわかります．(9-29) 式の右辺の実質利子率と資本減耗率の和 $r_{t+1}+\delta$ は**資本の実質レンタル・コスト（real rental cost of capital）**，または**資本の使用者費用（user cost of capital）**と言います．(9-29) 式は，企業は利潤を最大にするためには，資本の限界生産力 MPK_{t+1} が資本の実質レンタル・コスト $r_{t+1}+\delta$ に一致するように資本 K_{t+1}^D を決定しなければならないことを意味しています．

図9-6には，横軸に資本，縦軸に実質利子率をとり，最適な資本と実質利子率の関係を描いています．ただし，図9-6は，(9-29) 式の各辺から δ を引いて，

$$MPK_{t+1} - \delta = \frac{\partial F(A_{t+1}N_{t+1},\ K_{t+1}^D)}{\partial K_{t+1}^D} - \delta = r_{t+1} \tag{9-30}$$

と書き換えた関係に基づいています．図の曲線上の各点の縦軸の座標は横軸の資本 K_{t+1}^D に対応する $MPK_{t+1}-\delta$ です．(9-8) 式より MPK_{t+1} は常に正であ

り，(9-9) 式より MPK_{t+1} は資本の増加とともに逓減するので，曲線 $MPK_{t+1}-\delta$ は右下がりになります．そして，たとえば図のように実質利子率の値が r' で与えられると，それに $MPK_{t+1}-\delta$ が等しくなるときの横軸の値 K' が最適な資本になります．図から明らかなように，最適な資本は実質利子率の減少関数になります．さらに図には資本ストックの供給（9-19）を，横軸の $(1-\delta)K_t+S_t$ を通る垂線として描いています．（演習問題4参照.）

5 労働と資本の完全利用

前節では，生産要素の供給と生産要素に対する需要について説明しました．この節ではその結果に基づいて，生産要素の完全利用が毎期成立することを示します．

労働市場の均衡

図9-5をもう一度見てみましょう．図では労働需要曲線（9-27）と労働供給曲線（9-18）の交点における実質賃金率を w_{t+1} としています．$t+1$ 期の労働市場の均衡は点 (N_{t+1}, w_{t+1}) で表されます．労働市場の均衡への調整は図7-4のときと同様です．図9-5では名目賃金率 W_{t+1} が労働市場の需給を調整し，その結果，均衡実質賃金率が労働需要曲線と労働供給曲線の交点において決まります．図7-4と異なるのは，図9-5では均衡における労働量が労働供給関数によって完全に決定されているということです．

以上の説明は $t+1$ 期の労働市場に関してのものでしたが，実際にはすべての期について当てはまります．すなわち毎期，完全雇用が成立します．

貸付資金説

資本ストックの需給調整について考えるために，図9-6をもう一度見てみましょう．図では最適な資本ストックを表す曲線（9-30）と資本ストックの供給を表す垂線（9-19）の交点における実質利子率を r_{t+1} としています．そうすると，労働市場からの類推として，「資本ストック市場」の均衡は点

(K_{t+1}, r_{t+1}) であり,利子率が資本ストックの需給を調整するように見えます.

しかしながら新古典派理論では,そのようなストックの市場ではなく,フローの市場で利子率が決まると考えられています.図9-7はそのようなフローの市場を表しています.図の投資需要は $I_t = K_{t+1}^D - (1-\delta)K_t$ と書くことができます.企業が t 期の期末において $t+1$ 期の最適な資本ストック K_{t+1}^D を計算するときには $(1-\delta)K_t$ だけの資本ストックがすでに存在しているので,新たに調達しなくてはならない分が投資需要 I_t になります.I_t のグラフは図9-6の K_{t+1}^D のグラフを左方に $(1-\delta)K_t$ だけ平行移動させたものなので,右下がりです.

横軸の S_t を通る垂線は貯蓄を表します.資本の蓄積方程式(9-19)より,貯蓄は $S_t = K_{t+1} - (1-\delta)K_t$ と書くことができます.したがって,垂線は図9-6の垂線 K_{t+1} を左方に $(1-\delta)K_t$ だけ平行移動させたものです.

図9-7では,右下がりの投資需要の曲線 I_t と貯蓄を表す垂線 S_t の交点における実質利子率を r_{t+1} としています.この実質利子率 r_{t+1} と図9-6において資本の需給が一致するときの実質利子率 r_{t+1} は同じ値になります.

ところで,前節で,貯蓄 S_t には所得から消費を引いた残額と,投資財の供給量という2つの意味があることを説明しましたが,図9-7の貯蓄 S_t は前者の意味で理解します.すなわち,図の垂線は家計が供給する資金の大きさを示します.これに対して,図9-7の投資需要 I_t は,企業が最適な投資財を購入するために借り入れようとする資金の大きさを意味しています.この場合の家計の貯蓄を**貸付資金**(loanable fund)と呼びます.そして,利子率は貸付資金の供給(すなわち貯蓄)と貸付資金に対する需要(すなわち投資需要)が一致するように決まるという考え方を**貸付資金説**(loanable fund theory)と言います.貸付資金説は新古典派の利子率決定理論です.したがって,正確に言うと,図9-7は貸付資金の需給が調整されるフローの市場を描いています.

図には,貸付資金の需給を一致させる実質利子率 r_{t+1} のほかに2つの実質利子率 r' と r'' を示しています.実質利子率が r_{t+1} より高い r' のときの投資需要は S_t より小さい I' です.この場合,貯蓄が投資を超過し貸付資金の超過供給が発生するので名目利子率が低下し,その結果実質利子率は均衡実質利子率 r_{t+1} に上方から近づいていきます.逆に,実質利子率が r_{t+1} より低い r'' のとき

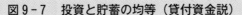

図9-7　投資と貯蓄の均等（貸付資金説）

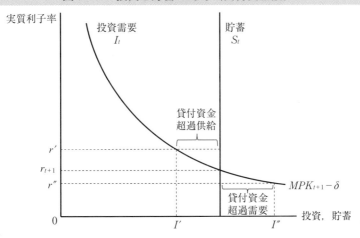

の投資需要は S_t より大きい I'' です．この場合には投資が貯蓄を超過し貸付資金の超過需要が発生するので名目利子率が上昇し，その結果実質利子率は均衡実質利子率 r_{t+1} に下方から近づいていきます．したがって，投資と貯蓄の均等

$$I_t = S_t \tag{9-31}$$

が成立する，投資需要曲線と貯蓄を表す垂線の交点 (S_t, r_{t+1}) は安定な均衡点です．

財市場の均衡，資本ストックの需給一致

貸付資金説は投資と貯蓄を貸付資金の需給という貨幣的観点から見たものでしたが，同じことを投資財の需給という実物的観点から見ることもできます．その場合，貯蓄 S_t は投資財の供給，そして投資 I_t は投資財に対する需要と考えます．貸付資金説に従って貸付資金の需給が一致すると（9-31）式すなわち $I_t = S_t$ が成立しますが，それは同時に投資財の需給一致を表しています．

ここで，t 期の貯蓄の定義 $S_t = Y_t - C_t$ を用いると，投資と貯蓄の均等式 $I_t = S_t$ から財市場の均衡式 $Y_t = C_t + I_t$ を導くことができます．すなわち，t 期の産出量 Y_t は C_t だけの消費財または I_t だけの投資財としてすべて売れてい

ます．財市場の均衡式 $Y_t = C_t + I_t$ は（1-11）式を t 期に当てはめたものです．

　以上より，貸付資金の需給は利子率の調整により一致するという貸付資金説は，財市場は利子率の調整により均衡する，ということも意味していることがわかりました．この結果により，表9-1において新古典派における財市場の調整役が利子率となっているのです．

　さらに，上述したように，投資財に対する需要は $I_t = K_{t+1}^D - (1-\delta)K_t$ であり，投資財の供給としての貯蓄は $S_t = K_{t+1} - (1-\delta)K_t$ なので，（9-31）式の成立は資本ストックの需給一致 $K_{t+1}^D = K_{t+1}$ も意味していることがわかります．このことは図9-6において資本ストックの需給を一致させる実質利子率が，投資と貯蓄を一致させる実質利子率 r_{t+1} と同じであることからも明らかです．したがって毎期，資本ストックの需給一致が成立します．

生産要素の完全利用

　労働市場の均衡と資本ストックの需給一致が各々賃金率と利子率の調整によって毎期達成されることを確認しました．この結果は，あらゆる $t\,(t=0,\ 1,\ 2,\cdots)$ について，

$$N_t^D = N_t \ \ かつ \ \ K_t^D = K_t \tag{9-32}$$

が成立する，と書くことができます．（9-32）式によって表される生産要素の完全利用（full employment）は新古典派理論が依拠するきわめて重要な仮定であり，以下でもそれに従います．

　（9-32）式が成立しているときの集計的生産関数は，3節ですでに用いた（9-15）式あるいは（9-17）式のように表すことができます．（9-32）式の成立を理論的に正当化したので，それらを改めて，

$$Y_t = F(A_t N_t,\ K_t) \tag{9-33}$$

という形で書くことにします．（9-33）式で重要なのは，N_t と K_t は t 期の期首に存在するすべての労働と資本ストックを表しているということです．そして同式はすべての期，すなわち $t=0,\ 1,\ 2,\cdots$ に対して成り立ちます．生産要素の全存在量を**要素賦存量（factor endowment）**と言うこともあります．新

古典派理論では産出量は要素賦存量によって決まります.

(9-3) 式のときと同様に, (9-33) 式は, その両辺を $A_t N_t$ で割ることにより効率労働 1 単位当たりの生産関数

$$y_t = f(k_t) \tag{9-34}$$

に書き換えることができます. ただし, $y_t = \dfrac{Y_t}{A_t N_t}$, $k_t = \dfrac{K_t}{A_t N_t}$ であり, y_t と k_t は各々, t 期の効率労働 1 単位当たりの産出量と資本ストックです.

集計的生産関数とミクロ経済学的原理に基づいた新古典派の理論展開は慣れないと若干複雑に見えますが, 生産要素の完全利用の仮定 (9-32) を用いることにより非常にはっきりした結果を得ることができます. そのことを以下では一般形と具体例で説明します.

▌一般形

労働市場から見てみましょう. 労働市場では毎期需給が一致しているので, (9-27) 式の偏導関数 $\dfrac{\partial F(A_{t+1} N_{t+1}^D, K_{t+1})}{\partial N_{t+1}^D}$, すなわち関数 $F(A_{t+1} N_{t+1}^D, K_{t+1})$ の N_t^D に関する偏導関数, に $N_{t+1}^D = N_{t+1}$ を代入すると,

$$MPL_{t+1} = \frac{\partial F(A_{t+1} N_{t+1}, K_{t+1})}{\partial N_{t+1}^D} = w_{t+1} \tag{9-35}$$

となります. (9-35) 式は, 実質賃金率は生産要素が完全利用されているときの労働の限界生産力に一致することを意味します.

(9-35) 式は毎期成立すること, そして労働の限界生産力は (9-10) 式で表されることから, t 期の実質賃金率 w_t は,

$$w_t = A_t [f(k_t) - f'(k_t) k_t] \tag{9-36}$$

と書くことができます. (9-36) 式の $f(k_t)$ は (9-34) 式の $f(k_t)$ と同じです.

次に資本ストックの需給を見てみましょう. 貸付資金説の成立により毎期資本ストックの需給が一致しているので, (9-30) 式の偏導関数

$$\frac{\partial F(A_{t+1}N_{t+1},\ K_{t+1}^D)}{\partial K_{t+1}^D},\ \text{すなわち関数}\ F(A_{t+1}N_{t+1},\ K_{t+1}^D)\ \text{の}\ K_t^D\ \text{に関する偏導関}$$

数，に $K_{t+1}^D = K_{t+1}$ を代入すると，

$$MPK_{t+1} - \delta = \frac{\partial F(A_{t+1}N_{t+1},\ K_{t+1})}{\partial K_{t+1}^D} - \delta = r_{t+1} \tag{9-37}$$

となります．(9-37) 式は，実質利子率は生産要素が完全利用されているとき
の資本の限界生産力と資本減耗率の差に一致することを表しています．

(9-37) 式は毎期成立すること，そして資本の限界生産力は (9-8) 式で表さ
れることから，t 期の実質利子率 r_t は，

$$r_t = f'(k_t) - \delta \tag{9-38}$$

と書くことができます．(9-36) 式と (9-38) 式は新古典派の理論展開でしば
しば用いられる関係式です．

具体例

コブ=ダグラス生産関数 (9-13) を用いた具体例を考えてみましょう．この
場合，t 期の集計的生産関数は，

$$Y_t = K_t^{\alpha}(A_t N_t)^{1-\alpha},\quad 0 < \alpha < 1 \tag{9-39}$$

そして (9-14) 式より t 期の効率労働 1 単位当たりの生産関数は，

$$y_t = k_t^{\alpha} \tag{9-40}$$

となります．したがって，(9-36) 式により，t 期の実質賃金率は，

$$w_t = A_t(1-\alpha)k_t^{\alpha} \tag{9-41}$$

そして，(9-38) 式により，t 期の実質利子率は，

$$r_t = \alpha k_t^{\alpha-1} - \delta \tag{9-42}$$

となることがわかります．(演習問題 5 参照.)

1 新古典派理論では 1 次同次の集計的生産関数が用いられる.

2 新古典派理論では財市場の均衡は利子率の調整によって達成される.

3 新古典派理論では生産要素の完全利用が仮定される.

4 新古典派理論では,実質賃金率は生産要素が完全利用されているときの労働の限界生産力に一致する.

5 新古典派理論では,実質利子率は生産要素が完全利用されているときの資本の限界生産力と資本減耗率の差に一致する.

1 労働の限界生産力 MPL について以下の問いに答えなさい.

(1) 数学付録 (A-5) と (A-6) を利用して (9-4) 式から MPL を表す (9-10) 式の $A[f(k)-f'(k)k]$ を導出しなさい.

(2) (1)で得た MPL の値が k の任意の値 $k_1(>0)$ に対して正になることを図 9-2 を利用して示しなさい.

$$\left(\text{ヒント}: A[f(k_1)-f'(k_1)k_1]=Ak_1\left[\frac{f(k_1)}{k_1}-f'(k_1)\right].\right)$$

2 コブ=ダグラス生産関数 (9-13) について以下の問いに答えなさい.

(1) (9-13) 式を K に関して偏微分し,資本の限界生産力 MPK を求めなさい.

(2) (9-14) 式を用いて (9-8) 式の $f'(k)$ を求め,さらにそれが(1)で得た MPK と一致することを示しなさい.

(3) (9-13) 式を N に関して偏微分し,労働の限界生産力 MPL を求めなさい.

(4) (9-14) 式を用いて (9-10) 式の $A[f(k)-f'(k)k]$ を求め,さらにそれが(3)で得た MPL と一致することを示しなさい.

3 (9-21) 式で定義された実質利子率 r^e_{t+1} について以下の問いに答えなさい.

(1) 以下の文章は,本文 (254ページ) の「t 期に実質単位で X だけを借りたときには $t+1$ 期に $r^e_{t+1}X$ だけの利子が実質単位で発生します.」という文章をより具体的に説明している.空欄①～④に適当な記号を入れて文章を完成させなさい.

「t 期に実質単位で X だけを借りるということは,t 期に名目単位で(① ）だけの貨幣を借りるということである.その場合,$t+1$ 期に名目単位で(② ）だけの貨幣を返すことになるが,その大きさを実質単位で表すと,(③ ）となる.したがって,

$$\frac{(1+i_{t+1})P_t X}{P_{t+1}^e} - (\quad ④ \quad) = r_{t+1}^e X \text{ が実質単位の利子である.」}$$

(2) 実質利子率が近似的に $r_{t+1}^e = i_{t+1} - \pi_{t+1}^e$ と書けることを示しなさい. 数学付録 (A-3) を利用すること.

(3) (2) で得た近似式の実質利子率の値と (9-21) 式の実質利子率の値が正確に一致するのはどのようなときか.

4 企業の利潤最大化行動について以下の問いに答えなさい.

(1) (9-26) 式を簡単に,

$$\phi = F(AN^D, K) - wN^D - (r+\delta)K$$

と書くことにする. このとき, 企業にとっての最適な労働 $N^D(w)$ とそれに対応する賃金総額 $wN^D(w)$ を, 横軸に労働, 縦軸に産出量をとった平面に図示しなさい.

(2) (9-28) 式を簡単に,

$$\phi = F(AN, K^D) - wN - (r+\delta)K^D$$

と書くことにする. このとき, 企業にとっての最適な資本 $K^D(r)$ とそれに対応する資本にかかる費用総額 $(r+\delta)K^D(r)$ を, 横軸に資本, 縦軸に産出量をとった平面に図示しなさい.

(3) コブ=ダグラス生産関数 (9-13) を用いて, 労働に関する利潤最大化条件 (9-27) から労働需要を導出し, それが実質賃金率 w_{t+1} の減少関数になっていることを確認しなさい.

(4) コブ=ダグラス生産関数 (9-13) を用いて, 資本に関する利潤最大化条件 (9-29) から資本需要を導出し, それが実質利子率 r_{t+1} の減少関数になっていることを確認しなさい.

5 新古典派理論では, 生産要素の完全利用が成立しているときの生産物の分配に関して,

$$Y_t = w_t N_t + (r_t + \delta) K_t, \ t = 0, 1, 2, \cdots \tag{9-43}$$

が成立することが知られている．ただし，(9-43) 式の右辺の $w_t N_t$ は生産物 Y_t の労働者への分配分（労働分配分），$(r_t + \delta) K_t$ は生産物 Y_t の資本所有者への分配分（資本分配分）を表している．

(1) コブ=ダグラス生産関数 (9-39) を用いて (9-43) 式が成立することを示しなさい．

(2) 生産関数の一般形 (9-33) を用いて (9-43) 式が成立することを示しなさい．

(3) 具体的に $t=1$ として，(2)の結果を図9-2を利用して図示しなさい．$t=1$ のときの横軸の値は k_1 で表すこと．ただし $k_1 = \dfrac{K_1}{A_1 N_1}$ である．

(4) 利潤の定義式 (9-24) に基づいて (9-43) 式の経済学的意味を述べなさい．

ダグラスの苦労

『American Economic Review』は経済学者の世界で最も権威ある専門雑誌です。2011年，同誌は創刊100周年を記念して，100年間に同誌で発表された論文のなかから Top 20 を選びました。そのなかに，コブとダグラスの1928年の論文 "A Theory of Production" がありました。

コブとダグラス，そうです，本章で何度も用いたコブ=ダグラス生産関数はその論文で提案された集計的生産関数です。同誌は，彼らの論文を次のように紹介しています。

> 「この論文には決まり文句が完全に当てはまる，『紹介する必要がない』という決まり文句が。」

マクロ経済学者であれば誰でもコブ=ダグラス生産関数を知っています。ミクロ経済学者ももちろん知っています。ミクロ経済学ではコブ=ダグラス効用関数のほうが有名でしょう。それはコブ=ダグラス生産関数を効用関数に応用したものです。

上述のとおり，コブ=ダグラス生産関数はコブ（C. W. Cobb, 1875-1949）とダグラス（P. H. Douglas, 1892-1976）が共同で開発したものです。1927年，経済学者のダグラスが1899〜1922年のアメリカ製造業のデータを用意して数学者のコブに見せました。そして，生産，労働，資本の関係をうまく表現できる数式の作成を依頼しました。本章の記号を用いると，彼らが導いた結果は，

$$Y = BK^{\frac{1}{4}}N^{\frac{3}{4}}$$

のような形になりました。上式は（9-12）式で $\alpha = \frac{1}{4}$ としたものです。今やコブ=ダグラス生産関数はマクロとミクロを問わず，理論分析と実証分析を問わず，そして先生と学生を問わず，経済学で広く用いられています。

ところが，それが発表された当初の経済学者の反応は，今からは考えられないようなものでした。ダグラス自身の1967年の回想によると：

「われわれの論文が出合ったのは非常な敵意だった。発表後の数年間は最大級の辛辣な批判で満ちていた。われわれの努力に対して好意的な者はなく、あらゆる方面から攻撃を受けた。新古典派から、制度学派から、計量経済学者から、統計学者から、…。ラグナー・フリッシュらからは、そんな研究はごみ箱に捨てろ、今後はそんな研究など全部やめちまえ、とまで言われた。過去の研究はすべてなかったことにしてそれには二度と触れないのが賢明だと言ってくれる友人は、まだ親切なほうだった。」

ラグナー・フリッシュ（Ragnar Frisch）は1969年に第1回ノーベル経済学賞に輝くことになるノルウェーの経済学者・統計学者です。さすがのダグラスも、「もうあきらめて、別の分野で一旗揚げようかという気になったのは事実だ。」と告白しています。しかし「私の性格がひねくれていたせいでそうはしなかった」のだそうです。

　当初の不評にもかかわらず、コブ=ダグラス生産関数が今日これほどまでに受け入れられているのはなぜだと思いますか。ダグラスが「ひねくれていた」からだと思いますか。少なくとも私から言えるのは、コブ=ダグラス生産関数はマクロ経済学の教科書では絶対紹介する必要がある、ということです。

参考文献

Kenneth J. Arrow, et al., "100 Years of the *American Economic Review*: The Top 20 Articles," *American Economic Review*, Vol. 101, 2011, pp. 1-8.

Charles W. Cobb, and Paul H. Douglas, "A Theory of Production," *American Economic Review*, Vol. 18, Supplement, 1928, pp. 139-165.

Paul H. Douglas, "Comments on the Cobb-Douglas Production Function," in Murray Brown, ed., *The Theory and Empirical Analysis of Production*, New York: National Bureau of Economic Research, 1967, pp. 15-22.

ソロー・モデル

この章では新古典派の経済成長モデルであるソロー・モデルについて学びます．1節ではソロー・モデルを一般形と具体例で組み立てます．2節ではソロー・モデルからマクロ経済変数が一定の率で変化する定常状態を導きます．3節では定常状態が資本主義経済の歴史的事実と符合することを示します．4節では新古典派理論における貨幣市場の均衡について考察します．5節では技術進歩率の計測法であるソロー残差について説明します．

1 ソロー・モデルの構築

　第9章では新古典派理論の基本構造を説明しました．そこでは，予想価格が常に実現し賃金率と利子率がともに伸縮的であるという仮定に基づいて，産出量は要素賦存量によって決まるという結論を得ました．そして集計的生産関数 (9-33) がそのような状況を記述するのに役立つことも確認しました．

　では，毎期生産要素が完全利用されているときのマクロ経済はどのように変化し，どこに向かって進むのでしょうか．この問いに答えるのが経済成長理論であり，**ソロー・モデル**（**Solow model**）がその基礎になっています．ソロー・モデルは，**ソローの新古典派成長モデル**（**Solow's neoclassical growth model**）とも言います．この章ではソロー・モデルについて詳しく説明します．

ソロー・モデルの外生変数と内生変数

　集計的生産関数 (9-33) をもう一度見てみましょう．そうすると正確には，産出量 Y_t は要素賦存量 N_t, K_t に加えて労働の効率性 A_t によっても決まると言うべきでしょう．すなわち産出量が変化するのは，労働力人口，資本ストック，労働の効率性の少なくとも1つが変化するときです．

(9-33) 式はソロー・モデルでも用いられますが，その場合，労働の効率性 A_t と労働力人口 N_t は外生変数，そして資本 K_t は内生変数として扱われます．具体的には，A_t と N_t は各々，

$$A_{t+1} = (1+g)A_t \tag{10-1}$$
$$N_{t+1} = (1+n)N_t \tag{10-2}$$

のように変化すると仮定されます．A_0 と N_0 は所与であり，g と n は定数です．(10-1) 式は労働の効率性が毎期 g の率で（あるいは $g \times 100\%$ で）上昇していることを，そして (10-2) 式は労働力人口が毎期 n の率で（あるいは $n \times 100\%$ で）増加していることを表しています．

ここで A_t と N_t は生産関数に効率労働 $A_t N_t$ の形で入っていることを思い出しましょう．そこで $A_t N_t$ の増加率を g_N とすると，

$$
\begin{aligned}
g_N &= \frac{A_{t+1}N_{t+1} - A_t N_t}{A_t N_t} \\
&= \frac{(1+g)(1+n)A_t N_t - A_t N_t}{A_t N_t} \\
&= (1+g)(1+n) - 1 \\
&= g + n + gn
\end{aligned}
\tag{10-3}
$$

となります．(10-3) 式の 2 行目は (10-1) 式と (10-2) 式を 1 行目に代入して得られます．(10-3) 式の g_N を**自然成長率**（**natural rate of growth**）と言います．

(10-3) 式から，自然成長率 g_N は労働の効率性の上昇率と人口増加率の和 $g+n$ にほぼ等しいと言えます．なぜなら現実的に g と n はゼロに近い値をとるので，それらの積 gn はほとんどゼロになるからです．同じことですが，$g_N = g+n$ という近似式は (10-3) 式の 3 行目に数学付録 (A-3) を適用しても得ることができます．

自然成長率は，経済動学の創始者の 1 人であるハロッドの言葉です．ハロッドは，技術進歩率と人口増加率の和を自然成長率と呼びました．前章で説明したように，労働の効率性は技術水準と見なすこともできるので，その場合 g

は技術進歩率になります.（演習問題 1 参照.）

一般形

ソロー・モデルの一般形は次のように書くことができます.

$$K_{t+1}=(1-\delta)K_t+S_t \tag{9-19}$$

$$S_t=sY_t, \quad 0<s<1 \tag{10-4}$$

$$Y_t=F(A_tN_t, K_t) \tag{9-33}$$

ここで，$t=0, 1, 2, \cdots$ であり，K_0 は所与とします.

新たに追加された（10-4）式は t 期の貯蓄関数です．s は**貯蓄率**（**saving rate**）と呼ばれ，一定の値をとると仮定します．貯蓄の定義から，t 期の消費関数は，

$$C_t=(1-s)Y_t \tag{10-5}$$

であることになります．（10-5）式は，第 3 章の図 3-8 において原点を通る直線で描かれた長期の消費関数に対応します.

資本の蓄積方程式（9-19），貯蓄関数（10-4），生産関数の一般形（9-33）は 1 つの方程式

$$K_{t+1}=(1-\delta)K_t+sF(A_tN_t, K_t) \tag{10-6}$$

にまとめることができます．（10-6）式により，所与の K_0 から始まり $K_1, K_2,$ …と進む経済の動きが記述されます． 2 期以降の資本はモデルのなかでその値が決まるので，内生変数です.

ただし数学的な扱いやすさから，効率労働 1 単位当たりの値で計算するのがソロー・モデルにおける通常の方法です．そのために，（10-6）式の両辺を $t+1$ 期の効率労働 $A_{t+1}N_{t+1}$ で割って，

$$\frac{K_{t+1}}{A_{t+1}N_{t+1}}=\frac{A_tN_t}{A_{t+1}N_{t+1}}\left[(1-\delta)\frac{K_t}{A_tN_t}+s\frac{F(A_tN_t, K_t)}{A_tN_t}\right]$$

と変形します．上式は，（10-3）式と（9-34）式を用いると，次のように単純

化できます.

$$k_{t+1} = \frac{1}{1+g_N}[(1-\delta)k_t + sf(k_t)] \qquad (10\text{-}7)$$

ここで,$k_{t+1} = \dfrac{K_{t+1}}{A_{t+1}N_{t+1}}$, $k_t = \dfrac{K_t}{A_tN_t}$ であり,k_{t+1} と k_t は各々 $t+1$ 期と t 期の効率労働 1 単位当たりの資本です.さらに,$f(k_t)$ は t 期の効率労働 1 単位当たりの産出量,$sf(k_t)$ は t 期の効率労働 1 単位当たりの貯蓄です.

(10-7) 式は効率労働 1 単位当たりで表したソロー・モデルです.(10-7) 式で記述される経済は k_0 から始まります.K_0, A_0, N_0 は所与なので k_0 も所与です.k_0 が与えられると,k_1, k_2, … は以下のように逐次決まっていきます.

$$\frac{1}{1+g_N}[(1-\delta)k_0 + sf(k_0)] = k_1, \quad \frac{1}{1+g_N}[(1-\delta)k_1 + sf(k_1)] = k_2, \cdots$$

このように,変数の最初の値が与えられるとその後の値が順次決まっていく (10-7) 式のような数式を数学では**差分方程式**(**difference equation**)と言います.そして k_0 のような変数の最初の値を**初期値**(**initial value**)または**初期条件**(**initial condition**)と言います.

$k_t = \dfrac{K_t}{A_tN_t}$ より $K_t = A_tN_tk_t$ です.したがって,k_0, k_1, k_2, … が決まると経済全体の資本の値も $K_0 (=A_0N_0k_0)$, $K_1 (=A_1N_1k_1)$, $K_2 (=A_2N_2k_2)$, … のように確定します.

さらに,(9-33) 式と (9-34) 式より $Y_t = A_tN_tf(k_t)$ です.したがって,k_0, k_1, k_2, … が決まると産出量の値も $Y_0 = A_0N_0f(k_0)$, $Y_1 = A_1N_1f(k_1)$, $Y_2 = A_2N_2f(k_2)$, … のように決まります.あるいは,K_0, K_1, K_2, … がわかると (9-33) 式より直接,$Y_0 = F(A_0N_0, K_0)$, $Y_1 = F(A_1N_1, K_1)$, $Y_2 = F(A_2N_2, K_2)$, … となります.いずれにしても,そのような産出量の時間的変化が経済成長と呼ばれます.

具体例

集計的生産関数がコブ=ダグラス生産関数 (9-39) の場合のソロー・モデル
は,

$$K_{t+1}=(1-\delta)K_t+S_t \tag{9-19}$$

$$S_t=sY_t, \quad 0<s<1 \tag{10-4}$$

$$Y_t=K_t^{\alpha}(A_tN_t)^{1-\alpha}, \quad 0<\alpha<1 \tag{9-39}$$

となります. そして, 効率労働 1 単位当たりで表したソロー・モデルは,
(10-7) 式に (9-40) 式を代入して,

$$k_{t+1}=\frac{1}{1+g_N}[(1-\delta)k_t+sk_t^{\alpha}] \tag{10-8}$$

となります.

2 | 定常状態の分析

ソロー・モデルとは, 毎期, 産出量の一定割合が資本ストックに追加されて
いく過程をとらえた, 非常に単純な構造を持つマクロ経済モデルであることが
わかりました. そのような経済はどこに向かって進むのでしょうか. この節で
は, 前節で構築したソロー・モデルを用いてその問いに答えます.

一般形 (その1)

初期値 k_0 を与えると (10-7) 式に従って k_1, k_2, … は決まっていきますが,
その動きを視覚的にとらえることができると非常に便利です. 実際, その方法
には 2 通りあります.

1 つ目は, (10-7) 式をそのまま用いる若干機械的な方法です. まず (10-7)
式の右辺を k_t の関数と見なし $h(k_t)$ と置きます. すなわち,

図 10 - 1　資本の時間的変化（その 1 ）

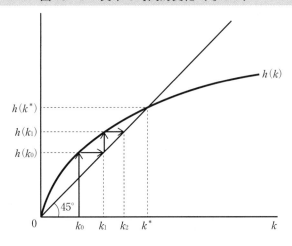

$$k_{t+1} = h(k_t) = \frac{1}{1+g_N}[(1-\delta)k_t + sf(k_t)] \tag{10-9}$$

とします．次に，関数 $h(k) = \dfrac{1}{1+g_N}[(1-\delta)k + sf(k)]$ のグラフを描きます．

そのために $h(k)$ の 1 次と 2 次の導関数を求めると，

$$h'(k) = \frac{1}{1+g_N}[(1-\delta) + sf'(k)] > 0$$

$$h''(k) = \frac{sf''(k)}{1+g_N} < 0$$

となります．$h'(k)$ と $h''(k)$ の符号は生産関数の仮定（9-6）と（9-7）によって決まります．さらに仮定（9-5）より $h(0)=0$ であることも明らかです．

　以上より，$h(k)$ のグラフは図10-1に描いたように，原点を通り，上方にふくらんだ右上がりの曲線になります．同図の右上がりの直線は45度線です．図では初期値 k_0 を比較的低い水準にとっています．この k_0 から始まる経済はどのように進んでいくでしょうか．

図10-1を利用しましょう。横軸で0期のkの値k_0を決めると、次期（1期）のkの値は（10-9）式より$k_1 = h(k_0)$となるので、それは横軸のk_0の真上にある$h(k)$のグラフ上の点の縦座標として見つけることができます。図の縦軸には1期のkの値$h(k_0)$が示されています。

その次の期（2期）の資本k_2はどのように見つけることができるでしょうか。そのために、縦軸の$h(k_0)$を通る水平線と45度線の交点の位置を確認します。交点は45度線上にあるので、縦軸の座標と横軸の座標は同じです。そしてこの場合それは$k_1(= h(k_0))$です。したがって、交点から真下の横軸の座標がk_1になります。k_1からk_2を見つけるのは、k_0からk_1を見つけたときと同様です。すなわちk_1の真上にある$h(k)$のグラフ上の点の縦座標$h(k_1)$を確認します。縦軸には2期のkの値$h(k_1)$が示されています。そこから再び45度線を利用すると横軸上の2期の資本k_2の位置を知ることができます。

以上のようにk_0, k_1, k_2を求める手順は、図に描いたように、$h(k)$のグラフと45度線の間にある階段状の矢印によって一目瞭然です。3期以降の資本も同様に矢印の動きを延長することによって見つけることができます。

図の矢印の向きからわかるように、この経済は$h(k)$のグラフと45度線の交点に向かって近づいていきます。交点のkの値は、（10-9）式において$k_t = k_{t+1}$と置いて得られる等式

$$k^* = h(k^*) = \frac{1}{1+g_N}[(1-\delta)k^* + sf(k^*)] \tag{10-10}$$

を満たす正のk^*です。そして交点においては、

$$k_t = k_{t+1} = k^* > 0, \quad t = 0, 1, 2, \cdots \tag{10-11}$$

が成り立っています。（10-11）式は、もし経済がk^*から出発するとその経済はその後もk^*にとどまることを意味しています。経済が（10-11）式の状態にあるとき、経済は**定常状態（steady state）**にある、と言います。図から明らかなように（10-10）式を満たす正のk^*はただ1つです。

また、定常状態k^*より高い水準の初期値から出発した経済も、その定常状態に近づいていくことを図10-1を利用して同様に確かめることができます。

一般形（その2）

k_0 から始まる効率労働1単位当たりの資本の動きを視覚的にとらえる2つ目の方法では，（10-7）式を以下のように変形します．

$$k_{t+1} - k_t = \frac{1}{1+g_N}[sf(k_t) - (g_N + \delta)k_t] \tag{10-12}$$

（10-12）式は（10-7）式の両辺から k_t を引くと得られます．

（10-12）式の左辺は t 期から $t+1$ 期にかけての資本の変化分を表しています．それが正ならば資本が増える（$k_{t+1} > k_t$）ことを，負ならば資本が減る（$k_{t+1} < k_t$）ことを，そしてゼロならば資本の大きさに変化がない（$k_{t+1} = k_t$）ことを意味します．そして右辺の符号がそれを決定します．右辺の符号は $sf(k_t) > (g_N + \delta)k_t$ ならば正，$sf(k_t) < (g_N + \delta)k_t$ ならば負，そして $sf(k_t) = (g_N + \delta)k_t$ ならばゼロです．

（10-12）式の左辺の資本の変化分の符号を決定するのが，貯蓄 $sf(k_t)$ と資本減耗 δk_t の大小関係ではなく，貯蓄 $sf(k_t)$ と $(g_N + \delta)k_t$ の大小関係であることに注意しましょう．資本は貯蓄 $sf(k_t)$ の分だけ増え資本減耗 δk_t の分だけ減るので $sf(k_t) = \delta k_t$ のときに $k_{t+1} = k_t$ となる，と考えたくなりますが，そうではありません．

このことを理解するために，（10-6）式を，

$$K_{t+1} - K_t = sF(A_t N_t,\ K_t) - \delta K_t$$

のように書いてみましょう．上式は（10-12）式をもとの集計量で表したものです．上式は確かに，貯蓄と資本減耗が等しい（$sF(A_t N_t,\ K_t) = \delta K_t$，あるいは $sf(k_t) = \delta k_t$）ときに資本ストックの大きさに変化がない（$K_{t+1} = K_t$）ことを表しています．しかし，$K_{t+1} = K_t$ と $k_{t+1} = k_t$ は一般に異なる状態なので，$k_{t+1} = k_t$ を導くためには δk_t ではなく $(g_N + \delta)k_t$ を基準にする必要があります．このように $(g_N + \delta)k_t$ はソロー・モデルにおいて重要な役割を演じる変数ですが，統一した名称がありません．そこで，本書では，$g_N + \delta$ を「（自然成長率で）調整された資本減耗率」，$(g_N + \delta)k_t$ を「（自然成長率で）調整された資本

図10-2　資本の時間的変化（その2）

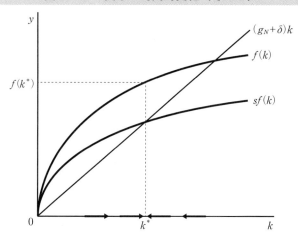

減耗」と呼ぶことにします.

　以上より,（10-11）式で定義した定常状態は,（10-12）式の場合には,

$$sf(k^*) = (g_N + \delta)k^* \tag{10-13}$$

を満たす k^* で表されることになります. そして,（10-13）式の k^* が（10-10）式の k^* と一致することは,（10-12）式と（10-9）式が数学的に同じであることから当然の結果です.

　図10-2は（10-12）式に従って資本が変化している様子を描いています. 図の2本の曲線は効率労働1単位当たりの生産関数 $f(k)$ のグラフと, それを垂直方向に s の率で縮小して得られる貯蓄関数 $sf(k)$ のグラフです. 原点を通る右上がりの直線は「調整された資本減耗」$(g_N + \delta)k$ です. $sf(k)$ と $(g_N + \delta)k$ の交点の横軸座標は（10-13）式の k^* です. そして図から明らかなように,（10-13）式を満たす正の k^* はただ1つです.

　図で初期値を k^* より小さい領域にとると, そこでは $sf(k) > (g_N + \delta)k$ なので, 横軸に示した右向きの矢印のように資本は増加します. 逆に, 初期値を k^* より大きい領域にとると, そこでは $sf(k) < (g_N + \delta)k$ なので, 横軸に示した左向きの矢印のように資本は減少します. したがって, どのような初期値で

あっても経済は定常状態 k^* に接近します．そのような定常状態は安定であると言います．そして経済成長の分析は一般に，安定な定常状態を中心に行います．

いずれにしても，定常状態の位置と，それに近づく資本の動きは図10-1と図10-2のどちらで見てもまったく同じです．マクロ経済学の文献では通常，図10-2が用いられます．ただし，図10-1では k_0, k_1, k_2, … の位置を容易に特定できますが，図10-2ではそれができません．（演習問題2参照.）

▌具体例

生産関数がコブ=ダグラス生産関数の場合，（10-8）式において $k_{t+1}=k_t=k^*$ とすると，

$$k^*=\frac{1}{1+g_N}[(1-\delta)k^*+s(k^*)^\alpha]$$

となります．あるいは，（10-13）式において $f(k^*)=(k^*)^\alpha$ とすると，

$$s(k^*)^\alpha=(g_N+\delta)k^*$$

となります（（2-4）式参照）．上の2つの方程式のいずれを解いても，

$$k^*=\left(\frac{s}{g_N+\delta}\right)^{\frac{1}{1-\alpha}} \tag{10-14}$$

となります．コブ=ダグラス生産関数に基づくソロー・モデルの定常状態における資本 k^* は（10-14）式のようになります．k^* は，貯蓄率 s と「調整された資本減耗率」$g_N+\delta$ の比率の関数になります．（演習問題3，4，5参照.）

---

3 ┃ カルドアの6つの定型化された事実

前節では，ソロー・モデルにはただ1つの安定な定常状態が存在する，という重要な結論が得られました．もちろんこれはさまざまな仮定に基づく理論的

結論です．ところが，この理論的結論は現実の経済によく当てはまっていることが知られています．それが，ソロー・モデルが広く受け入れられている理由でもあります．この節ではこのことについて説明します．

さて，現実の経済がどのようなものであるかを考える場合，1961年にカルドアが成長する資本主義経済の一般的傾向としてまとめた以下の6つの特徴が有名です．

(1) 産出量の増加率と労働生産性の上昇率はほぼ一定である．

(2) 資本・労働比率の上昇率はほぼ一定である．

(3) 利潤率はほぼ一定である．

(4) 資本・産出量比率はほぼ一定である．

(5) 労働分配率と資本分配率はほぼ一定である．

(6) 産出量の増加率と労働生産性の上昇率は国によってかなり異なる．

(3) の**利潤率**（**rate of profit**）とは資本の収益率（rate of return on capital）のことであり，これまで本書で用いた実質利子率のことです．(1) ～ (5) は1つの国についての長期的特徴であり，(6) はさまざまな国を比較した場合の観察結果です．カルドアはこれら6つを**定型化された事実**（**stylized facts**）と呼び，それらを説明できる経済成長モデルを作るべきであると考えました．そして現在においても，カルドアの6つの定型化された事実は経済成長モデルが説明すべき重要な事実と考えられています．

前節では，経済成長の分析は定常状態を中心に行われる，と述べましたが，その大きな理由として，ソロー・モデルの定常状態がカルドアの定型化された事実の多くと一致していることが挙げられます．そこで，実際にそうなっていることを以下で示すことにします．

▌一般形

一般形では，定常状態における資本ストックと産出量を各々 K_t^*, Y_t^* とすると，$k^* = \dfrac{K_t^*}{A_t N_t}$, $f(k^*) = \dfrac{Y_t^*}{A_t N_t}$, したがって，$K_t^* = A_t N_t k^*$, $Y_t^* = A_t N_t f(k^*)$ であることにまず注意しましょう．

そうすると，定型化された事実 (1) の産出量の増加率は，

$$\frac{Y_{t+1}^* - Y_t^*}{Y_t^*} = \frac{A_{t+1} N_{t+1} f(k^*) - A_t N_t f(k^*)}{A_t N_t f(k^*)}$$

$$= \frac{A_{t+1} N_{t+1} - A_t N_t}{A_t N_t} = g_N \qquad (10\text{–}15)$$

となります. すなわち, 産出量の増加率は自然成長率 g_N に一致します. 産出量の増加率は通常, **経済成長率 (rate of economic growth)** と呼ばれます.

労働生産性 (labor productivity) は **産出量・労働比率 (output-labor ratio)** とも呼ばれ, 投入された労働 1 単位当たり (あるいは労働者 1 人当たり) の産出量のことです. 定常状態では $\dfrac{Y_t^*}{N_t} = \dfrac{A_t N_t f(k^*)}{N_t} = A_t f(k^*)$ なので, (10-1) 式を用いると, 労働生産性の上昇率は,

$$\frac{\dfrac{Y_{t+1}^*}{N_{t+1}} - \dfrac{Y_t^*}{N_t}}{\dfrac{Y_t^*}{N_t}} = \frac{A_{t+1} f(k^*) - A_t f(k^*)}{A_t f(k^*)} = \frac{A_{t+1} - A_t}{A_t} = g$$

となり, 労働の効率性の上昇率 g と一致します. 労働生産性は, **労働の平均生産力** (または平均生産性, 平均生産物) とも言います.

以上より, 定常状態では産出量の増加率も労働生産性の上昇率も一定であることがわかりました.

ここで注目すべき結果が 2 つあります. 1 つは, 経済成長率 (＝産出量の増加率) を決定するのは自然成長率 g_N であり, 貯蓄率 s は経済成長率の高低とは関係がないということです. 貯蓄率を上げ, 投資を増やし, そして資本ストックを増やすことにより経済成長率を高めることができるという考え方は, 定常状態にある経済においては, 当てはまりません. もう 1 つは, 労働生産性の上昇は, 労働の効率性が向上することによってのみ可能であるということです. 言い換えれば, 労働生産性 (＝労働者 1 人当たりの産出量) で測った一国の生活水準の向上は技術進歩率の上昇 (＝労働の効率性の上昇) によってのみ達成される, ということになります.

定型化された事実 (2) の **資本・労働比率 (capital-labor ratio)** とは, 投

入された労働1単位当たり（あるいは労働者1人当たり）の資本ストックのことです．定常状態ではそれは $\dfrac{K_t^*}{N_t} = A_t k^*$ なので，(10-1) 式を用いると，資本・労働比率の上昇率は，

$$\frac{\dfrac{K_{t+1}^*}{N_{t+1}} - \dfrac{K_t^*}{N_t}}{\dfrac{K_t^*}{N_t}} = \frac{A_{t+1}k^* - A_t k^*}{A_t k^*} = \frac{A_{t+1} - A_t}{A_t} = g$$

となり，労働の効率性の上昇率 g と一致します．資本・労働比率が次第に大きくなることを**資本の深化（capital deepening）**と言いますが，上式は $g > 0$ であれば資本の深化が起こっていることを意味しています．資本・労働比率は**資本装備率**，あるいは**資本集約度**とも言います．

　定型化された事実 (3) の利潤率とは実質利子率のことであるとすでに説明しましたが，定常状態での実質利子率はどのようになるでしょうか．前章では，実質利子率は生産要素が完全利用されているときの資本の限界生産力と資本減耗率の差に一致することを示し，(9-38) 式を導きました．それに従うと定常状態においては，

$$r_t^* = r^* = f'(k^*) - \delta \tag{10-16}$$

となり，実質利子率（＝利潤率）は一定の値 $r^*(= f'(k^*) - \delta)$ になります．

　定型化された事実 (4) の**資本・産出量比率（capital-output ratio）**とは，資本の産出量に対する比率であり，**資本係数（capital coefficient）**とも言います．定常状態における資本・産出量比率は，(10-13) 式を用いると，

$$\frac{K_t^*}{Y_t^*} = \frac{A_t N_t k^*}{A_t N_t f(k^*)} = \frac{k^*}{f(k^*)} = \frac{s}{g_N + \delta} \tag{10-17}$$

となり，一定の値になります．

　定型化された事実 (5) の**労働分配率（labor share）**とは国民純所得に占める労働所得の割合であり，**資本分配率（capital share）**とは国民純所得に占める資本所得の割合です．定常状態において，国民純所得は $Y_t^* - \delta K_t^*$，労

働所得は$w_t^*N_t$，資本所得は$r_t^*K_t^*$と表すことができます．

　労働分配率から見てみましょう．前章では，実質賃金率は生産要素が完全利用されているときの労働の限界生産力に一致することを示し，(9-36) 式を導きました．したがって，定常状態における実質賃金率は，

$$w_t^* = A_t[f(k^*) - f'(k^*)k^*] \qquad (10\text{-}18)$$

となります．(10-18) 式より，定常状態における実質賃金率は一定ではなく，労働の効率性の上昇率（＝技術進歩率）g で上昇します．ところが，労働分配率を見ると，

$$\frac{w_t^*N_t}{Y_t^* - \delta K_t^*} = \frac{A_t[f(k^*) - f'(k^*)k^*]N_t}{A_tN_tf(k^*) - \delta A_tN_tk^*} = \frac{f(k^*) - f'(k^*)k^*}{f(k^*) - \delta k^*}$$

となり，一定になります．なぜなら，国民純所得も労働所得も自然成長率g_Nで増加するからです．

　次に資本分配率を見てみましょう．すでに，定常状態における実質利子率は (10-16) 式のようになることがわかっています．したがって，資本分配率は，

$$\frac{r_t^*K_t^*}{Y_t^* - \delta K_t^*} = \frac{r^*A_tN_tk^*}{A_tN_tf(k^*) - \delta A_tN_tk^*} = \frac{[f'(k^*) - \delta]k^*}{f(k^*) - \delta k^*} \qquad (10\text{-}19)$$

となり，労働分配率と同様，一定になります．実質利子率は一定の値r^*ですが，資本所得が国民純所得と同じ率で増加するからです．労働分配率と資本分配率を足すと 1 になることにも注意しましょう（第 9 章の演習問題 5 参照）．

　以上で，カルドアの定型化された事実 (1)〜(5) はソロー・モデルの定常状態の分析により説明できることがわかりました．残された (6) についてはどうでしょうか．残念ながらこれは説明することができません．なぜなら，ソロー・モデルでは，産出量の増加率と労働生産性の上昇率は各々g_Nとgになりますが，g_Nもgも外生的に与えられているからです．その意味で，ソロー・モデルは外生的成長理論と呼ばれます．もし定型化された事実 (6) を説明しようとするならば，とくに労働の効率性の上昇率，言い換えれば技術進歩率gを内生的に決定する必要があります．これは第11章 2 節で取り上げる内生的成

長理論の研究対象となっています.

具体例

コブ=ダグラス生産関数の場合の定常状態は（10-14）式で表されるので，それに対応する資本ストック K_t^* と産出量 Y_t^* は,

$$K_t^* = \left(\frac{s}{g_N+\delta}\right)^{\frac{1}{1-\alpha}} A_t N_t \tag{10-20}$$

$$Y_t^* = \left[\left(\frac{s}{g_N+\delta}\right)^{\frac{1}{1-\alpha}} A_t N_t\right]^\alpha (A_t N_t)^{1-\alpha} = \left(\frac{s}{g_N+\delta}\right)^{\frac{\alpha}{1-\alpha}} A_t N_t \tag{10-21}$$

となります.（10-20）式と（10-21）式を用いて一般形の場合と同様に計算すると，産出量の増加率は g_N，労働生産性の上昇率と資本・労働比はともに g になります.すなわち，定型化された事実（1）と（2）が成り立ちます.

定型化された事実（3）の利潤率（＝実質利子率）は,（9-42）式と（10-14）式より,

$$r_t^* = \alpha(k^*)^{\alpha-1} - \delta = \alpha\left(\frac{s}{g_N+\delta}\right)^{\frac{\alpha-1}{1-\alpha}} - \delta = \frac{\alpha(g_N+\delta)}{s} - \delta \tag{10-22}$$

となり，一定です.

定型化された事実（4）の資本・産出量比率は,（10-20）式と（10-21）式より,

$$\frac{K_t^*}{Y_t^*} = \frac{s}{g_N+\delta} \tag{10-23}$$

となり，やはり一定です.そしてこの結果は一般形において得た（10-17）式と一致します.

最後に，定型化された事実（5）の労働分配率と資本分配率を計算しましょう.定常状態における実質賃金率は（9-41）式と（10-14）式より,

$$w_t^* = A_t(1-\alpha)(k^*)^\alpha = A_t(1-\alpha)\left(\frac{s}{g_N+\delta}\right)^{\frac{\alpha}{1-\alpha}} \tag{10-24}$$

となります。したがって、労働分配率は、

$$\frac{w_t^* N_t}{Y_t^* - \delta K_t^*} = \frac{(1-\alpha)(g_N+\delta)}{g_N+\delta-s\delta}$$

となり、さらに、(10-22) 式を用いると、資本分配率は、

$$\frac{r_t^* K_t^*}{Y_t^* - \delta K_t^*} = \frac{\alpha(g_N+\delta)-s\delta}{g_N+\delta-s\delta}$$

となり、いずれも一定です。この場合も両者の和が1になることを確認してください。

4 | 貨幣数量説

　前章では、新古典派理論の特徴として財市場、労働市場、貨幣市場のすべてが常に均衡しているという仮定を挙げました。そして、財市場と労働市場が各々利子率と賃金率の調整によって均衡することも示しました。それは生産要素の完全利用を意味し、ソロー・モデルが成り立つ条件でもありました。この節では、貨幣市場の均衡について説明します。

貨幣市場の均衡

　第4章で詳しく説明したように、ケインズ理論では貨幣需要は取引需要、予備的需要、そして資産需要からなっていました。そして、その貨幣需要がマネーサプライと等しくなるように利子率が決定されました。そのような貨幣需要理論を流動性選好説と言いましたが、これに対して、新古典派の貨幣需要理論は**貨幣数量説**（**quantity theory of money**）と言います。

　貨幣数量説は非常に古い歴史を持ち、多くの経済学者によって論じられてき

た理論ですが，そこでは貨幣は支払い手段としてのみ機能すると見なされ，したがって貨幣需要は取引需要だけからなります．貨幣数量説はしばしば，**フィッシャーの交換方程式**（**Fisher equation of exchange**）によって表現されます．フィッシャーはフィッシャー方程式（9-23）のフィッシャーと同一人物です．

フィッシャーの交換方程式とは貨幣市場の均衡を表す次のような等式です．

$$MV = PY \tag{10-25}$$

M, P, Y は各々，マネーサプライ，価格，実質国民所得（あるいは産出量）です．V は支払い手段としての貨幣が経済のなかを移動する速さを表し，**貨幣の所得速度**（**income velocity of money**）と呼ばれます．V は正の定数と仮定されます．

（10-25）式の右辺の PY はもちろん名目国民所得ですが，それは一定期間における経済全体の取引額を代表しています．PY だけの経済取引が成立するために必要な貨幣量は，$\dfrac{PY}{V}$ となります．なぜなら，貨幣は期間内に V の回数だけ経済を移動するので，名目表示の取引 PY を成立させるために支払い手段としての貨幣は $\dfrac{PY}{V}$ だけあれば足りるからです．したがって，貨幣数量説における貨幣需要は $M^d = \dfrac{PY}{V}$ と書くことができます．そしてそれは貨幣の取引需要を表します．

では，貨幣市場の均衡 $M = M^d \left(= \dfrac{PY}{V} \right)$ はどのように達成されるのでしょうか．M は中央銀行が決定する外生変数です．新古典派理論では，Y は要素賦存量によって決まります．さらに，上述したように V は定数と仮定しています．表9-1に示したように，貨幣数量説では貨幣市場の需給を調整するのは価格 P になります．具体的には，もしマネーサプライ M が貨幣需要 M^d より多いと経済を流通する貨幣量が増えて価格 P は上昇し，逆に M が M^d より

少ないと経済を流通する貨幣量が減って P は下落します. その結果 $M = \dfrac{PY}{V}$ すなわち $M = M^d$ が成立します. これはフィッシャーの交換方程式が貨幣市場の均衡式であることを意味しています.

貨幣市場の均衡では $P = \dfrac{MV}{Y}$ が成立します. 重要なのは右辺が左辺の値を決定するということです. とくに重視されるのは貨幣数量 M と価格 P の因果関係です. すなわち, P は M の変化に直接影響を受けます. たとえば, V と Y が一定ならば, M が 2 倍になると P も 2 倍になります. そのような関係が成立することにより貨幣市場の均衡が維持されることになります.

フィッシャーの交換方程式とともに貨幣数量説を代表する方程式として,

$$M = kPY \tag{10-26}$$

があります. (10-26) 式を**ケンブリッジ方程式**（**Cambridge equation**）または**現金残高方程式**（**cash-balance equation**）と言います. k は正の定数と仮定されます. この場合には, 貨幣需要は $M^d = kPY$ と書くことができます. すなわち, 名目所得 PY の k の割合だけの貨幣が需要されます. 実際, $M^d = kPY$ は, 貨幣の取引需要を表す関数として (4-1) 式で用いたものと同じです. なお, ケンブリッジ方程式はその名のとおりイギリスのケンブリッジ大学の経済学者マーシャルが最初に考えたものです. そういうわけで, k をマーシャルの k と言うのです.

さて, ここで $k = \dfrac{1}{V}$ とすると, (10-25) 式と (10-26) 式は形式的にはまったく同じになります. (10-26) 式においても, 価格 P が貨幣市場を均衡させると考えられています. したがって今日では, フィッシャーの交換方程式とケンブリッジ方程式は事実上同じものとして扱われています.

貨幣の中立性

貨幣数量説はマネーサプライ（貨幣数量）から価格への因果関係を強調しますが, このことを言い換えると, マネーサプライの水準は産出量 Y に, した

がって雇用量 N にも，まったく影響を与えない，ということになります．このことを，貨幣は**中立的**（**neutral**）である，あるいは，新古典派理論は**貨幣の中立性**（**neutrality of money**）を仮定している，と言います．

　一般に，財市場と労働市場を**実物部門**，それに対して貨幣市場を**貨幣部門**と言います．ケインズ理論では，$IS\text{-}LM$ モデルから明らかなように，実物部門と貨幣部門は一体となって産出量と雇用量を決定します．2つの部門を切り離して分析することはできません．

　これに対して，図2-5に示したように，新古典派理論では実物部門と貨幣部門を分離して分析することができます．すなわち，実物部門では，価格 P の値に関係なく，産出量 Y と雇用量 N が決定されます．他方，貨幣部門では，産出量 Y と雇用量 N に影響を与えることなく，価格 P が決定されます．このような考え方はすでに古典派理論にあったことから，**古典派の二分法**（**classical dichotomy**）と言います．あるいは，貨幣は経済を被うヴェール（veil）のような形だけのもの，という意味で**貨幣ヴェール観**と表現されることもあります．貨幣の中立性，古典派の二分法，貨幣ヴェール観はいずれも同様の意味で，古典派および新古典派の貨幣に対する見方を表すために用いられます．

┃ インフレ率の決定

　フィッシャーの交換方程式（10-25）から価格水準が決定されることがわかりましたが，それを用いると価格の変化率，すなわちインフレ率も決定することができます．そのために，t 期のフィッシャーの交換方程式を，

$$M_t V = P_t Y_t$$

と書きます．そうすると，上式より t 期の価格は，

$$P_t = \frac{M_t V}{Y_t} \tag{10-27}$$

となります．（10-27）式の t を $t-1$ に変えると，$t-1$ 期の価格は，

$$P_{t-1} = \frac{M_{t-1} V}{Y_{t-1}} \tag{10-28}$$

と書くことができます．（10-27）式と（10-28）式から，

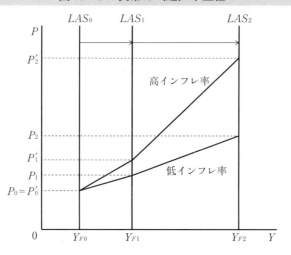

図 10 - 3　貨幣の（超）中立性

$$\frac{P_t - P_{t-1}}{P_{t-1}} = \frac{Y_{t-1}}{Y_t} \left(\frac{M_t}{M_{t-1}} - \frac{Y_t}{Y_{t-1}} \right)$$

となりますが，$\dfrac{Y_{t-1}}{Y_t}$ が 1 に十分近ければ，上式は近似的に，

$$\frac{P_t - P_{t-1}}{P_{t-1}} = \frac{M_t - M_{t-1}}{M_{t-1}} - \frac{Y_t - Y_{t-1}}{Y_{t-1}} \tag{10-29}$$

と書くことができます．

　（10-29）式の左辺がインフレ率です．（8-11）式を用いると π_t と書くことができます．貨幣数量説では右辺が左辺を決定します．さらに，経済成長率 $\dfrac{Y_t - Y_{t-1}}{Y_{t-1}}$ は貨幣部門とは独立して決まるので，インフレ率 π_t の値は，中央銀行が設定したマネーサプライの増加率 $\dfrac{M_t - M_{t-1}}{M_{t-1}}$ が経済成長率 $\dfrac{Y_t - Y_{t-1}}{Y_{t-1}}$ をどれだけ上回るかによって決まります．たとえば，激しいインフレが発生したとすれば，それは中央銀行がマネーサプライの増加率を過度に引き上げたこと

が原因である，という明瞭な結論が導かれます．

図10-3は，図9-1に価格の変化を書き加えて，貨幣の中立性あるいは古典派の二分法を表現したものです．長期 AS 曲線の右方への動き LAS_0，LAS_1，LAS_2 は実物部門によって決まります．価格の変化は2種類描いています．1つは P_0，P_1，P_2 で表された低インフレ率の場合，もう1つは P_0'，P_1'，P_2' で表された高インフレ率の場合です．インフレ率の違いはマネーサプライの増加率の違いと正確に一致し，インフレ率は実物部門に影響を与えません．なお，マネーサプライの（水準ではなく）増加率が実物部門に影響を与えないとき，貨幣は**超中立的**（**supneutral**）であると言います．（10-29）式では貨幣の超中立性も成立しています．

5 技術進歩とソロー残差

これまでに見たように，集計的生産関数は新古典派理論の展開において非常に重要な役割を演じます．そしてそれは，（9-1）式のような3つの変数からなる単純な構造なので，比較的扱いやすい関数です．ただし，1つ問題が指摘されてきました．それは現実の技術水準（あるいは労働の効率性）をどのように測定するか，という実証分析上の問題です．

生産関数（9-1）の産出量 Y，労働 N，資本 K に対応するデータは入手可能ですが，技術水準 A に直接対応するデータはありません．そもそも技術を何で測るかを考えただけでもさまざまな問題があることはすぐにわかるでしょう．そこで，1つの簡便法としてソロー・モデルの開発者であるソローが考えたのは差をとることでした．この節ではその手法をコブ=ダグラス生産関数を用いて説明しましょう．

まず，（9-12）式を t 期のコブ=ダグラス生産関数として，

$$Y_t = B_t N_t^{1-\alpha} K_t^{\alpha} \tag{10-30}$$

と書くことにします．ただし（10-30）式は実証分析のために用いるので，生産要素の完全利用は仮定されていません．同式の Y_t，K_t，N_t には各々，産出

量，資本，労働の現実のデータが対応します．B_t は「技術水準」を表します
が，この B_t を（t 期の）**全要素生産性**（**total factor productivity**，略して
TFP）と言います．特定の生産要素ではなくすべての生産要素に関する生産
性という意味です．

次に（10-30）式の両辺の対数をとると，

$$\log Y_t = \log B_t + \alpha \log K_t + (1-\alpha) \log N_t \tag{10-31}$$

となります．（10-31）式の導出には数学付録（A-10-2）を用いています．
（10-31）式の t を $t-1$ に変えると，

$$\log Y_{t-1} = \log B_{t-1} + \alpha \log K_{t-1} + (1-\alpha) \log N_{t-1} \tag{10-32}$$

になります．そして，（10-31）式から（10-32）式を辺々引くと，

$$\log Y_t - \log Y_{t-1} = (\log B_t - \log B_{t-1}) + \alpha(\log K_t - \log K_{t-1})$$
$$+ (1-\alpha)(\log N_t - \log N_{t-1})$$

となりますが，数学付録（A-10-3）を利用すると，上式は近似的に，

$$\frac{Y_t - Y_{t-1}}{Y_{t-1}} = \frac{B_t - B_{t-1}}{B_{t-1}} + \alpha \frac{K_t - K_{t-1}}{K_{t-1}} + (1-\alpha) \frac{N_t - N_{t-1}}{N_{t-1}} \tag{10-33}$$

と書くことができます．（10-33）式は，左辺の産出量の増加率（＝実質経済成
長率）が右辺の3つの要因に分解できることを表しています．このように，経
済成長の原因をいくつかの要因に分解して明らかにする方法を**成長会計**
（**growth accounting**）と言います．

ここで知りたいのは右辺の第1項，すなわち全要素生産性の上昇率です．そ
れを具体的に計算するために（10-33）式を，

$$\frac{B_t - B_{t-1}}{B_{t-1}} = \frac{Y_t - Y_{t-1}}{Y_{t-1}} - \alpha \frac{K_t - K_{t-1}}{K_{t-1}} - (1-\alpha) \frac{N_t - N_{t-1}}{N_{t-1}} \tag{10-34}$$

のように変形します．すでに述べたように，（10-34）式の右辺の3つの項のデー
タは存在するので，全要素生産性の上昇率は現実の経済成長率からほかの2

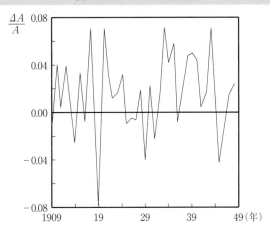

図 10 – 4　ソロー残差

（出所）　Robert M. Solow, "Technical Change and the Aggregate Production Function," *Review of Economics and Statistics*, Vol. 39, 1957, p. 314.

つの項を引いた残りとして計算できます.

　このようにして求めた $\dfrac{B_t - B_{t-1}}{B_{t-1}}$ を, **ソロー残差**（**Solow residual**）と言います. 図10 – 4 はソロー自身による, 1909年から1949年までのアメリカ経済のソロー残差（図では縦軸の $\dfrac{\Delta A}{A}$ で表示）の計測結果です. ソローの結果も含めこれまでのさまざまな計測から, ソロー残差は経済成長率のかなり大きな割合を占めていることが判明しています.

　ただし, ソロー残差は現実の経済成長率のうちの現実の労働と資本の変化で説明できない部分を表しているだけなので, それがすべて「技術進歩率」を表していると主張することはできません.

　なお,（9-12）式と（9-13）式における 2 つの「技術水準」B と A の間には, $\dfrac{B_t - B_{t-1}}{B_{t-1}} = (1-\alpha)\dfrac{A_t - A_{t-1}}{A_{t-1}}$ という関係が近似的に成立します.

1 ソロー・モデルは新古典派理論に基づいた経済成長モデルである.

2 ソロー・モデルにはただ1つの安定な定常状態が存在する.

3 ソロー・モデルの定常状態はカルドアの定型化された事実にほぼ符合する.

4 新古典派理論では貨幣は産出量や雇用量に影響を与えない.

5 ソロー残差は全要素生産性の変化率を計測する実証分析の方法である.

1 ソロー・モデルにおいて外生的に与えられている労働の効率性の上昇率 g と人口増加率 n がとりうる値について以下の問いに答えなさい.

(1) (10-2) 式のみを考えるとき, 経済学的に意味を持つ n の値の範囲を不等号を用いて示しなさい.

(2) (1)で得た結果に基づき, 横軸に N_t, 縦軸に N_{t+1} をとった平面上に, 0期の人口 N_0, 1期の人口 N_1, 2期の人口 N_2 の動きを図示しなさい.

(3) t 期の人口 N_t を0期の人口 N_0 と人口増加率 n を用いて表しなさい.

(4) t 期の効率労働 $A_t N_t$ を0期の効率労働 $A_0 N_0$ と自然成長率 g_N を用いて表しなさい.

(5) (10-13) 式が成立するときソロー・モデルに正の定常状態が存在するために g_N がとりうる範囲を不等号を用いて表しなさい.

(6) (5)で得た結果を, 横軸に n, 縦軸に g をとった平面上に図示しなさい. ただし $0<\delta<1$ とする.

2 図10-2では k_0, k_1, k_2, $\cdots$ の位置が特定できない. そこで, 図10-1を上に, 図10-2をその下に描くことで, それらの位置を図10-2に明示しなさい. さらに $f(k_0)$, $f(k_1)$, $f(k_2)$, $f(k^*)$ の位置も図に書き込みなさい. ただし, $k_0<k^*$ とする.

3 ソロー・モデルを純概念から次のように再定式化する.

$$K_{t+1}=K_t+\widehat{S}_t \tag{10-35}$$

$$\widehat{S}_t=\hat{s}\widehat{Y}_t, \quad 0<\hat{s}<1 \tag{10-36}$$

$$Y_t=F(A_t N_t, K_t) \tag{9-33}$$

(10-35) 式は資本の蓄積方程式であり, $\widehat{S}_t$ は純貯蓄である. (10-36) 式は純貯蓄関数である. $\widehat{Y}_t$ は純所得であり, 定義より $\widehat{Y}_t=Y_t-\delta K_t$ である. 資本減耗率は $0<\delta\leq1$, そして純貯蓄率 $\hat{s}$ は定数と仮定する.

(1) k_{t+1} と k_t の差分方程式 (10-7) は, 上で再定式化したソロー・モデルで

はどのようになるか.

(2) (1)で得た結果を用いて，再定式化したソロー・モデルの定常状態を表すk^*は以下の等式を満たすことを示しなさい.

$$\bar{s}[f(k^*)-\delta k^*]=g_N k^*$$

(3) (2)の等式を用いて，コブ=ダグラス生産関数 (9-40) の場合のk^*を求めなさい.

(4) (3)で求めたk^*が (10-14) 式のk^*と一致するとき，粗貯蓄率sを純貯蓄率$\hat{s}$の関数として表し，$\hat{s}<s$が成立していることを確認しなさい.

4 ソロー・モデルの出発点となったハロッド=ドーマー・モデルは次のように書くことができる.

$$K_{t+1}=K_t+\widehat{S}_t \tag{10-35}$$

$$\widehat{S}_t=\hat{s}\widehat{Y}_t, \quad \widehat{Y}_t=Y_t-\delta K_t \tag{10-36}$$

$$Y_t=(\sigma+\delta)K_t, \quad \sigma>0 \tag{10-37}$$

(10-35) 式と (10-36) 式は演習問題3と同じである. σは定数である.

(10-37) 式はハロッド=ドーマー・モデルを特徴づける集計的生産関数であり，それは資本の1次関数である.

(1) ハロッド=ドーマー・モデルにおいて成立する経済成長率（産出量の増加率）を計算しなさい.

(2) ソロー・モデルの (10-9) 式にならって，ハロッド=ドーマー・モデルからk_{t+1}とk_tの関係が以下のように導けることを示しなさい.

$$k_{t+1}=(1+\hat{n})k_t$$

ただし$\hat{n}=\dfrac{\hat{s}\sigma-g_N}{1+g_N}$である.

(3) (2)で得た結果に基づき，横軸にk_t，縦軸にk_{t+1}をとった平面上で，0期の資本k_0，1期の資本k_1，2期の資本k_2の動きを図示しなさい.

(4) (3)で得た結果から，ハロッド=ドーマー・モデルがソロー・モデルと

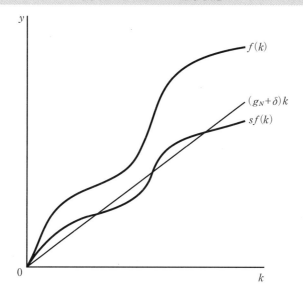

図 10 - 5　3 つの定常状態

決定的に異なるところを述べなさい.

5　図10-2において生産関数 $f(k)$ が別の形をとる場合を考える. すなわち,
仮定 (9-5) と (9-6) はそのままにして, k が低水準と高水準では仮定
(9-7) と同じく $f''(k)<0$ だが, その中間の水準では $f''(k)>0$ となる経済
を考える. そのような経済を具体的に描いたのが図10-5である. 図10-
2と異なり図10-5には 3 つの定常状態が存在する.

(1)　3 つの定常状態に対応する k を k_1^*, k_2^*, k_3^* で表す. このとき, k_1^*,
k_2^*, k_3^*, $f(k_1^*)$, $f(k_2^*)$, $f(k_3^*)$ を図10-5に書き込みなさい. ただし
$(0<)k_1^*<k_2^*<k_3^*$ とする.

(2)　図10-2にならって図10-5の横軸に資本の時間的変化を表す矢印を書
き込みなさい.

(3)　(2) で得た結果からこの経済の特徴を述べなさい.

(4)　$k=k_1^*$ である低水準の定常状態にある経済を $k=k_3^*$ である高水準の定
常状態に導くためにはどのような方法が考えられるか.

Coffee Break

ピケティ『21世紀の資本』の
マクロ経済学的読み方

　長期のマクロ経済の動きを解明する経済成長理論はマクロ経済学の花形です．そしてその基礎は本章で詳しく説明したソロー・モデルです．ソローは経済成長理論への貢献により1987年にノーベル経済学賞を受賞したアメリカの経済学者です．

　そのように重要な経済学者であるにもかかわらず，マクロ経済学を学んでいてもソローの名前がすぐに思い浮かぶ学生がそれほど多くないことは「定型化された事実」です．しかし経済学を学んでいなくても，今，ピケティの名前を知らない人はかなりの少数派ではないでしょうか．それほど2014年から2015年にかけてのピケティ・ブームは経済学を超えた社会現象でした．

　フランスの若き経済学者ピケティはその著書『21世紀の資本』において，資本主義国が発展すれば人々の間の貧富の差は縮小していくという定説を否定し，現実は貧富の差が拡大しつつあり今後もますますその傾向が強まることを300年にわたる膨大なデータに基づいて主張しました．そしてピケティの主張をめぐって活発な議論が沸き起こりました．その中にピケティに対して好意的な意見を表明するソローも参加していました（Solow (2014)）．

　ということは，ピケティの本はマクロ経済学と関係がありそうですね．じつはその本はマクロ経済学を知らなければ正確に理解することができない構造になっています．具体的には，ピケティはその主張を裏づけるために，以下のような資本主義経済の基本法則を3つ示しました．

$$①\ \alpha = r \times \beta \qquad ②\ \beta = \frac{s}{g} \qquad ③\ r > g$$

このあまりにも単純で若干謎めいた3つの数式が，数百ページに及ぶ大著の理論的基礎になっているのですから，ちょっと驚きですね．しかも

これらはすべて本章ですでに学んだものだと言えばもっと驚くでしょうか.

まず, ピケティが「資本主義の第1基本法則」と呼んだ①は, (10-19) 式のことです. すなわち, ①の左辺の α は資本分配率なので $\alpha = \dfrac{r_t^* K_t^*}{Y_t^* - \delta K_t^*}$, 右辺の β は資本と国民 (純) 所得の比率なので $\beta = \dfrac{K_t^*}{Y_t^* - \delta K_t^*}$ という関係があります. さらに右辺の資本収益率 r は実質利子率 r^* のことです. そうすると, $\alpha = r \times \beta$ は左辺の資本分配率を右辺で資本収益率と資本・所得比率の積として書き換えたものにすぎません. ピケティによると, 資本収益率 r は資本の限界生産性 (正確には $f'(k^*) - \delta$) に等しいので資本・所得比率 β が上昇すると資本収益率 r は低下しますが, その積 $r \times \beta$ は上昇します.

ピケティが「資本主義の第2基本法則」と呼んだ②は, 事実上 (10-17) 式のことです. ただし, ②の右辺の s は粗貯蓄率ではなく純貯蓄率なので, 演習問題3で用いた純貯蓄率 $\hat{s}$ で置き換えてみましょう. さらに②の右辺の g は本章で用いた自然成長率 g_N に対応します. そうすると②は, $\dfrac{K_t^*}{Y_t^* - \delta K_t^*} = \dfrac{\hat{s}}{g_N}$ と表すことができます. これは演習問題3の(2)で導いた定常状態の条件式 $\hat{s}[f(k^*) - \delta k^*] = g_N k^*$ と同じであることがわかります. ②で重要なのは, 左辺の資本・所得比率 β が右辺の $\dfrac{\hat{s}}{g_N}$ に一致するように決まるということです. ピケティによると, 貯蓄率 $\hat{s}$ は長期的に安定しています. しかし近年人口増加率が低下して g_N が小さくなったので $\dfrac{\hat{s}}{g_N}$ が上昇し ((10-3) 式を思い出しましょう), それに合わせて β が急激に上昇しています.

③には名前がないのですが, 本章の記号では $r^* > g_N$ となります. (10-15) 式から g_N は経済成長率に一致するので, ③は資本収益率が経済成長率より常に高いことを意味しています. ピケティはこの関係を

「論理的必然ではなく，歴史的事実」であると強調しています．

　以上をまとめると，ピケティの本は，②のβの上昇が①のαを引き上げて国民所得のうちの資本の所有者（とくに相続財産で裕福な不労所得生活者）の取り分が増えていること，さらにそのような人々は所得のほとんどを再投資できるので③の持続的に高いrによりますますその資本を増やしていることが民主主義社会の基盤を脅かすものだと分析しているのです，マクロ経済学の力を借りて．

参考文献

T. ピケティ，山形浩生他訳『21世紀の資本』みすず書房，2014年．（原著仏語2013年，英訳2014年．）

Robert M. Solow, "The Rich-Get-Richer Dynamic," *The New Republic*, 2014（May 12），pp. 50-55.

Benjamin Moll, et al., "Uneven Growth: Automation's Impact on Income and Wealth Inequality," *Econometrica*, Vol. 90, 2022, pp. 2645-2683. ［ピケティの主張を一般化し，貧富の格差の原因が生産の自動化による賃金の低下と資産の収益率の上昇であると主張する論文．］

第 11 章

新古典派理論の応用

この章では新古典派理論の応用例を取り上げます．1 節ではソロー・モデルの定常状態で毎期の消費が最大になる黄金律水準について説明します．2 節ではソロー・モデルで外生変数とされた技術進歩率を内生化します．3 節では生涯にわたる効用を最大化する家計の消費行動を分析します．4 節では政府の財政政策の効果を否定するリカードの等価定理を考えます．5 節では財政政策と物価の関係を重視する物価水準の財政理論（FTPL）を紹介します．

1 | 資本蓄積の黄金律

　前章で詳しく説明したソロー・モデルでは，貯蓄率は外生的に与えられていました．そして，定常状態においては貯蓄率の値は産出量の増加率とは関係ないということ，言い換えると，定常状態においては高い貯蓄率が高い経済成長率を意味しないということがわかりました．

　しかしそのような表現は若干誤解を招いたかもしれません．なぜなら，定常状態においても貯蓄率は産出量の水準を左右するからです．このことは，一般形の場合の定常状態の条件（10-13）と図10‐2，あるいはより直接的には具体例の定常状態を表す（10-14）式を見れば明らかです．すなわち，より高い貯蓄率 s はより高い資本水準 k^*，したがってより高い産出量水準 Y_t^* をもたらします．その意味で，定常状態においても貯蓄率は重要です．要するに，分析対象として産出量の増加率とその水準を明確に区別する必要があるのです．

　それでは家計にとって最適な貯蓄率というものがあるのでしょうか．と言うのも，貯蓄率を決めるのは家計だからです．もし家計の目的が定常状態の経済を最大の規模にすることであれば $s=1$ が最適な貯蓄率になりますが，その場合家計は何も消費しないことになります．逆に $s=0$ とすると経済が消滅して

しまうので家計は何も消費できません. そうすると, 経済学的には家計の選ぶ貯蓄率は $0<s<1$ の範囲にあると考えるのが自然です.

そのような観点からこの節では, 家計は定常状態において毎期の消費量が最大になるような貯蓄率を選ぶ, というフェルプス (E. S. Phelps) によって展開された理論を取り上げます. そこでは家計の最適な貯蓄率は $s=0$ でも $s=1$ でもなく, $0<s<1$ の範囲にあります. 以下ではそのような貯蓄率の計算法を一般形と具体例で説明しましょう.

▌ 一般形

(10-5) 式より, 定常状態における消費 C_t^* は,

$$C_t^*=(1-s)Y_t^*$$
$$=Y_t^*-sY_t^*$$

と書けます. 上式に $Y_t^*=A_tN_tf(k^*)$ を代入すると,

$$C_t^*=[f(k^*)-sf(k^*)]A_tN_t$$

となります. さらに上式に定常状態の条件 (10-13) を代入すると,

$$C_t^*=[f(k^*)-(g_N+\delta)k^*]A_tN_t \tag{11-1}$$

となります.

次に C_t^* が最大になるような k^* を求めてみましょう. そのために (11-1) 式の k^* に関する 1 次と 2 次の導関数を計算すると,

$$\frac{dC_t^*}{dk^*}=[f'(k^*)-(g_N+\delta)]A_tN_t$$

$$\frac{d^2C_t^*}{dk^{*2}}=f''(k^*)A_tN_t<0$$

となります. 数学付録 (A-4) より, C_t^* が最大になるような k^* は $\dfrac{dC_t^*}{dk^*}=0$ を満たす k^* です. すなわち k^* が,

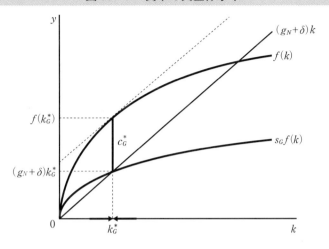

図 11 − 1　資本の黄金律水準

$$f'(k^*) = g_N + \delta \tag{11-2}$$

という条件を満たすとき，(11-1) 式の消費 C_t^* は最大になります．(11-2) 式を満たす k^* を**資本の黄金律水準**（**golden-rule level of capital**）と言います．そのような k^* を k_G^* と書くことにします．また，この節の冒頭で述べたように，家計は貯蓄率を選ぶことによって定常状態の位置を変えることができます．そこで，$k^* = k_G^*$ となるような貯蓄率 s を s_G で表します．

　そうすると，定常状態において毎期の消費を最大にするためには，貯蓄率を s_G に設定しなくてはなりません．そのような「掟」を，**資本蓄積の黄金律**（**golden rule of capital accumulation**）と言います．黄金律は本来，「自分にしてもらいたいことは，ほかの人にもそのようにしなさい．」という聖書に出てくるキリストの教えです．経済が黄金律水準にあり自分が最大の消費を享受しているということは，前の世代の人が貯蓄率を s_G に設定したからです．したがって，自分も次の世代の人が最大の消費を享受できるようにやはり貯蓄率を s_G に設定しなくてはなりません．これが資本蓄積の黄金律の意味です．

　資本蓄積の黄金律の下で最大化された消費は，(11-1) 式より，

$$C_{Gt}^* = [f(k_G^*) - (g_N + \delta)k_G^*]A_t N_t \qquad (11\text{-}3)$$

と書くことができます。(11-3) 式の両辺を $A_t N_t$ で割って効率労働1単位当たりで表示すると，

$$c_G^* = f(k_G^*) - (g_N + \delta)k_G^*$$

となります。$c_G^*\left(= \dfrac{C_{Gt}^*}{A_t N_t}\right)$ は定数ですが，C_{Gt}^* は効率労働 $A_t N_t$ と同じ率，すなわち自然成長率で増加することに注意しましょう。

　図11-1には，黄金律水準にある経済を描いています。見やすいように，各変数は効率労働1単位当たりで表示しています。資本の黄金律水準 k_G^* は，(11-2) 式に示されたとおり，効率労働1単位当たりの生産関数 $f(k)$ の接線の傾きが自然成長率と資本減耗率の和 $g_N + \delta$（前章の言葉では「調整された資本減耗率」）に等しくなるところの資本です。さらに，その資本水準が定常状態において実現するためには，(10-13) 式に示されたとおり，$k = k_G^*$ において効率労働1単位当たりの貯蓄関数 $sf(k)$ のグラフが直線 $(g_N + \delta)k$ と交わるように貯蓄率 s を設定しなくてはなりません。その値が s_G にほかなりません。

　(10-13) 式より s_G は，

$$s_G = \frac{(g_N + \delta)k_G^*}{f(k_G^*)}$$

と表すことができます。図から $0 < (g_N + \delta)k_G^* < f(k_G^*)$ なので，$0 < s_G < 1$ であることがわかります。図の垂直の太い線分で示された c_G^* は，上述したように，$s = s_G$ の下で最大化された効率労働1単位当たりの消費です。

▍具体例

　集計的生産関数がコブ=ダグラス生産関数（9-39）の場合，(10-22) 式より，$f'(k^*) = \alpha(k^*)^{\alpha-1}$ なので，これを (11-2) 式に代入すると，$\alpha(k^*)^{\alpha-1} = g_N + \delta$ となり，$k_G^* = \left(\dfrac{\alpha}{g_N + \delta}\right)^{\frac{1}{1-\alpha}}$ であることがわかります。さらに，(9-40) 式より，

$f(k_G^*) = (k_G^*)^\alpha$ なので,

$$s_G = \frac{(g_N + \delta)k_G^*}{(k_G^*)^\alpha} = (g_N + \delta)(k_G^*)^{1-\alpha} = \alpha$$

となります. すなわち, 家計が貯蓄率を α に設定すると, 定常状態において毎期の消費が最大になります. 実際, $s = \alpha$ とすると, 最大化された効率労働1単位当たりの消費は (10-21) 式と (10-5) 式より $c_G^* = (1-\alpha)\left(\frac{\alpha}{g_N + \delta}\right)^{\frac{\alpha}{1-\alpha}}$ となります. (演習問題 1 参照.)

2 内生的成長理論

ソロー・モデルでは労働の効率性の上昇率 (あるいは技術進歩率) g が外生的に与えられていました. そして, 定常状態における労働生産性の上昇率, 言い換えれば 1 人当たりの産出量で測った一国の生活水準の上昇率も同じ値 g になりました. この結果は前節で分析した黄金律水準にある経済にももちろん当てはまります. このように長期のマクロ経済において労働の効率性の上昇率 (あるいは技術進歩率) が果たす役割はきわめて重要です.

しかしながら, それほど重要な変数がモデルの外で決められていることに少なからぬ疑問が生じたかもしれません. 当然のことながら, マクロ経済学者がこの状況に満足していたわけではありません. 実際, ソロー・モデルを拡張して労働の効率性の上昇率 (あるいは技術進歩率) がモデルのなかで決定される経済成長理論が展開されてきました. そのような理論は, ソロー・モデルが外生的成長理論と呼ばれるのに対して, **内生的成長理論** (endogenous growth theory) と呼ばれます. そしてそのモデルは内生的成長モデルと呼ばれます.

内生的成長モデルは 1 つではなく, さまざまな形が提案されています. ここでは初期の内生的成長モデルであり, その後の内生的成長理論に大きな影響を与えた宇沢モデル (Uzawa model) を取り上げます. 宇沢モデルは連続時間モデルですが, 以下ではそれを離散時間モデルにして一般形と具体例で説明します.

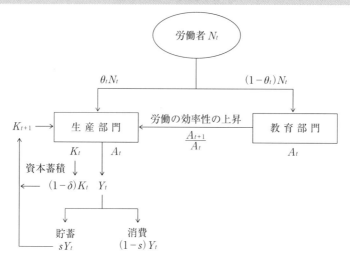

図11-2　宇沢モデル

労働者 N_t

$\theta_t N_t$　　　　　$(1-\theta_t)N_t$

生　産　部　門　　労働の効率性の上昇　　教　育　部　門

$K_{t+1} \rightarrow$　　　　　　$\dfrac{A_{t+1}}{A_t}$

K_t　A_t　　　　　A_t

資本蓄積 ↓

$(1-\delta)K_t$　Y_t

貯蓄　　　消費
sY_t　　$(1-s)Y_t$

一般形

　宇沢モデルは教育によって労働の質が向上して労働の効率性が高まることに注目したモデルであり，次のように書くことができます．

$$K_{t+1}=(1-\delta)K_t+S_t \tag{9-19}$$

$$S_t=sY_t, \quad 0<s<1 \tag{10-4}$$

$$Y_t=F(A_t\theta_t N_t,\ K_t), \quad 0\leqq\theta_t\leqq1 \tag{11-4}$$

$$A_{t+1}=[1+g(1-\theta_t)]A_t \tag{11-5}$$

$$N_{t+1}=(1+n)N_t \tag{10-2}$$

一見するとソロー・モデルに似ています．実際，資本の蓄積方程式（9-19），貯蓄関数（10-4），労働力人口の方程式（10-2）はそのままです．しかし生産関数（11-4）と労働の効率性の方程式（11-5）に新しい記号 θ_t が追加されていることに注目してください．

　図11-2は宇沢モデルの構造を描いています．経済は「生産部門」と「教育部門」からなっています．前者はソロー・モデルと同じく資本と労働を用いて

最終財を生産する部門です．後者は主に教育機関を指し，労働の効率性を高めます．t 期の労働者総数は N_t ですが，そのうち θ_t の割合が「生産部門」で働き，$1-\theta_t$ の割合が「教育部門」で働きます．したがって，(11-4) 式は (9-33) 式の労働者総数 N_t を「生産部門」の労働者数 $\theta_t N_t$ で置き換えたものです．

「教育部門」の労働者数は $(1-\theta_t)N_t$ です．(11-5) 式では，労働の効率性の上昇率は労働者全体に占めるその割合 $1-\theta_t$ の増加関数 $g(1-\theta_t)$，言い換えると θ_t の減少関数，と仮定されています．この点が，労働の効率性の上昇率を一定と仮定したソロー・モデルと決定的に異なります．t 期の産出量あるいは消費を増やすためには θ_t を引き上げればいいのですが，そうすると $t+1$ 期の労働の効率性 A_{t+1} が低くなり $t+1$ 期の産出量や消費に不利に働きます．宇沢モデルではそのような θ_t の値が内生的に決まります．

さて，(9-19) 式，(10-4) 式，(11-4) 式をまとめると，

$$K_{t+1} = (1-\delta)K_t + sF(A_t\theta_t N_t, K_t)$$

となります．定常状態を分析するために上式の両辺を $t+1$ 期の効率労働 $A_{t+1}N_{t+1}$ で割ると，

$$\frac{K_{t+1}}{A_{t+1}N_{t+1}} = \frac{A_t N_t}{A_{t+1}N_{t+1}}\left[(1-\delta)\frac{K_t}{A_t N_t} + s\frac{F(A_t\theta_t N_t, K_t)}{A_t N_t}\right]$$

となります．上式は，(11-5) 式と (10-2) 式を用いると，次のように表すことができます．

$$k_{t+1} = \frac{1}{[1+g(1-\theta_t)][1+n]}\left[(1-\delta)k_t + s\theta_t f\left(\frac{k_t}{\theta_t}\right)\right]$$

宇沢モデルでは上式が，

$$k^* = \frac{1}{[1+g(1-\theta^*)][1+n]}\left[(1-\delta)k^* + s\theta^* f\left(\frac{k^*}{\theta^*}\right)\right]$$

となるような定常状態が存在します．定常状態において k_t が定数 k^* になるの

はソロー・モデルと同じですが，さらに「生産部門」で働く労働者の割合 θ_t も一定の値 θ^*（ただし $0<\theta^*<1$）になります．このことは，定常状態において労働の効率性の上昇率が $g(1-\theta^*)$ のように内生的に決まることを意味します．

　本当の宇沢モデルでは家計は次節で説明するような異時点間の効用の最大化を行うので，そのような家計の最適化行動を記述する複数の方程式が追加されます．それらを解くことによって θ^* と k^* の値が決まります．さらに最適な貯蓄率 s^* が上の定常状態における資本の蓄積方程式を解くことで決まります．

具体例

　コブ=ダグラス生産関数（9-39）を用いると，以下のような宇沢モデルの具体例を作ることができます．

$$K_{t+1}=(1-\delta)K_t+S_t \tag{9-19}$$

$$S_t=sY_t, \quad 0<s<1 \tag{10-4}$$

$$Y_t=K_t^{\alpha}(A_t\theta_t N_t)^{1-\alpha}, \quad 0<\alpha<1, \quad 0\leq\theta_t\leq1 \tag{11-6}$$

$$A_{t+1}=[1+(1-\theta_t)^{\beta}]A_t, \quad 0<\beta<1 \tag{11-7}$$

$$N_{t+1}=(1+n)N_t \tag{10-2}$$

（11-6）式は効率労働1単位当たりで表示すると，$y_t=\theta_t\left(\dfrac{k_t}{\theta_t}\right)^{\alpha}$ になります．

（11-7）式では，$t+1$ 期の労働の効率性の上昇率を $(1-\theta_t)^{\beta}$ と特定化しています．「教育部門」で働く労働者の比率 $1-\theta_t$ が高くなると労働の効率性も上昇しますが，$0<\beta<1$ という条件からその効果は逓減します．

　一般形の場合と同様にして，具体例においても以下の差分方程式を得ることができます．

$$k_{t+1}=\frac{1}{[1+(1-\theta_t)^{\beta}][1+n]}\left[(1-\delta)k_t+s\theta_t\left(\frac{k_t}{\theta_t}\right)^{\alpha}\right]$$

そして，定常状態において上式は，

$$k^* = \frac{1}{[1+(1-\theta^*)^\beta][1+n]}\left[(1-\delta)k^* + s\theta^*\left(\frac{k^*}{\theta^*}\right)^\alpha\right]$$

となります.

　宇沢モデルはその後ルーカスによって人的資本（機械などの物的資本 K に対して労働者に備わった生産能力）の観点から再評価されたので，現在では宇沢=ルーカス・モデルと呼ばれることが多くなっています．宇沢（弘文）は日本の経済学者，ルーカスは第8章で説明した合理的期待形成学派のルーカスと同一人物です．宇沢モデルに影響を受け，研究開発（R&D）の役割を重視するローマー（P. M. Romer）の内生的成長モデルも有名です．（演習問題2参照.）

3 ┃ 家計の効用最大化

　ミクロ経済学では家計の目的は効用の最大化です．家計は予算制約の下で効用が最大になるような財の組合せを選びます．この節では，その原理を応用した新古典派の消費理論を説明します．この理論における家計は，生涯にわたる予算制約の下で生涯にわたる効用が最大になるように毎期の消費を決定します．そのとき同時に家計にとっての最適な貯蓄と貯蓄率も決まります.

　一般に，家計の効用最大化に基づく消費理論の説明はかなり複雑になるので，ここではできるだけ単純な場合を考えることにします．すなわち，家計の生涯（lifetime）は t 期と $t+1$ 期の2期間だけであるとします．t 期と $t+1$ 期は各々今期と来期，あるいは現在と将来，と言うこともできます．2期間だけを扱うモデルを **2期間モデル** と言います．非常に単純な構造ですが，期間を細かくしても基本的結論は大きくは変わらないので，経済主体の異時点間の選択（intertemporal choice）を分析するときによく用いられる方法です.

┃ 家計の予算制約

　t 期と $t+1$ 期の2期間を生きる家計の予算制約を導出するために，次の方

程式から始めましょう.

$$K_{t+1}=(1-\delta)K_t+Y_t-C_t \tag{11-8}$$

(11-8) 式は, 資本の蓄積方程式 (9-19) に貯蓄の定義式 $S_t=Y_t-C_t$ を代入したものです. t 期の生産は終わっていると考えます. 産出量は $Y_t(>0)$ です. そうすると, t 期に家計が C_t だけの消費を行うと t 期末に家計が所有する資本は左辺の K_{t+1} になります.

t 期の価格を P_t とすると, 家計はその資本 K_{t+1} を名目価値 $P_t K_{t+1}$ で企業に貸し出します. そのときに適用されるのは $t+1$ 期の名目利子率 i_{t+1} です. したがって, $t+1$ 期に家計が受け取る元利合計は $(1+i_{t+1})P_t K_{t+1}$ になります. $t+1$ 期の価格と家計の消費を各々 P_{t+1}, C_{t+1} とすると, $t+1$ 期の名目消費 $P_{t+1}C_{t+1}$ は,

$$P_{t+1}C_{t+1}=(1+i_{t+1})P_t K_{t+1}+W_{t+1}N_{t+1} \tag{11-9}$$

となります. (11-9) 式は, $t+1$ 期に受け取った元利合計と $t+1$ 期の名目賃金 $W_{t+1}N_{t+1}(>0)$ がすべて $t+1$ 期の消費に用いられることを意味しています.

(11-9) 式に (11-8) 式を代入して整理すると,

$$C_t+\frac{C_{t+1}}{\frac{1+i_{t+1}}{1+\pi_{t+1}}}=(1-\delta)K_t+Y_t+\frac{\frac{w_{t+1}N_{t+1}}{1+i_{t+1}}}{1+\pi_{t+1}}$$

となります. ここで $\pi_{t+1}=\dfrac{P_{t+1}-P_t}{P_t}$ であり, π_{t+1} は (必ず実現する) $t+1$ 期のインフレ率です. $w_{t+1}N_{t+1}\left(=\left(\dfrac{W_{t+1}}{P_{t+1}}\right)N_{t+1}\right)$ は実質賃金です. (9-21) 式で定義した実質利子率 r_{t+1} を用いると上式は,

$$C_t+\frac{C_{t+1}}{1+r_{t+1}}=(1-\delta)K_t+Y_t+\frac{w_{t+1}N_{t+1}}{1+r_{t+1}} \tag{11-10}$$

と簡単に表すことができます. ここで $1+r_{t+1}=\dfrac{1+i_{t+1}}{1+\pi_{t+1}}$ です. (11-10) 式が

図 11 - 3　家計の予算制約

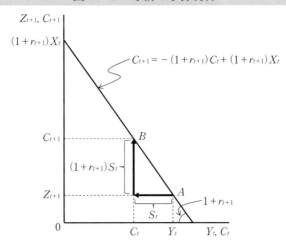

2期間モデルにおける家計の**予算制約（budget constraint）**です。

　説明をさらにわかりやすくするために，以下では$\delta = 1$と仮定します。すなわちt期の生産過程で資本はすべて減耗して消滅します。また$Z_{t+1} = w_{t+1}N_{t+1}$と書くことにします。このとき，(11-8)式，(11-9)式，(11-10)式は各々，

$$(K_{t+1}=) S_t = Y_t - C_t \tag{11-11}$$
$$P_{t+1}C_{t+1} = (1+i_{t+1})P_t S_t + W_{t+1}N_{t+1} \tag{11-12}$$
$$C_t + \frac{C_{t+1}}{1+r_{t+1}} = Y_t + \frac{Z_{t+1}}{1+r_{t+1}} \ (=X_t), \quad Y_t > 0, \quad Z_{t+1} > 0 \tag{11-13}$$

となります。(11-13)式の右辺は家計の生涯所得の割引現在価値と言います。生涯所得を計算するために，将来の労働所得Z_{t+1}を$1+r_{t+1}$で割り引いて現在価値に直し，現在所得Y_tと合計しているからです。その合計をX_tで表しましょう。以下で見るように，新古典派の消費理論では生涯所得の割引現在価値X_tは非常に重要な役割を演じます。

　図11-3には，横軸にY_tやC_tなどのt期の数量，縦軸にZ_{t+1}やC_{t+1}などの$t+1$期の数量をとり，(11-13)式が表す予算線を描いています。図の右下が

りの直線が予算線です。予算線は必ず点 $A(Y_t, Z_{t+1})$ を通り，傾きは $-(1+r_{t+1})$ です。家計が貯蓄を行わなければ，その消費パターンは，$C_t = Y_t$，$C_{t+1} = Z_{t+1}$ となります。しかし家計は貯蓄を行うことにより消費の組合せを変えることができます。

図では，t 期に S_t だけの貯蓄が行われたときに，消費の組合せが点 A から点 B に移動する様子を太い矢印で示しています。貯蓄が行われないときに比べて，t 期の消費は貯蓄 S_t の分だけ減少しますが，そのかわりに $t+1$ 期の消費は貯蓄 S_t に実質利子 $r_{t+1}S_t$ を足した元利合計 $(1+r_{t+1})S_t$ だけ増加します。すなわち点 B では，$C_t = Y_t - S_t$，$C_{t+1} = Z_{t+1} + (1+r_{t+1})S_t$ となっています。

では，家計はどれだけを貯蓄してどのような消費の組合せを選ぶでしょうか。言い換えると，予算線上のどの点を選ぶことになるでしょうか。それは家計の**効用関数**（**utility function**）によって決まります。以下では，効用関数の一般形と具体例を用いて新古典派の消費理論を説明します。

一般形

家計の生涯にわたる効用が，

$$U = U(C_t, C_{t+1}) \tag{11-14}$$

という一般的な効用関数によって表される場合を考えましょう。効用関数 (11-14) の性質は，ミクロ経済学で用いる2財の効用関数とよく似ています。たとえば，C_t をリンゴの消費量，C_{t+1} をミカンの消費量と見なすと，$U(C_t, C_{t+1})$ は C_t と C_{t+1} の増加関数になりますが，この性質を数式で表すと，

$$\left(\frac{\partial U(C_t, C_{t+1})}{\partial C_t} =\right) U_1(C_t, C_{t+1}) > 0, \quad \left(\frac{\partial U(C_t, C_{t+1})}{\partial C_{t+1}} =\right) U_2(C_t, C_{t+1}) > 0 \text{ となりま}$$

す。同様に，現在の消費 C_t が多ければ多いほど，そして将来の消費 C_{t+1} が多ければ多いほど，この家計の効用は高くなります。

効用関数 (11-14) のもう1つの重要な性質は，**限界代替率逓減の法則**（**law of diminishing marginal rate of substitution**）の成立です。このことを理解するために，横軸に C_t，縦軸に C_{t+1} をとり，U が一定の値 U_0 をとる状況での (11-14) のグラフ，すなわち $U_0 = U(C_t, C_{t+1})$ のグラフを描きます。

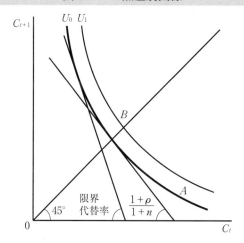

図11-4 無差別曲線

数学付録 (A-8) を用いると、その傾きは、

$$\frac{dC_{t+1}}{dC_t} = -\frac{U_1(C_t,\ C_{t+1})}{U_2(C_t,\ C_{t+1})} < 0 \tag{11-15}$$

となることがわかります。したがって、グラフの傾きは常に右下がりになりま
す。(11-15) 式の偏導関数の比 $\dfrac{U_1(C_t,\ C_{t+1})}{U_2(C_t,\ C_{t+1})}$ を限界代替率と言います。そし
て、これが逓減するとは、$U_0 = U(C_t,\ C_{t+1})$ のグラフ上で C_t が増加するとこの
比の値が次第に減少していくことです。

　図11-4 には、以上の性質を有する $U_0 = U(C_t,\ C_{t+1})$ のグラフを太い曲線で
描いています。曲線は右下がりで原点に対してふくらんだ形をしています。こ
の曲線を**無差別曲線** (**indifference curve**) と言います。無差別曲線上のどの
点が表す消費の組合せも、家計に同じ効用 U_0 をもたらします。そして、無差
別曲線上の各点における接線の傾きの絶対値が、上で定義した限界代替率の値
です。図からわかるように、無差別曲線上で現在の消費 C_t が相対的に多くな
ると（逆に言うと将来の消費 C_{t+1} が相対的に少なくなると）、限界代替率は低
下しています。すなわち限界代替率逓減の法則が成立しています。

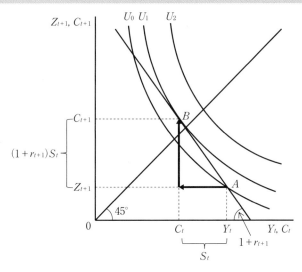

　限界代替率の経済学的意味は，現在の消費1単位を将来の消費の単位で測った主観的価値です．たとえば，無差別曲線上のある点において限界代替率が1.5ということは，家計にとって現在の消費1単位と将来の消費1.5単位が同じ価値を持つことを意味します．もう少し具体的に言うと，現在の消費を1単位増やして将来の消費を1.5単位減らしても家計の効用は変わりません．同じことですが，現在の消費を1単位減らして将来の消費を1.5単位増やしても家計の効用は変わりません．したがって，限界代替率逓減の法則とは，無差別曲線上で現在の消費量が増えていくと，将来の消費の単位で測った現在の消費の価値が次第に低下していくことを意味しています．この段落において「現在の消費」を「リンゴの消費」に，「将来の消費」を「ミカンの消費」に置き換えるとミクロ経済学における限界代替率の説明の仕方になります．

　図には，$U=U_1(>U_0)$ のときの無差別曲線も描いています．$U(C_t, C_{t+1})$ は C_t と C_{t+1} の増加関数なので，$U=U_1$ のときの無差別曲線は $U=U_0$ のときの無差別曲線よりも右上の位置にあります．

　さて，家計の目的は生涯にわたる効用を最大にすることです．すなわち，で

きるだけ右上にある無差別曲線上の点の消費パターンを実現することです。数学的には，予算制約 (11-13) の下で効用関数 (11-14) の値を最大にするような C_t と C_{t+1} の組合せを求めることです。家計にとって最適な C_t と C_{t+1} の組合せを求めることを経済学では，家計の効用最大化問題を解く，と言います。

　図を用いることにより，家計の効用最大化問題の解き方はすぐに理解できます。図11-5によってそのことを説明しましょう。図11-5は図11-4に図11-3の予算線を重ねたものです。すでに見たように，予算線は点 $A(Y_t, Z_{t+1})$ を通り，傾きは $-(1+r_{t+1})$ です。図11-5では点 A が表す消費パターンは家計に U_0 の効用をもたらします。しかし，家計は S_t だけの貯蓄をすることにより，予算線上を点 B に移動し，より高い効用 U_1 を得ることができます。そして，この U_1 が実現可能な最も高い効用です。なぜなら，$U=U_1$ のときの無差別曲線は予算線と接しているので，U_1 より少しでも高い効用を表す無差別曲線は予算線と共有する点を持たず，したがって実現できないからです。そのような例として，図には $U=U_2(>U_1)$ のときの無差別曲線も描いています。

　以上より，家計が効用を最大にするためには，限界代替率と予算線の傾きが等しいこと，すなわち，

$$\frac{U_1(C_t,\ C_{t+1})}{U_2(C_t,\ C_{t+1})}=1+r_{t+1} \tag{11-16}$$

となっていることが必要です。

　さらに，(11-16) 式を満たす C_t と C_{t+1} が実現可能であるためには，それらは予算制約 (11-13) も満たさなくてはなりません。図中の接点 $B(C_t, C_{t+1})$ はそのような消費の組合せを表しています。そしてそのとき同時に，家計にとって最適な貯蓄 S_t と貯蓄率 $\dfrac{S_t}{Y_t}$ も決定します。

　図11-5から見てとれるように，家計の生涯にわたる効用を最大にするためには毎期おおよそ同じような大きさの消費をしなければなりません。しかし所得のほうは毎期同じであるとはかぎりません。そこで家計は，所得の多い期に消費を上回る分を貯蓄して所得の少ない期に移します。そうすることにより望ましい滑らかな消費パターンを実現できるからです。新古典派理論におけるこ

のような貯蓄の役割を**消費の平準化**（consumption smoothing）と言います.

具体例

効用関数の具体例としてよく用いられるのは,

$$U = U(C_t, C_{t+1}) = N_t \log c_t + \frac{1}{1+\rho} N_{t+1} \log c_{t+1}, \quad \rho \geqq 0 \qquad (11\text{-}17)$$

です. ただし, $N_{t+1} = (1+n)N_t$, $c_t = \dfrac{C_t}{N_t}$, $c_{t+1} = \dfrac{C_{t+1}}{N_{t+1}}$ であり, c_t と c_{t+1} は各々 t 期と $t+1$ 期の 1 人当たりの消費です. ρ を**時間選好率**（rate of time preference）, $\dfrac{1}{1+\rho}$ を**割引因子**（discount factor）と言います. 時間選好率と割引因子は, 家計が将来の消費をどのように評価しているかを表しています. すなわち, 時間選好率が大きい（したがって割引因子が小さい）ということは, 家計が将来の消費から得られる効用を現在の消費から得られる効用に比べて低く評価していることを意味しています.

数学付録（A-10-1）を用いると, 効用関数（11-17）の限界代替率は,

$$\frac{U_1(C_t, C_{t+1})}{U_2(C_t, C_{t+1})} = \frac{\dfrac{1}{c_t}}{\dfrac{1}{1+\rho}\dfrac{1}{c_{t+1}}} = (1+\rho)\frac{c_{t+1}}{c_t} = \frac{1+\rho}{1+n}\frac{C_{t+1}}{C_t}$$

と計算できます. 同一の無差別曲線上で C_t が増えて C_{t+1} が減るとき, 上式が表す限界代替率の値が低下することがわかります. すなわち限界代替率逓減の法則が成立しています. 図11-4には, $C_t = C_{t+1}$ のときの限界代替率 $\dfrac{1+\rho}{1+n}$ を書き込んでいます.

上式を（11-16）式に代入して整理すると,

$$\frac{c_{t+1}}{c_t} = \frac{1+r_{t+1}}{1+\rho} \qquad (11\text{-}18)$$

という関係式を得ることができます。ただし (11-18) 式では消費を 1 人当た
りの量で表しています。これより次のような消費決定が行われます。

$$\rho \overset{>}{\underset{<}{=}} r_{t+1} \text{ ならば } c_t \overset{>}{\underset{<}{=}} c_{t+1}$$

すなわち，時間選好率が実質利子率より大きい（小さい）と現在消費は将来消
費より大きく（小さく）なります。そして，時間選好率と実質利子率が等しい
と，現在消費は将来消費と等しくなります。この具体例からわかるように，時
間選好率は家計が現在消費を重視する程度，言い換えれば，「将来まで消費を
待ち切れない程度」（degree of impatience）を表しています。(11-18) 式のよ
うな，家計が効用を最大にするために従わなくてはならない関係式を**オイラー
方程式（Euler equation）**と言います。

　最後に，貯蓄と貯蓄率がどのようになるかを見てみましょう。そのためにオ
イラー方程式（11-18）と予算制約（11-13）から経済全体の現在消費を計算す
ると，

$$C_t = \frac{1+\rho}{2+\rho+n} X_t$$

となります。したがって貯蓄と貯蓄率は各々，

$$S_t = Y_t - C_t = \frac{1+n}{2+\rho+n} Y_t - \frac{1+\rho}{2+\rho+n} \frac{Z_{t+1}}{1+r_{t+1}}$$

$$\frac{S_t}{Y_t} = \frac{1+n}{2+\rho+n} - \frac{1+\rho}{2+\rho+n} \frac{Z_{t+1}}{1+r_{t+1}} \frac{1}{Y_t}$$

となります。これらが生涯にわたる効用（11-17）を最大にするために家計が
選ぶ貯蓄と貯蓄率です。上の結果から，貯蓄と貯蓄率はいずれも現在所得の増
加関数，そして将来所得の減少関数になっていることがわかります。

▌新古典派消費理論

　この節で説明した，家計の効用最大化に基づく消費と貯蓄の決定理論から得

られる結果を要約すると次のようになります.

(1) 消費と貯蓄は現在所得だけではなく，将来所得も含めた生涯所得によって決まる.

(2) 現在消費と将来消費の大小関係は時間選好率と実質利子率の大小関係によって決まる.

(3) 貯蓄の基本的役割は，消費の平準化である.

これらの特徴は，現在所得に力点を置くケインズの絶対所得仮説にはないものであり，新古典派理論の特徴をよく表しています．第3章2節で言及したフリードマンの恒常所得仮説とモディリアーニのライフサイクル仮説はいずれもこの新古典派消費理論を基礎にしたものです．（演習問題3参照.）

4 リカードの等価定理

新古典派消費理論は，政府の財政政策は無効であるという，ケインズ理論とは対照的な主張を証明するために用いられることもあります．正確に述べると，政府支出は一定のままにして，国債発行による減税政策を実施しても消費は増加しない，という主張です．その理由を前節で説明した2期間モデルに基づいて見てみましょう.

政府がある場合の家計の効用最大化

そのために政府の財政政策をモデルに導入してみましょう．具体的には，政府は t 期において家計から T_t だけの租税を徴収し G_t だけの政府支出を行うとします．ただし，租税だけでは足りないので，政府は $G_t - T_t$ だけの国債を家計に対して発行します．政府は $t+1$ 期にも家計から T_{t+1} だけの租税を徴収し G_{t+1} だけの政府支出を行いますが，t 期に発行した国債の元利合計を家計に支払います.

このとき，(11-11) 式，(11-12) 式，(11-13) 式は各々，

図 11 - 6　政府がある場合の家計の効用最大化

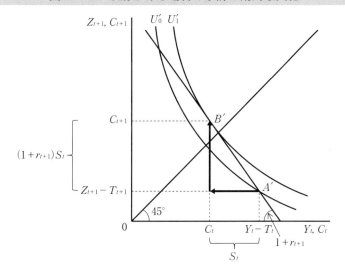

$$(I_t + (G_t - T_t) =)\, S_t = Y_t - T_t - C_t \tag{11-19}$$

$$P_{t+1}C_{t+1} = (1+i_{t+1})P_t S_t + W_{t+1}N_{t+1} - P_{t+1}T_{t+1} \tag{11-20}$$

$$C_t + \frac{C_{t+1}}{1+r_{t+1}} = Y_t - T_t + \frac{Z_{t+1}-T_{t+1}}{1+r_{t+1}}\,(=X_t'), \quad Y_t - T_t > 0, \quad Z_{t+1} - T_{t+1} > 0 \tag{11-21}$$

となります. (11-19) 式は, (1-15) 式で示したとおり, 政府がある場合の家計貯蓄の定義です. (1-19) 式で示したとおり, 名目単位で貯蓄 $P_t S_t$ は民間投資財 $P_t I_t$ または国債 $P_t(G_t - T_t)$ の形で保有され, いずれの場合にも名目利子率 i_{t+1} が適用されます. $t+1$ 期にはそれらの元利合計 $(1+i_{t+1})P_t S_t$ と労働所得 $W_{t+1}N_{t+1}$ の合計から租税 $P_{t+1}T_{t+1}$ を引いた残りがすべて消費に使われることを (11-20) 式は表しています. (11-19) 式と (11-20) 式から政府がある場合の家計の予算制約 (11-21) が導かれます. 政府がない場合の予算制約 (11-13) との違いは, 右辺の生涯所得の割引現在価値を計算するときに各期の所得から租税が差し引かれている点です. (11-21) 式ではその生涯所得の割引現在価値を $X_t'\,(<X_t)$ としています.

図11-6 は，政府がない場合の図11-5を利用して，政府がある場合の家計の効用最大化行動を描いています．見方は図11-5と基本的に同じです．予算線は必ず点 $A'(Y_t-T_t, Z_{t+1}-T_{t+1})$ を通り，傾きは $-(1+r_{t+1})$ です．家計が貯蓄を行わなければ，その消費パターンは，$C_t=Y_t-T_t$，$C_{t+1}=Z_{t+1}-T_{t+1}$ であり，生涯にわたる効用は $U_0'(<U_0)$ となります．しかし家計は貯蓄を S_t だけ行うことで，より高い効用 $U_1'(<U_1)$ をもたらす予算線上の点 $B'(C_t, C_{t+1})$ に移ることができます．

政府の予算制約

　家計に予算制約があるように，政府にも予算制約があります．それを名目単位で表示すると，

$$P_{t+1}G_{t+1}+(1+i_{t+1})P_t(G_t-T_t)=P_{t+1}T_{t+1} \tag{11-22}$$

となります．(11-22) 式は，政府が $t+1$ 期の政府支出 G_{t+1} と家計に支払う国債の元利合計 $(1+i_{t+1})P_t(G_t-T_t)$ を $t+1$ 期の租税 $P_{t+1}T_{t+1}$ で賄わなくてはならないことを意味しています．上式を実物単位で表示すると，

$$G_t+\frac{G_{t+1}}{1+r_{t+1}}=T_t+\frac{T_{t+1}}{1+r_{t+1}} \tag{11-23}$$

となります．

減税政策の効果

　さて，点 B' における今期の消費 C_t を増やすために，減税政策を実施して家計の現在の所得 Y_t-T_t を増やそうとする政府を考えます．減税額が $dT_t(<0)$ ならば，現在の所得は $-dT_t(>0)$ だけ増えて $Y_t-T_t-dT_t(>Y_t-T_t)$ になります．そうすると，現在の所得の増加は家計の予算線の右方シフトを引き起こし，今期の消費も次期の消費も増えるように見えます．

　しかし，そのような推論は政府の予算制約 (11-23) を無視しています．政府支出が G_t と G_{t+1} のままで変わらなければ，(11-23) 式の左辺の大きさは変わりません．したがって，右辺の租税 T_t と T_{t+1} もその大きさを保つような組

合せでなければなりません．すなわち，T_t が $T_t + dT_t$ に減るのであれば，T_{t+1} は $T_{t+1} - (1 + r_{t+1})dT_t$ に増加する必要があります．経済学的にこのことは，今期の減税によって増加した国債の元利合計を賄うため次期ではその元利合計分の増税が実施されることを意味します．

　そのことを予想した家計は今期の減税だけでなく次期の増税も考慮に入れて生涯にわたる効用最大化を行います．具体的には，以下のように，（11-21）式の T_t を $T_t + dT_t$ に，T_{t+1} を $T_{t+1} - (1 + r_{t+1})dT_t$ に入れ替えた予算制約に従います．

$$C_t + \frac{C_{t+1}}{1 + r_{t+1}} = Y_t - (T_t + dT_t) + \frac{Z_{t+1} - (T_{t+1} - (1 + r_{t+1})dT_t)}{1 + r_{t+1}} \quad (11\text{-}24)$$

新しい予算制約（11-24）において右辺の生涯所得はどのようになるでしょうか．すぐにわかるように，減税実施後もその値は X_t' のままで変わりません．これは，図11-6の予算線の位置が減税政策によって変化しないことを意味します．したがって，家計にとっての最適な点は $B'(C_t, C_{t+1})$ のままで，消費に変化は生じません．

　減税という拡張的財政政策が国民所得と消費の増加を引き起こすとするケインズ理論とまったく異なるこの主張は，古典派のリカードによって最初に示唆されたので**リカードの等価定理**（**Ricardian equivalence theorem**）と言います．現在の減税は将来の増税と「等価」であるという意味です．またバロー（R. J. Barro）によって理論的に厳密に分析されたので**リカード＝バローの命題**，さらには，**国債の中立命題**と呼ばれることもあります．（演習問題4参照.）

5 ｜ 物価水準の財政理論

　前節では政府の財政政策は無効であるというリカードの等価定理を説明しましたが，この節ではシムズ（C. A. Sims）が提唱する，政府の財政政策が物価水準を決定するという**物価水準の財政理論**（**fiscal theory of the price level**，略して **FTPL**）を紹介します．なお，この節でいう物価水準はこれまで本書で

用いてきた価格と同じです.

　FTPL では，経済が定常状態にあるときにオイラー方程式を満たす実質利子率を**自然利子率**（**natural rate of interest**）と言います．これを r_N と書くことにします．そうするとフィッシャー方程式 (9-23) は，

$$1+i_{t+1}=(1+r_N)(1+\pi_{t+1}) \tag{11-25}$$

となります．そして，中央銀行が t 期に名目利子率 i_{t+1} を設定すると (11-25) 式を通して $t+1$ 期のインフレ率 π_{t+1} が決まります．（演習問題 5 参照.）

　たとえば，FTPL にかぎらず，中央銀行が名目利子率 i_{t+1} を設定する方法としてよく知られているのが，

$$i_{t+1}=r_N+\bar{\pi}+\varphi_1(\pi_t-\bar{\pi})+\varphi_2(Y_t-Y_t^*)$$

です．φ_1 と φ_2 は正の定数，$\bar{\pi}$ は中央銀行の目標インフレ率です．上式に基づく金融政策ルールはアメリカの経済学者テイラーによって提唱されたので**テイラー・ルール**（**Taylor rule**）と言います（第 2 章の Coffee Break 参照）．定常状態にある経済ではもちろん $Y_t=Y_t^*$ です．テイラー・ルールに従う中央銀行は現実のインフレ率が目標インフレ率 $\bar{\pi}$ に一致するように利子率を調整します．

　このようにインフレ率が金融政策で決定されるとしても，それは物価水準が決定されることを意味しません．なぜなら，$\pi_{t+1}=\dfrac{P_{t+1}-P_t}{P_t}$ なので，物価水準 P_t，あるいは P_{t+1} を決めるためには方程式がもう 1 つ必要です．FTPL ではその方程式として，

$$\frac{B_t}{P_t}=T_t-G_t+\frac{T_{t+1}-G_{t+1}}{1+r_N} \tag{11-26}$$

が用いられます．新しい記号 B_t は $t-1$ 期に発行された国債の t 期の期首における名目単位の元利合計です．言い換えると t 期における国債の名目償還額であり，政府にとっては債務総額，家計にとっては国債の形で保有する金融資産総額です．したがって，(11-26) 式の左辺は国債の実質償還額です．他方，

（11-26）式の右辺は租税と政府支出の差である財政余剰の割引現在価値です．

　（11-26）式の左辺と右辺は常に等しいのではなく，それら2つの価値が一致するように物価水準が調整されます．そして，左辺と右辺が一致したときのP_tが均衡物価水準になります．このとき，左辺の政府債務の返済が右辺の政府の財政余剰という財源で保証されたことになります．このようにFTPLでは，政府が家計に対して債務不履行に陥ることがないように物価水準が決定されるのです．前章で説明した貨幣数量説では，t期の物価水準P_tはt期の貨幣数量M_tによって決まりました．これに対して，（11-26）式からわかるように，物価水準は現在のみでなく将来の状況も考慮に入れた上で決まるという含意がFTPLにはあります．財政余剰は基礎的財政収支（プライマリー・バランス）とも言います．

　ところで，物価水準決定式（11-26）は前節で用いた政府の予算制約（11-23）と非常に似ていることに気づきます．そこで，（11-25）式を考慮して（11-26）式を名目単位で書き換えると，

$$P_{t+1}G_{t+1}+(1+i_{t+1})(B_t+P_tG_t-P_tT_t)=P_{t+1}T_{t+1} \tag{11-27}$$

となります．（11-27）式は（11-22）式とほとんど同じであり，政府が$t+1$期の政府支出G_{t+1}と家計に支払う国債の元利合計$(1+i_{t+1})(B_t+P_tG_t-P_tT_t)$を$t+1$期の租税$P_{t+1}T_{t+1}$で賄うことを意味しています．すなわち，（11-27）式とその実物単位表示の（11-26）式は政府の予算制約でもあるのです．

　このようにリカードの等価定理とFTPLは外見上似ているのですが，経済学的にはまったく異なる政府の行動が仮定されています．前者では，政府は予算制約が成立するように租税を調整します．そのような財政政策はリカード的政策レジーム（Ricardian policy regime）と呼ばれます．これに対して後者では，政府は予算制約を気にせずに政府支出や租税を決定します．それにもかかわらず物価水準が調整される結果として予算制約が成立します．FTPLにおけるこのような財政政策は非リカード的政策レジーム（non-Ricardian policy regime）と呼ばれます．

　したがって，（11-26）式が示しているように，FTPLでは減税または政府支出の増加によって財政余剰が減少すると物価水準は上がり，逆に，増税または

政府支出の削減によって財政余剰が増加すると物価水準は下がることになります.

■ 本章のまとめ

1 資本蓄積の黄金律に従うと定常状態において毎期の消費が最大になる.

2 内生的成長モデルでは技術進歩率がモデルの内生変数になる.

3 生涯にわたる効用を最大化する家計は消費の平準化を行う.

4 リカードの等価定理が成立すると政府の財政政策は無効になる.

5 物価水準の財政理論では,政府の財政政策が物価水準を決定する.

1 資本蓄積の黄金律水準にある経済について以下の問いに答えなさい.

(1) 一般形において以下の3つの命題が成立することを示しなさい. 第10章と第11章で得た結果を利用すること.

①実質利子率 r^* は自然成長率 g_N に等しい.

②実質賃金率 w_t^* は $A_t[f(k_G^*)-(g_N+\delta)k_G^*]$ に等しい.

③経済全体の消費 C_t^* は労働所得 $w_t^* N_t$ に等しい.

(2) (1)の③は経済のどのような状況を表しているか. 例を1つ挙げなさい.

(3) コブ=ダグラス生産関数の場合について以下の2つの問いに答えなさい.

①(10-5) 式と (10-21) 式を用いて経済全体の消費 C_t^* を貯蓄率 s の関数として書きなさい.

② ①で得た関数を用いて $s_G=\alpha$ であることを示しなさい.

2 経験による学習 (learning by doing) に基づく以下の内生的成長モデルについて考える.

$$K_{t+1}=(1-\delta)K_t+S_t \tag{9-19}$$

$$S_t=sY_t, \quad 0<s<1 \tag{10-4}$$

$$Y_t=K_t^\alpha(A_tN_t)^{1-\alpha}, \quad 0<\alpha<1 \tag{9-39}$$

$$A_t=aK_t^\lambda, \quad a, \lambda>0 \tag{11-28}$$

$$N_{t+1}=(1+n)N_t \tag{10-2}$$

労働者は生産に参加する過程で学習し知識を得る. 得られる知識は生産規模とともに増えていく. (11-28) 式はそのことを意味している. a と λ は正の定数であり, 知識 A_t の水準は資本ストック K_t で表された生産規模の増加関数になっている. ただし, 定常状態 $(k_{t+1}=k_t=k^*)$ において知識は $A_{t+1}=(1+g)A_t, \ g>-1$ のように一定の率 g で増加していると仮定する.

(1) 定常状態において以下の関係が成立することを示しなさい.

$$k^* = \frac{1}{(1+g)(1+n)}\left[(1-\delta)k^* + s(k^*)^\alpha\right]$$

(2) 定常状態において $(1+g)^{\frac{1}{\lambda}} = (1+g)(1+n)$ が成立することを示しなさい.

(3) $\lambda = 1$ のとき (2) で証明した等式を満たす n の値を求めなさい.

(4) $\lambda = 1$ のとき (1) の等式を満たす g を貯蓄率 s の関数として表しなさい.

3 効用関数が,

$$U = U(C_t, C_{t+1}) = \frac{c_t^{1-\gamma}-1}{1-\gamma}N_t + \frac{1}{1+\rho}\frac{c_{t+1}^{1-\gamma}-1}{1-\gamma}N_{t+1} \tag{11-29}$$

であるときの家計の効用最大化問題を考える. γ は 1 でない正の定数で, その他の記号は (11-17) 式と同じである.

(1) $u(c) = \dfrac{c^{1-\gamma}-1}{1-\gamma}$, $c > 0$ として, 横軸に c, 縦軸に $u(c)$ をとり, $u(c)$ の グラフを描きなさい. ただし $0 < \gamma < 1$ と $\gamma > 1$ で場合分けをすること.

(2) 予算制約 (11-13) の下で c_t と c_{t+1} に関するオイラー方程式を導きなさい.

(3) (2)の結果を用いて, $0 < \gamma < 1$ ならば貯蓄と貯蓄率は常に実質利子率の 増加関数になることを証明しなさい.

4 予算制約 (11-24) に従って効用最大化を行う家計を考える.

(1) 図11-6 にならって家計の効用最大化を図に描きなさい. 図中に 3 つの点 $A'(Y_t - T_t, Z_{t+1} - T_{t+1})$, $B'(C_t, C_{t+1})$, $A''(Y_t - T_t - dT_t, Z_{t+1} - T_{t+1} + (1+r_{t+1})dT_t)$ の位置を明示すること.

(2) リカードの等価定理が成立するとき, 減税による現在所得の増加分に家 計はどのように対応するかを, (1)の結果に基づき, 述べなさい.

5 自然利子率について以下の問いに答えなさい.

(1) 本章の演習問題 3 の (2) の結果を用いて, 自然利子率 r_N が近似的に

$r_N = \gamma g + \rho$ と表せることを示しなさい. ここで g は (10-1) 式で定義された技術進歩率である. 定常状態における経済全体の消費 C_t^* の増加率は自然成長率 g_N に等しいと仮定し, また近似式 $(1+g)^\gamma = 1 + \gamma g$ を用いること.

(2) (1)の結果から, 時間選好率が十分大きいときには $r_N > g_N$ となることがわかる. そのような自然利子率が成立している定常状態は, 演習問題1の(1)①の命題 $(r^* = g_N)$ から考えると, どのような経済を表しているか.

非自発的失業という言葉

景気循環分析の専門家である田原昭四氏によると，官庁用語には不況という言葉はないそうです．その理由は，「政府自らが景気後退を認めるとすれば，政策の失敗や景気対策の発動を国会などで追及されるからである．したがって，カレントな官庁作文ではこういう不吉な表現は禁句なのである．」（篠原・田原（1988，208～209ページ））官僚たるもの不況という言葉を使ってはいけないのです．

これと似たようなことがマクロ経済学の世界にもあることをご存じでしょうか．それは「非自発的失業」という言葉です．この言葉を前面に出して議論している経済学者を見つけることは非常に難しいのが現状です．この不吉な（？）言葉はマクロ経済学者にとって事実上禁句となっています．

非自発的失業とは労働者が現行賃金の下で働きたくても働く仕事がない状態です（図7-4の超過供給の部分）．そしてこの言葉はケインズが1936年の『一般理論』のなかで新古典派理論が説明できない経済現象として用いました．その意味で非自発的失業はマクロ経済学が誕生するときの最重要の概念だったのです．にもかかわらず，なぜその使用が避けられるようになったのでしょうか．

それは新古典派が1970年代以降ケインズ派を学界で圧倒するようになったからです．新古典派の経済学者であるルーカスは「すべての失業は自発的である．どんなに惨めなものにせよ仕事はいつでもあるからである．… 非自発的失業は理論家が真面目に説明する事実でも現象でもない．」（Lucas（1978, p. 354））と述べました．本書第Ⅳ部で詳しく説明したように新古典派理論に失業はありません．あるとすればそれは自発的・摩擦的失業という一時的な現象であると考えられています．ルーカスの主張はそのことをよく表しています．

そして新古典派の隆盛のなかでマクロ経済学者の多くがルーカスの考えに従うようになりました．この変化を経済思想家のド・ブロワは次の

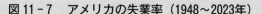

図 11-7　アメリカの失業率（1948～2023年）

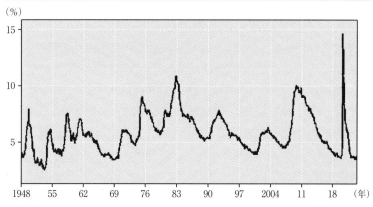

（出所）U. S. Bureau of Labor Statistics.（http://data.bls.gov/timeseries/LNS14000000）

ように表現しています．「科学革命はいつでもそうだが，初期の中心的
テーマはやがて時代遅れになってしまう．… ルーカスとその共著者た
ちは非自発的失業をマクロ経済学の中心的テーマから取り除くことに成
功した．最初は非自発的失業を盛んに擁護していたケインジアンも，そ
のほとんどがそのために戦い続ける必要を次第に感じなくなった．その
証拠に，その言葉はマクロ経済学の教科書からほとんど姿を消した．」
（De Vroey（2004, p. 177））ケインズ派のブランシャールも次のよう
にそのことを認めています．「ニュー・ケインジアンの基本モデルの顕
著な（そして不愉快な）特徴は失業がないことである！」（Blanchard
（2009, p. 177））つまりニュー・ケインジアンも非自発的失業には関心
がないのです！

　ここで図11-7を見てみましょう．図からアメリカの失業率が長期に
わたり大きく変動していることがわかります．現在の多くのマクロ経済
学者はこれを労働者が自発的に選んだ結果であり政府の積極的な失業対
策は必要ないと考えています．しかし非自発的失業という言葉を用いる
経済学者もいます．たとえばアカロフは非自発的失業の存在を「確実で
ほとんど議論の余地のない経済的事実」（Akerlof（1984, p. 2））と呼

んでいます．また最近では2008年のリーマン・ショックや2020年以降の新型コロナウイルス・パンデミックで打撃を受けた経済の分析でその言葉が用いられていることを指摘しておきましょう（たとえばSchmitt-Grohé and Uribe（2016），Guerrieri, et al.（2022））．

　最後に，ここまでマクロ経済学を学んできたみなさんに質問です．あなたは非自発的失業という言葉を使えますか？　あなたの答えを考えてみてください．私ですか？　私は使えます．とくにこの本ではその言葉を太字にしておきました．

参考文献

篠原三代平・田原昭四編『新しい景気の読み方』東洋経済新報社，1988年．

G. A. アカロフ，幸村千佳良・井上桃子訳『ある理論経済学者のお話の本』ハーベスト社，1995年．（原著1984年．）

Olivier Blanchard, "The State of Macro," *Annual Review of Economics*, Vol. 1, 2009, pp. 209-228.

Michel De Vroey, *Involuntary Unemployment: The Elusive Quest for a Theory*, New York: Routledge, 2004.

Veronica Guerrieri, et al., "Macroeconomic Implications of Covid-19: Can Negative Supply Shocks Cause Demand Shortages?" *American Economic Review*, Vol. 112, 2022, pp. 1437-1474.

Robert E. Lucas, Jr., "Unemployment Policy," *American Economic Review*, Vol. 68, 1978, pp. 353-357.

Stephanie Schmitt-Grohé and Martín Uribe, "Downward Nominal Wage Rigidity, Currency Pegs, and Involuntary Unemployment," *Journal of Political Economy*, Vol. 124, 2016, pp. 1466-1514.

さらに学習するための文献案内

　本書の内容に関連した文献を以下に紹介します. それらを読むことでマクロ経済学の学習がさらに楽しくなるはずです.

〈GDP, ベンフォードの法則〉

［1］　D. コイル（高橋璃子訳）『GDP:〈小さくて大きな数字〉の歴史』みすず書房, 2015年.（原著2014年.）

〈物価, 物価水準の財政理論（FTPL）〉

［2］　渡辺努『物価とは何か』講談社, 2022年.

〈景気循環（Business Cycles）〉

［3］　L. トゥヴェーデ（赤羽隆夫訳）『信用恐慌の謎:資本主義経済の落とし穴』ダイヤモンド社, 1998年.（原著初版1997の邦訳. 2006年に原著第3版.）

〈経済成長（Economic Growth）〉

［4］　D. ウォルシュ（小坂恵理訳）『ポール・ローマーと経済成長の謎』日経BP, 2020年.（原著2006年.）

〈日本経済の「失われた10年」をめぐる論争〉

［5］　小宮隆太郎・日本経済研究センター編『金融政策論議の争点:日銀批判とその反論』日本経済新聞社, 2002年.

［6］　岩田規久男・宮川努編『失われた10年の真因は何か』東洋経済新報社, 2003年.

〈日本経済, アベノミクス〉

［7］　伊藤隆敏・星岳雄（祝迫得夫・原田喜美枝訳）『日本経済論』東洋経済新報社, 2023年.（原著英語2020年.）

〈2008年の金融危機がマクロ経済学者に与えた衝撃〉

［8］　Olivier Blanchard, et al., eds., *In the Wake of the Crisis: Leading Economists Reassess Economic Policy*, Cambridge, MA: The MIT Press, 2012.（その続編2014年，2016年，2019年.）

〈日米の金融政策の実際〉

［9］　白川方明『中央銀行：セントラルバンカーの経験した39年』東洋経済新報社，2018年.

［10］　B．バーナンキ（小此木潔監訳）『危機と決断：前FRB議長ベン・バーナンキ回顧録　上・下』KADOKAWA，2015年.（原著2015年.）

〈資本主義に対する経済学者の相反する見方〉

［11］　M．フリードマン（村井章子訳）『資本主義と自由』日経BP社，2008年.（原著1962年.）

［12］　河上肇（佐藤優訳・解説）『貧乏物語：現代語訳』講談社，2016年.（原著日本語1917年.）

〈新しいケインズ経済学，動学的確率的一般均衡モデル（DSGE モデル）〉

［13］　蓮見亮『動学マクロ経済学へのいざない』日本評論社，2020年.

〈ノーベル経済学賞〉

［14］　T．カリアー（小坂恵理訳）『ノーベル賞で読む現代経済学』筑摩書房，2020年.（原著2010年.）

　本書のウェブサイトには，「さらに深く学習するための文献案内」として，専門的な文献を紹介しています．論文を書くときに役立つと思います．

　　　　あなたのからだはあなたが食べたものでできている．
　　　　あなたの論文はあなたが読んだ論文でできている．

数学付録

この付録では，本書で用いる数学の公式をまとめています．いずれもマクロ経済学を学ぶ際に非常に役立つ公式なので，本書にかぎらず，大いに活用してください．

（A-1）　無限等比級数の和

$|x|<1$ のとき，

$$1+x+x^2+\cdots=\frac{1}{1-x}$$

が成り立つ．あるいは上式は両辺に x をかけると，

$$x+x^2+x^3+\cdots=\frac{x}{1-x}$$

と書くこともできる．

（A-2）　連立方程式の解

x と y に関する連立方程式

$$ax+by=A$$
$$cx+dy=B$$

の解は，

$$x^*=\frac{dA-bB}{ad-bc},\quad y^*=\frac{aB-cA}{ad-bc}$$

である．ただし，$ad-bc\neq0$.

（A-3）　積と商の近似式

x と y が 0 に十分近いとき，以下の等式が近似的に成り立つ．

$$(1+x)(1+y)=1+x+y$$

$$\frac{1+x}{1+y}=1+x-y$$

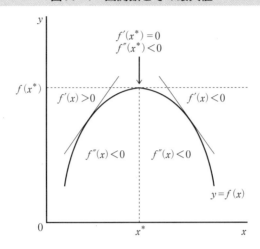

（A-4）　関数の最大値

　1変数関数 $y = f(x)$ は，次の2つの条件が満たされるとき，$x = x^*$ において最大値 $f(x^*)$ をとる．

　（A-4-1）　$f'(x^*) = 0$　（1階の条件）

　（A-4-2）　$x < x^*$ のとき $f'(x) > 0$，かつ $x > x^*$ のとき $f'(x) < 0$

なお，常に $f''(x) < 0$ となる関数 $f(x)$ を凹関数と言う．$f(x)$ が凹関数ならば，条件（A-4-2）は必ず満たされるので，最大値を求めるためには1階の条件だけを調べればよい．図 A-1 参照．

（A-5）　合成関数の微分

　1変数関数 $f(g(x))$ を x で微分するときは，まずそれを $f(X)$ と $X = g(x)$ の合成関数と考えて，

$$\frac{df(g(x))}{dx} = \frac{df(X)}{dX} \frac{dg(x)}{dx}$$

のように計算する．そしてその後に $\dfrac{df(X)}{dX}$ に $X = g(x)$ を代入する．

（A-6） 関数の積の微分

1変数関数 $f(x)g(x)$ を x で微分するときは次のように計算する.

$$(f(x)g(x))' = f'(x)g(x) + f(x)g'(x)$$

（A-7） 関数の商の微分

1変数関数 $\dfrac{f(x)}{g(x)}$ を x で微分するときは次のように計算する.

$$\frac{d}{dx}\left(\frac{f(x)}{g(x)}\right) = \frac{f'(x)g(x) - f(x)g'(x)}{(g(x))^2}$$

（A-8） 平面上のグラフの傾き

2変数関数 $F(x, y) = 0$ の xy 平面におけるグラフの傾きは,

$$\frac{dy}{dx} = -\frac{F_x(x, y)}{F_y(x, y)}$$

となる. ただし, $F_y(x, y) \neq 0$. とくに $F(x_0, y_0) = 0$ を満たす点 (x_0, y_0) における傾きは,

$$\frac{dy}{dx} = -\frac{F_x(x_0, y_0)}{F_y(x_0, y_0)}$$

となる. ただし, $F_y(x_0, y_0) \neq 0$.

n 変数関数 $F(x_1, x_2, \cdots, x_n) = 0$ についても同様の関係が成り立つ. すなわち, その $x_i x_j$ 平面におけるグラフの傾きは,

$$\frac{dx_j}{dx_i} = -\frac{F_{x_i}(x_1, x_2, \cdots, x_n)}{F_{x_j}(x_1, x_2, \cdots, x_n)}, \quad i \neq j, \quad i, j = 1, 2, \cdots, n$$

となる. ただし, $F_{x_j}(x_1, x_2, \cdots, x_n) \neq 0$. とくに $F(\bar{x}_1, \bar{x}_2, \cdots, \bar{x}_n) = 0$ を満たす点 $(\bar{x}_1, \bar{x}_2, \cdots, \bar{x}_n)$ における傾きは,

$$\frac{dx_j}{dx_i} = -\frac{F_{x_i}(\bar{x}_1, \bar{x}_2, \cdots, \bar{x}_n)}{F_{x_j}(\bar{x}_1, \bar{x}_2, \cdots, \bar{x}_n)}$$

となる. ただし, $F_{x_j}(\bar{x}_1, \bar{x}_2, \cdots, \bar{x}_n) \neq 0$.

(A-9) 変化分の間の関係

2変数関数 $F(x, y)=0$ について，x のわずかな変化分 dx に対する y の変化分 dy は，

$$dy = -\frac{F_x(x, y)}{F_y(x, y)}dx$$

となる．ただし，$F_y(x, y) \neq 0$．とくに $F(x_0, y_0)=0$ を満たす点 (x_0, y_0) の近くにおいては，

$$dy = -\frac{F_x(x_0, y_0)}{F_y(x_0, y_0)}dx$$

が成立する．ただし，$F_y(x_0, y_0) \neq 0$．

n 変数関数 $F(x_1, x_2, \cdots, x_n)=0$ についても同様の関係が成り立つ．すなわち，x_i のわずかな変化分 dx_i に対する x_j の変化分 dx_j は，

$$dx_j = -\frac{F_{x_i}(x_1, x_2, \cdots, x_n)}{F_{x_j}(x_1, x_2, \cdots, x_n)}dx_i, \quad i \neq j, \quad i, j = 1, 2, \cdots, n$$

となる．ただし，$F_{x_j}(x_1, x_2, \cdots, x_n) \neq 0$．とくに $F(\bar{x}_1, \bar{x}_2, \cdots, \bar{x}_n)=0$ を満たす点 $(\bar{x}_1, \bar{x}_2, \cdots, \bar{x}_n)$ の近くにおいては，

$$dx_j = -\frac{F_{x_i}(\bar{x}_1, \bar{x}_2, \cdots, \bar{x}_n)}{F_{x_j}(\bar{x}_1, \bar{x}_2, \cdots, \bar{x}_n)}dx_i$$

が成立する．ただし，$F_{x_j}(\bar{x}_1, \bar{x}_2, \cdots, \bar{x}_n) \neq 0$．

(A-10) 自然対数 $y = \log x$, $x > 0$ の性質

(A-10-1) 導関数は $y' = \dfrac{1}{x}$ となる．

(A-10-2) $a > 0$, $b > 0$, c に対して次式が成立する．

$$\log ab = \log a + \log b$$

$$\log \frac{a}{b} = \log a - \log b$$

$$\log a^c = c \log a$$

(A-10-3) z が 0 に十分近いとき近似的に，

$$\log(1+z) = z$$

図 A-2　自然対数

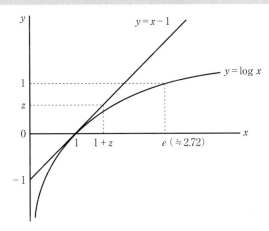

が成立する．図 A-2 参照.

　本書のウェブサイトには，各公式についての具体例をつけた詳しい「数学付録（具体例付）」を掲載しています.

索　引

A〜Z

AD-AS 分析　181
AD-AS モデル　181
AD 曲線　182
GDP　36
GDP ギャップ　221
IS-LM 分析　82, 127
IS-LM モデル　127
IS 曲線　80
LM 曲線　113

ア 行

新しいケインズ経済学　7
新しい古典派マクロ経済学　7
アブソープション　37
安定　132
1 財モデル　20
1 次同次　245
1 次同次関数　245
1 部門モデル　20
インフレーション　212
オイラー方程式　317, 322, 326
オークン係数　221
オークンの法則　221

カ 行

海外からの所得の純受取　32
外国貿易乗数　155, 156, 157
外需　38
外生変数　62

開放経済　20
価格　22
貸付資金　260
貸付資金説　260
可処分所得　28
価値貯蔵手段　50, 95
貨幣　51, 96
貨幣ヴェール観　289
貨幣供給　51
貨幣供給曲線　118
貨幣供給量　51
貨幣市場　105
貨幣需要曲線　118
貨幣需要理論　108
貨幣乗数　56
貨幣数量説　286
貨幣単位　22
貨幣の資産需要　100
貨幣の所得速度　287
貨幣の中立性　289
貨幣の投機的需要　100
貨幣の取引需要　97
貨幣部門　289
間接税　28
完全雇用（利用）　4, 132, 220, 262
完全雇用国民所得　133
完全雇用量　191
完全予見　243
期間分析　249
技術進歩　244
期待価格　191

規模に関して収穫一定　245

供給ショック　214

均衡解　128

均衡国民所得　80

均衡点　128

均衡利子率　108

クラウディング・アウト　134

景気循環　3, 7

経済成長　3, 7, 60, 244

経済成長率　222, 282, 290

経済動学　249

計算単位　50

経常収支　33

ケインジアン　5

ケインジアン・マネタリスト論争　6

ケインズ革命　5

ケインズ経済学　5

ケインズ派　5

減価　160

限界革命　4

限界消費性向　73

限界代替率逓減の法則　312

限界貯蓄性向　74

限界輸入性向　154

現金残高方程式　288

現金・預金比率　52

現実の価格　191

減少関数　76

ケンブリッジ方程式　288

交易条件　31

公開市場操作　55

交換手段　50

恒常所得仮説　72

硬直的　181

効用関数　312

効率労働　244, 272

合理的期待仮説　208, 233

合理的期待形成学派　6, 233, 242

国債　29

国債の中立命題　321

国内総生産　35

国民経済計算　2

国民経済計算年次推計　2

国民所得　24, 36

国民総所得　36

コストプッシュ・インフレーション　218

固定為替相場制　158

固定資本減耗　21

古典派　4

古典派の二分法　289

コブ=ダグラス生産関数　248

サ　行

債券　96, 98

債券市場　105, 106

最終財　20

裁量的政策　144, 236

差分方程式　274

産出量　21

産出量・労働比率　282

三面等価の原則　2, 39

時間選好率　316

資産　95

資産市場　95

資産選択　95

市場価格表示の国民所得　39

自然失業率　219

自然失業率仮説　230

自然成長率　272

自然利子率　322

失業者　219

失業率　219

実際の価格　191

実質為替レート　31
実質単位　22
実質値　22
実質賃金率　188
実質利子率　254
実物単位　22
実物的景気循環理論　7
実物部門　289
支払い手段　50, 97, 287
資本　20
資本係数　283
資本減耗　21
資本減耗率　22
資本・産出量比率　283
資本集約度　283
資本ストック　20, 242, 271
資本装備率　283
資本蓄積　21
資本蓄積の黄金律　303
資本の黄金律水準　303
資本の限界生産性　246
資本の限界生産物　247
資本の限界生産力　246
資本の実質レンタル・コスト　258
資本の使用者費用　258
資本の深化　283
資本の蓄積方程式　251, 253, 273
資本分配率　283
資本流出　160, 161
資本流入　160
資本・労働比率　282
就業者　219
集計的生産関数　244
集計量　2, 52
純概念　25, 39, 295
純投資　26
準備率　52

純輸出　31
消費関数　72
消費関数論争　92
消費財　21
消費需要　24
消費の平準化　316
初期条件　274
初期値　274
初期保有点　101
所与　62
新古典派　4
新古典派経済学　4
新古典派総合　5, 14, 242
伸縮的　181
スタグフレーション　218
ストック　26, 95, 260
静学　2
静学的期待　208
政策変数　62, 85, 115, 134, 137, 167, 170
政策無効命題　233
生産要素　20
成長会計　292
政府購入　28
政府支出　28
政府支出乗数　86
政府消費　27
政府投資　27
絶対所得仮説　72
潜在産出量　221
潜在成長率　222
全要素生産性　292
総　25
増価　160
増加関数　73
総供給　21, 181
総供給関数　194

総需要　26, 181

総需要関数　182

総需要曲線　182

粗概念　25, 39

租税　28

租税乗数　86

粗投資　25

ソロー残差　293

ソローの新古典派成長モデル　7, 271

ソロー・モデル　7, 60, 271, 295, 296,
　301, 305

夕 行

短期　192

短期 *AS* 曲線　194

短期均衡　196

短期消費関数　92

短期総供給関数　194

短期総供給曲線　194

短期フィリップス曲線　228

中間財　20

中立的　289

長期　192

長期 *AS* 曲線　194

長期均衡　196

長期消費関数　92

長期総供給関数　194

長期総供給曲線　194

長期フィリップス曲線　228

超中立的　291

直接税　28

貯蓄　24

貯蓄関数　74

貯蓄率　273

通貨乗数　56

定型化された事実　281

定常状態　277

ディマンドプル・インフレーション
　214

テイラー・ルール　322

適応的期待仮説　207

デフレーション　211

動学　2

動学的確率的一般均衡モデル　7

導関数　11

投資関数　75

投資財　21

投資需要　25

投資乗数　82

投資の限界効率　77

投資の限界効率表　79

富　95

トレード・オフ　225

ナ 行

内需　38

内生的成長理論　305

内生変数　61

2期間モデル　309

2008 SNA　2

ニュー・ケインジアン　7

粘着的　181

ハ 行

ハイパワードマネー　52

パラメーター　62

非自発的失業　4, 133, 136, 165, 166,
　168, 209, 219, 220, 328

フィッシャーの交換方程式　287

フィッシャー方程式　255, 322

フィリップス曲線　224

付加価値　22

物価　23

物価水準の財政理論　321

フロー　　27, 95, 260
平均消費性向　　73
平均貯蓄性向　　74
閉鎖経済　　20
ベースマネー　　52
変動為替相場制　　157
偏導関数　　12
ポートフォリオ　　95
ポリシー・ミックス　　139

マ 行

マクロ経済学　　1
マーシャルの k 　　98, 109, 288
マーシャル=ラーナーの条件　　153, 173, 176
マネーサプライ　　51
マネーストック　　51
マネーストック統計　　56
マネタリスト　　6, 233, 242
マネタリズム　　6, 233, 236
マネタリーベース　　52
マンデル=フレミング・モデル　　162
無効　　142
無差別曲線　　313
名目為替レート　　31
名目単位　　22
名目値　　22
名目賃金率　　188

ヤ 行

有効　　133
有効需要　　85
有効需要の原理　　85
輸出　　30

輸出関数　　152
輸入　　30
輸入関数　　152
要素所得　　23
要素費用表示の国民所得　　40
要素賦存量　　262
預金準備率　　52
予算制約　　311
予想インフレ率　　226
予想価格　　191

ラ行・ワ行

ライフサイクル仮説　　72
リカードの等価定理　　321
リカード=バローの命題　　321
利潤率　　281
流動性　　96
流動性選好説　　108
流動性の罠　　119
ルーカスの供給関数　　195
ルールに基づく政策　　144
連続分析　　249
労働　　20
労働者錯覚モデル　　191
労働生産性　　282
労働の限界生産性　　248
労働の限界生産物　　248
労働の限界生産力　　248
労働の効率性　　244, 271, 305
労働の平均生産力　　282
労働分配率　　283
労働力人口　　219, 252, 271
割引因子　　316

【著者紹介】
笹倉和幸（ささくら　かずゆき）
1959年生まれ。早稲田大学政治経済学部卒業。早稲田大学大学院経済学研究科博士後期課程満期退学。日本鋼管（現JFE）勤務、福岡大学経済学部助教授等を経て、現在、早稲田大学政治経済学部教授、早稲田中学校・高等学校校長。博士（経済学）（早稲田大学）。

主な論文：
“How Uzawa Differs from Lucas,” *Oxford Economic Papers*, Vol. 74, 2022, pp. 1214-1227.

“A Macroeconomic Theory of Price Determination,” *Structural Change and Economic Dynamics*, Vol. 59, 2021, pp. 214-227.

“Calculating a Giffen Good,” *Italian Economic Journal*, Vol. 7, 2021, pp. 349-369.

“The Harrod Discontinuity and Macroeconomics,” *Waseda Journal of Political Science and Economics*, No. 375, 2009, pp. 13-44.

“The Business Cycle Model with a Unique Stable Limit Cycle,” *Journal of Economic Dynamics and Control*, Vol. 20, 1996, pp. 1763-1773.

“Political Economic Chaos?” *Journal of Economic Behavior and Organization*, Vol. 27, 1995, pp. 213-221.

“Boundedness of Economic Variables and Olech's Theorem,” *Journal of Economics / Zeitschrift für Nationalökonomie*, Vol. 56, 1992, pp. 209-217.

標準 マクロ経済学 （第3版）
2024 年 3 月 5 日発行

著　者——笹倉和幸
発行者——田北浩章
発行所——東洋経済新報社
　　　　　〒103-8345　東京都中央区日本橋本石町 1-2-1
　　　　　電話＝東洋経済コールセンター　03(6386)1040
　　　　　https://toyokeizai.net/

装　丁…………吉住郷司
本文デザイン……アイランドコレクション
印刷・製本…………丸井工文社
編集担当…………中山英貴
©2024 Sasakura Kazuyuki　　　Printed in Japan　　　ISBN 978-4-492-31560-6